Die Kolonisation der Griechen vom 8. bis 6. Jahrhundert v. Chr.

Die Arbeit mit einer Geschichtskarte

Arbeitsschritte **Auswertung einer Geschichtskarte**

1. Schritt:
Das Thema einer Karte ermitteln
In der Regel haben Karten eine Überschrift, die das Thema der Karte angibt. Die Überschrift enthält fast immer eine Angabe über den dargestellten Zeitpunkt oder Zeitraum. Manche Karten zeigen zum Beispiel, wie die Landschaft ausgesehen hat, andere geben Auskunft über Städtegründungen, die Landwirtschaft oder die Bevölkerung eines Gebietes. Wenn du dich über das Thema und die Zeitangabe orientiert hast, stellst du eine Frage, die du mit der Karte beantworten möchtest. Zum Beispiel: Wie haben die Griechen in dieser Landschaft gelebt?

2. Schritt:
Die Kartenlegende deuten
In der Kartenlegende werden alle Farben, Schattierungen und Zeichen erklärt, die auf der Karte zu sehen sind. Kartenlegenden sind nicht immer gleich ausführlich. Einige erklären sämtliche Kartenelemente, andere nur die Besonderheiten der gerade abgebildeten Karte.

3. Schritt:
Den Maßstab feststellen
Wichtig für den Umgang mit Karten ist eine genaue Vorstellung von den dargestellten Entfernungen. Hier hilft die Maßstableiste weiter. Mit diesem Kartenelement kannst du zum Beispiel ermitteln, wie groß die Entfernung zwischen zwei Städten ist. Bei Geschichtskarten ist der Maßstab oft in Form einer Entfernungsleiste mit Kilometerangaben dargestellt.

4. Schritt:
Die Aussagen der Karte zusammenfassen
Beschreibe die Zeichen und die Farbgebung der Karte. Damit erhältst du eine Vorstellung von den Bedingungen in dem abgebildeten Gebiet. Überlege, wie die Geschichtskarte deine Frage aus dem 1. Schritt beantwortet. In unserem Beispiel kannst du Aussagen über die Wohnmöglichkeiten und Verkehrsverbindungen in Griechenland machen.

5. Schritt:
Weitere Informationen beschaffen
Am Ende der Kartenarbeit solltest du kritisch prüfen, ob deine Frage ausreichend beantwortet ist. Um beispielsweise genaueres Wissen über das Leben in der griechischen Landschaft zu erhalten, kannst du dich in Reiseführern aus deiner Stadtbibliothek und im Internet informieren.

Vorgeschichte

2 Mio. bis 10. Jtd. v. Chr. Altsteinzeit
seit 9. Jtd. v. Chr. Beginn des Übergangs von Jäger- und Sammlertum zur Sesshaftigkeit und Viehhaltung (Jungsteinzeit)
seit 4. Jtd. v. Chr. Metallzeit

Ägypten

um 3000 v. Chr. Hochkultur in Ägypten (Flächenstaat, Hieroglyphenschrift)
um 2500 v. Chr. Bau der ägyptischen Pyramiden
um 2000 bis 1700 v. Chr. Blüte der altägyptischen Hochkultur
um 1700 v. Chr. Einwanderung israelitischer Stämme nach Ägypten
um 1200 v. Chr. Flucht der Israeliten aus Ägypten
um 1000 v. Chr. Entstehung eines einheitlichen Königtums in Palästina
30 v. Chr Ägypten wird römische Provinz

Griechenland und Hellenismus

um 1500 bis um 1200 v. Chr. Mykenische Kultur
seit 1100 v. Chr. Einwanderung griech. Stämme
776 v. Chr. Beginn der Olympischen Spiele
um 750 bis 550 v. Chr. Griechische Kolonisation
um 700 v. Chr. Entstehung Spartas
594/593 v. Chr. Reformen Solons
508 v. Chr. Reformen des Kleisthenes
490 bis 479 v. Chr. Perserkriege
um 450 v. Chr. Blütezeit der Polis Athen, Regierungszeit des Perikles
431 bis 404 v. Chr. Peloponnesischer Krieg
399 v. Chr. Tod des Sokrates
336 bis 323 v. Chr. Regierungszeit Alexanders des Großen
um 330 bis 30 v. Chr. Zeitalter des Hellenismus
148/146 v. Chr. Makedonien wird römische Provinz

Das Römische Reich

753 v. Chr. Sagenhaftes Gründungsdatum Roms
um 510 bis 27 v. Chr. Zeitalter der Römischen Republik
490 bis 287 v. Chr. Ständekämpfe zwischen Patriziern und Plebejern
500 bis 272 v. Chr. Ausbreitung der römischen Herrschaft in Italien
um 450 v. Chr. Zwölftafelgesetz
264 bis 146 v. Chr. Punische Kriege
146 v. Chr. Zerstörung Karthagos
133 bis 31 v. Chr. Zeitalter der Bürgerkriege
133 v. Chr. Volkstribunat des Tiberius Gracchus; Beginn der Krise der Römischen Republik
58 bis 51 v. Chr. Eroberung Galliens durch Caesar
46 bis 44 v. Chr. Neuordnung des Staates durch Caesar
44 v. Chr. Ermordung Caesars
27 v. bis 14 n. Chr. Alleinherrschaft des Augustus, Beginn der Kaiserzeit
seit 90 n. Chr. Ausbau des römischen Limes
2. Jh. n. Chr. größte Ausdehnung des röm. Imperiums
um 250 n. Chr. Erste allgemeine Christenverfolgung
311 n. Chr. Toleranzedikt des Kaisers Galerius
391 n. Chr. Christentum wird Staatsreligion

Dreiteilung der Mittelmeerwelt

395 n. Chr. Teilung des Römischen Reiches in Weströmisches und Oströmisches Reich
476 n. Chr. Ende des Weströmischen Reiches
um 500 n. Chr. Gründung des Frankenreichs
622 n. Chr. Beginn der islamischen Zeitrechnung
751 n. Chr. Pippin I. wird Frankenkönig

Forum Geschichte

Ausgabe Bayern

Band 1:
Von der Urgeschichte bis zur Dreiteilung der Mittelmeerwelt

Cornelsen

Forum Geschichte

Ausgabe Bayern

Band 1: Von der Urgeschichte bis zur Dreiteilung der Mittelmeerwelt

Herausgegeben von Franz Hofmeier und
Hans-Otto Regenhardt

Band 1 wurde erarbeitet von
Frank Bärenbrinker, Essen
Markus Bente, Fulda
Franz Hofmeier, Neuburg a.d. Donau
Christoph Jakubowski, Mülheim/Ruhr
Dr. Alfred Kastning, Witten
Hans-Otto Regenhardt, Braunschweig
Ursula Winberger, Ingolstadt

Fachwissenschaftliche Beratung
Prof. Dr. Hans-W. Fischer-Elfert, Leipzig
Prof. Dr. Ludwig Reisch, Erlangen-Nürnberg
Prof. Dr. Winfried Schmitz, Bielefeld

Verlagsredaktion: Birgit Hackfeld
Gestaltung und technische Umsetzung: László Szirmai
Grafiken und Karten: Thomas Binder, Carlos Borrell,
Peter Herlitze, Jochen Gebauer-Dieterle

Cornelsen online http://www.cornelsen.de

1. Auflage Druck 4 3 2 1 Jahr 07 06 05 04

Alle Drucke dieser Auflage sind inhaltlich unverändert
und können im Unterricht nebeneinander verwendet werden.

Druck: Universitätsdruckerei H. Stürtz, Würzburg

ISBN 3-464-64431-6

Bestellnummer 644316

Gedruckt auf säurefreiem Papier, umweltschonend hergestellt
aus chlorfrei gebleichten Faserstoffen.

Inhaltsverzeichnis

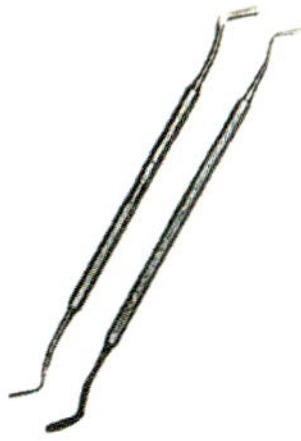
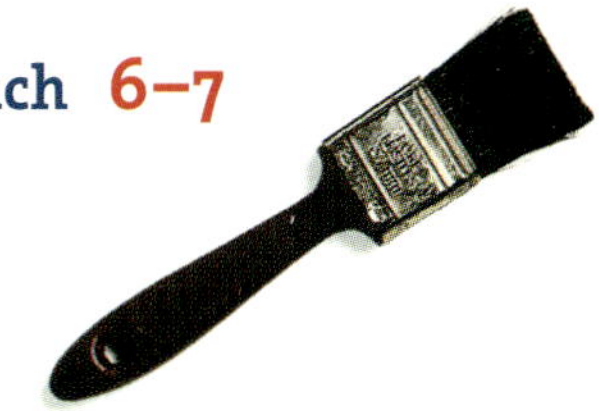

5. Das Imperium Romanum 118–163

6. Von der Antike zum Mittelalter 164–183

◆ = Exemplarische Vertiefung laut Lehrplan

Liebe Schülerin, lieber Schüler!

Vor dir liegt das Buch Forum Geschichte, mit dem du in deinem neuen Fach Geschichte arbeiten wirst. Die Verfasserinnen und Verfasser des Buches haben für dich Texte, Bilder, Karten, Schaubilder und Tabellen zusammengestellt. Sie alle geben Auskunft darüber, was Menschen vor langer Zeit bewegt hat und womit sie sich heute noch beschäftigen.

Auftaktseiten

Jedes Kapitel beginnt mit einer Auftaktdoppelseite. Bilder und ein kurzer Text geben dir eine erste Vorstellung von den Themen und Fragen, um die es in den nächsten Geschichtsstunden gehen wird.

Themenseiten

Nach den Auftaktseiten folgen in jedem Kapitel die Themenseiten. Sie bilden den Kern des Kapitels. Zwei bis vier Seiten sind jeweils zu einer Themeneinheit zusammengefasst. In den Themeneinheiten kannst du immer ein wichtiges Problem aus der Geschichte erarbeiten. Dazu findest du **Materialien** wie schriftliche Quellen, Bilder, Karten, Schaubilder und Tabellen, die du mithilfe von Arbeitsaufträgen befragst und auswertest.

M1 Alle **Textquellen** sind in blauer Schrift abgedruckt und gelb unterlegt. Sie haben einen blauen Materialpunkt.

1
2
Die **Arbeitsaufträge** erkennst du an einer blauen Zahl. Wie die Materialien sind sie innerhalb einer Themeneinheit durchnummeriert.

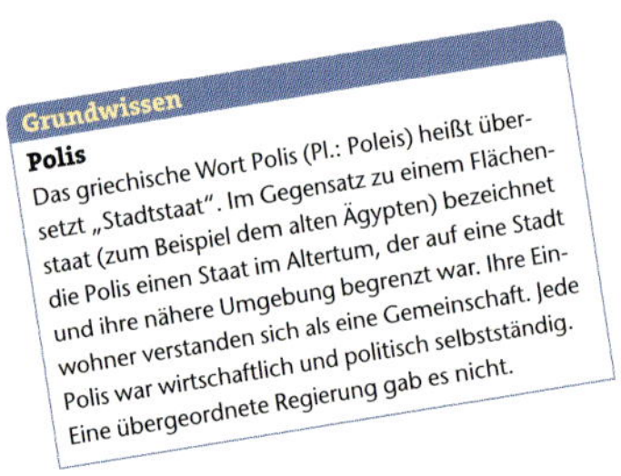
Grundwissen
Polis
Das griechische Wort Polis (Pl.: Poleis) heißt übersetzt „Stadtstaat". Im Gegensatz zu einem Flächenstaat (zum Beispiel dem alten Ägypten) bezeichnet die Polis einen Staat im Altertum, der auf eine Stadt und ihre nähere Umgebung begrenzt war. Ihre Einwohner verstanden sich als eine Gemeinschaft. Jede Polis war wirtschaftlich und politisch selbstständig. Eine übergeordnete Regierung gab es nicht.

In Kästen mit der Überschrift **Grundwissen** werden wichtige Begriffe erklärt. Eine Übersicht über die Begriffe findest du jeweils auf der Zusammenfassungsseite eines Kapitels.

Die **Kästen**, die mit einem aufgeschlagenen Buch gekennzeichnet sind, informieren dich über wichtige Personen und Ereignisse.

Auf einigen Themenseiten findest du **Aktivitätskästen**. Hier schlagen dir die Verfasserinnen und Verfasser vor, wie du dich einmal auf ganz andere, abwechslungsreiche Weise mit einem geschichtlichen Thema beschäftigen kannst. Einen Aktivitätskasten erkennst du an dem roten Punkt mit der kleinen Figur.

Zu bestimmten Themen findest du einen **Lesetipp** für ein Buch oder eine Internetseite. Achte auf den blauen Punkt mit dem Bücherstapel.

Workshopseiten

Werkstatt
Workshop
Schreiben – auf Stein und Papier

In jedem Kapitel findest du Werkstattseiten und Methodenseiten.
Auf den Methodenseiten kannst du lernen, mit welchem „Handwerkszeug" du aus den Materialien Erkenntnisse und Urteile gewinnst. Du findest hier Arbeitsschritte, mit deren Hilfe du zum Beispiel ein Bild, eine Karte oder eine schriftliche Quelle auswertest.
Auf den Werkstattseiten kannst du immer etwas selber machen. Du kannst unter anderem eine Hieroglyphen-Inschrift herstellen oder eine Besichtigung planen.

Zusammenfassungen

Zusammenfassung
Menschen in vorgeschichtlicher Zeit – ein Überblick
Wir wiederholen zentrale Begriffe und Methoden

Jedes Kapitel hat am Schluss eine Zusammenfassung. Ein kurzer Text fasst noch einmal das Wichtigste aus dem Kapitel zusammen. Auf Karteikarten stehen die Begriffe und Methoden, die du dir unbedingt merken solltest. Immer findest du ein Spiel oder ein Rätsel, mit dem du testen kannst, wie viel dir aus dem Kapitel in Erinnerung geblieben ist.
Vorschlag: Stelle dir deine eigene Geschichtskartei her, indem du die Begriffe auf Karteikarten überträgst. Auf die Rückseite schreibst du die Erklärung des Begriffs, die im Kasten auf der angegebenen Seite abgedruckt ist. Bei den Methoden solltest du die einzelnen Arbeitsschritte notieren. Ergänze deine Kartei nach jedem Kapitel.

Anhang

So kannst du dein Wissen überprüfen

Auf den ersten Seiten des Anhangs kannst du dein Wissen überprüfen und dich z. B. auf eine Geschichtsarbeit vorbereiten. Zu jedem Kapitel findest du eine Seite, auf der du deine Kenntnisse wiederholen kannst.

Kapitel 3: Ägypten – eine frühe Hochkultur

Lexikon

Auf den Themenseiten sind manche Wörter mit einem* gekennzeichnet. Diese Begriffe werden im Lexikon erklärt.

Register

Das alphabetische Register am Ende des Buches hilft dir, Informationen über Personen, Ereignisse und wichtige Begriffe im Buch schnell zu finden.

Damit du beim Lesen und Untersuchen Zusammenhänge schneller finden kannst, gibt es auf den Themenseiten und im Lexikon manchmal Querverweise.

1. Einführung: Der Mensch als Teil der Geschichte

Die beiden Abbildungen auf dieser Seite zeigen uns Spuren, die die Menschen im Laufe von Jahrtausenden hinterlassen haben. Als „Zeugnisse“ der Vergangenheit können sie etwas über die Menschen aussagen, geben uns aber zugleich Rätsel auf. Wer waren die Menschen, die Höhlenwände bemalt haben? Was wollten sie damit ausdrücken? Hatten sie künstlerische oder auch andere, zum Beispiel religiöse Gründe? Was motivierte die Menschen, riesige Steine an einem bestimmten Ort aufzurichten? Welche Gründe hatten sie dafür? Waren solche Steinkreise Grabmäler und Anlagen für ihren Totenkult? Oder dienten sie möglicherweise der Beobachtung der Sonnen- und Mondbahnen? Lässt sich aus den Funden etwas über das Leben jener Menschen, ihren Alltag, ihr Zusammenleben, über ihre Auffassung von Leben und Tod erkennen? Solche Fragen beziehen sich auf die „Geschichte* “ der Menschen als vergangenes Geschehen.
In diesem Kapitel kannst du erarbeiten, welche Bedeutung die Zeit für die Menschen hatte und wie Formen geschichtlicher Überlieferung genutzt werden, um zu Erkenntnissen über die Vergangenheit zu gelangen.

1 Beschreibt die Abbildungen dieser Doppelseite und tragt zusammen, was ihr über die Geschichte der Menschen schon einmal gehört habt.

Großes Bild: **Felsbilder aus einer Höhle bei Lascaux in Frankreich**, etwa 13 000 Jahre alt
Kleines Bild: **Ein Dolmen** (keltisch für Steintisch) in Irland, Foto, 2002

Zeit als bestimmender Faktor der Geschichte

Die Menschen leben in der Zeit

Die Zeit wahrnehmen, messen und darstellen

Zeit wird in unserer Gegenwart wie ein knappes, kostbares Gut betrachtet: Ich habe keine Zeit. Verschwende keine Zeit dafür. Die Zeit kannst du dir sparen. Hätte ich doch nur mehr Zeit. Solche und ähnliche Aussagen zeigen unser Verständnis von Zeit. Offensichtlich ist uns bewusst, dass wir „in der Zeit leben" und unser Leben von der Zeit begrenzt ist. Wir gehen sparsam oder auch verschwenderisch mit der Zeit um und sind ihr doch unterworfen. Denn sie vergeht, ohne dass wir Einfluss auf sie nehmen können.

Die Zeit spielt aber nicht nur im Leben des Einzelnen eine wichtige Rolle, auch das Leben von Völkern und Staaten ist der Zeit unterworfen.

Blicken wir auf die gesamte Erdgeschichte (siehe M1), so wird die Zeitspanne eines Menschenlebens nahezu unbedeutend. Naturwissenschaftler behaupten, unser Sonnensystem sei vor etwa fünf bis sechs Milliarden Jahren entstanden. Diesen Zeitraum können wir uns kaum vorstellen. Das Bewusstsein von der Zeit reicht bei einem einzelnen Menschen zunächst nur in die Jahre des eigenen Erlebens zurück und dann auch nur so weit, wie er sich selbst an etwas erinnern kann. Allerdings lernt er schon in seiner frühen Kindheit, dass „die Zeit vergeht" – vom Hellwerden bis zur Dunkelheit und der Regelmäßigkeit des Tages- und Jahresablaufs bis zu den „Zwängen" der Zeit in der Schul- und Berufsausbildung. Er lernt, die Zeit einzuteilen, mit der Zeit zu planen und sie für sich zu nutzen.

Sich in der Zeit zu orientieren haben die Menschen vermutlich schon sehr lange versucht. Die frühesten Versuche, die Zeit einzuteilen, sie zu messen, gingen von astronomischen Beobachtungen aus. Nach dem Lauf der Gestirne Sonne und Mond wurden Kalender aufgestellt, nach denen sich zum Beispiel sesshafte Völker bei der Aussaat richten konnten. Vieles über die Gründe und die Bedeutung von Anlagen wie der von Stonehenge bleibt aber noch im Dunkeln (siehe M2).

Das Erleben der Zeit darzustellen haben in neuerer Zeit auch Künstler zu ihrer Aufgabe gemacht (siehe M3). Dabei kann erschlossen werden, welche Sichtweise von der Zeit zum Beispiel ein Maler zeigen will.

M1 Die Geschichte des Lebens auf der Erde.
Wenn wir die Erdgeschichte auf einem Ziffernblatt mit 12 Stunden darstellen, taucht der Mensch etwa 8 Sekunden vor 12.00 Uhr auf.

Zeit als bestimmender Faktor der Geschichte

M2 **Zeitmessung.** Die Steinkreise von Stonehenge in Südengland waren vermutlich eine Art Kalender. Die noch teilweise erhaltenen Steinsetzungen bilden Sichtlinien, die auf Auf- oder Untergangspunkte von Sonne und Mond weisen.

M4 Sonnenuhr

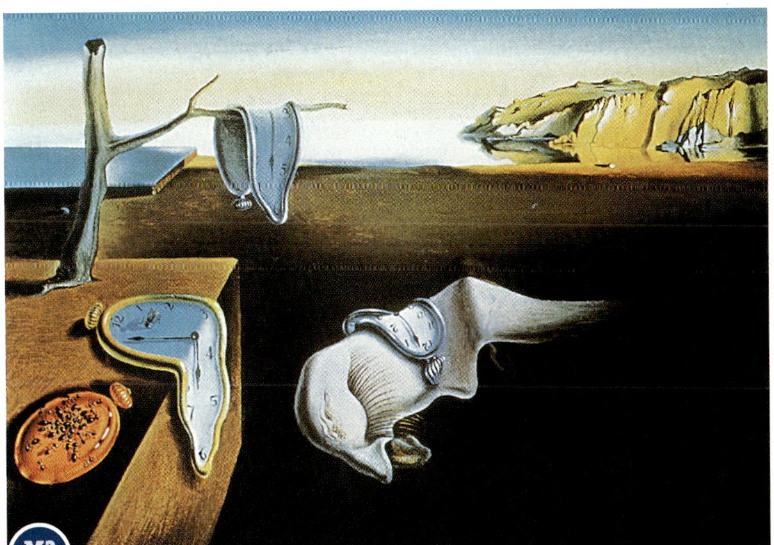

M3 **„Die Beharrlichkeit der Erinnerung"**, Gemälde von Savador Dalí (1904–1989), 1931.

M5 Sanduhr

1 Erarbeite anhand des Darstellungstextes die Bedeutung der Zeit a) für einzelne Menschen, b) für Völker und Staaten und c) in der Erdgeschichte. Ziehe M1 mit heran.

2 Erläutere mithilfe von M2, M4 und M5, wie Menschen versucht haben, die Zeit zu messen, und suche Beispiele von Zeitmessung in unserer Zeit.

3 Beschreibe, wie der Künstler in M3 die Zeit dargestellt hat. Informiere dich in einem Lexikon genauer über Dalí und berichte.

Zeit als bestimmender Faktor der Geschichte

M6 **Freilegung eines Grabes aus der Vorgeschichte,** Foto, 1997

M7 **Funde antiker Gefäße,** Foto, 1998

„Früher" – wann war das?

Wer sich mit der Geschichte beschäftigt, muss das, was „früher" war, genau ordnen. Die wichtigsten Ordnungshilfen sind Jahreszahlen und Epochen (= Zeitabschnitte).

Im christlichen Europa stellt die Geburt von Jesus Christus den Festpunkt dar, von dem aus gezählt wird: Wir rechnen in Jahren „vor Christi Geburt" (v. Chr.) und „nach Christi Geburt" (n. Chr.). Andere Kulturen* haben andere Festpunkte. Der jüdische Kalender beginnt mit der Weltschöpfung, die nach unserer Zeitrechnung in das Jahr 3761 v. Chr. gelegt wird. Im Islam beginnt die Zeitrechnung mit der Flucht Mohammeds aus Mekka 622 n. Chr.

Auf der Grundlage des christlichen Zählsystems haben die Geschichtsforscher die Geschichte in vier große Epochen eingeteilt: Vorgeschichte, Antike, Mittelalter, Neuzeit. Die Millionen Jahre bis zum Auftauchen erster schriftlicher Zeugnisse – in Ägypten zum Beispiel um 3000 v. Chr. – nennen wir „Vor"-geschichte. Die Vorgeschichtsforschung stützt sich vor allem auf Bodenfunde wie Grabanlagen, Siedlungen und Höhlen.

M8 **Blick in eine mittelalterliche Küche**, Miniaturmalerei, um 1500

M9 **Arbeit in einer Maschinenbaufabrik**, Stahlstich, 1849

M10 **Die Stadt Amberg**, Foto, 2001

M11 **Wissenschaftler einer Biotech-Firma in Martinsried bei München.** Der Forscher untersucht menschliche Erbinformationen, Foto, um 2001.

4 Beschreibe M6 bis M11 und ordne die Abbildungen den verschiedenen Zeitaltern im Zeitbogen S. 12 zu. Zeichne den Zeitbogen in dein Geschichtsheft und notiere die Nummern der Materialien zeitlich an der richtigen Stelle.

5 Stelle in einer Tabelle zusammen, welche Erkenntnisse sich aus den historischen Quellen M6 bis M9 gewinnen lassen.

6 Suche in deinem Wohnort nach Überresten (z. B. Gebäude, Stadtmauer, Denkmäler). Stelle deren Alter fest und ordne sie den Zeitaltern zu (siehe Zeitbogen). Hilfe kannst du im Museum finden.

Geschichte und ihre Quellen

Geschichte – ein Streitgespräch

„Hey, Klara, schau mal, das alte Bild da vorne mit der Schulklasse!", sagt der zwölfjährige Selim zu seiner Mitschülerin und macht schnell ein Foto. „Scheint ja damals ein strenger Unterricht gewesen zu sein."

Klara interessiert das Schulmuseum, das sie heute mit der Klasse besuchen, überhaupt nicht. Auch geht ihr Selim mit seinem Fotografieren auf die Nerven. „Mein Großvater hat mir etwas ganz anderes erzählt", erwidert sie. „Er und sein Freund hätten den Lehrern immer Streiche gespielt und viele Hausaufgaben hätte es auch nicht gegeben. Außerdem, sagt mein Großvater, wäre er meist von jungen Lehrerinnen unterrichtet worden – und nicht von solchen alten Opas wie da auf dem Bild."

Klara und Selim können sich über ihre Ansichten zum Schulunterricht in früheren Zeiten nicht einigen. Wieder zurück in der Schule, diskutieren sie ihre Fragen in der Klasse. Sie kommen überein, dass sie sich nach dem Museumsbesuch ein Buch besorgen werden, in dem Geschichtsforscherinnen und -forscher Genaueres über die Geschichte der Schule geschrieben haben. Forscher, so erklärt die Geschichtslehrerin, suchen, sammeln und werten viele Quellen aus, bevor sie ihre Ergebnisse niederschreiben.

Geschichte und ihre Quellen

Die Überlieferungen, aus denen wir historische Erkenntnisse gewinnen, werden „historische Quellen" oder kurz „Quellen" genannt, wie zum Beispiel Gemälde, Fotos oder Urkunden, aber auch mündliche Überlieferungen wie die Erinnerungen von Klaras Großvater. Wir sind überall von Quellen umgeben, nicht nur im Gespräch mit älteren Menschen oder im Museum. Rathäuser, Denkmäler, Familienfotos – alle diese Quellen sind Spuren aus der Vergangenheit.

Allerdings „verraten" uns Quellen nur dann etwas, wenn wir Fragen an sie stellen: Was „sagen" uns zum Beispiel die Materialien M1 bis M4 über Kinder in den vergangenen 150 Jahren?

Ohne Quellen gibt es kein sicheres Wissen über die Geschichte. Doch auch bei der Arbeit mit Quellen müssen wir wie ein Detektiv ständig auf der Hut sein. Zum einen, weil jede Quelle nur einen Ausschnitt aus der Vergangenheit vermittelt; das Foto M4 sagt uns nicht, wie der Junge und der Mann wohnten. Zum anderen, weil Quellen unterschiedliche Zeitpunkte beleuchten: Das Gemälde M1 sagt etwas über Schule vor über hundertfünfzig Jahren, während die Erlebnisse von Klaras Großvater nur etwa fünfzig Jahre zurückliegen.

M1 **Unterricht in einer Dorfschule 1848**, Gemälde von Albert Anker, 1896

M2 **Puppenküche**, hergestellt um 1890

M3 Lebenserinnerungen

Die Bäuerin Anna Wimschneider aus dem Landkreis Rottal-Inn musste nach dem Tod ihrer Mutter als Achtjährige Haus und Hof versorgen. Sie erzählt im Jahr 1984 über ihre Kindheit um 1927:

Ich habe Feuer gemacht und die Milch gekocht, in die Schüssel gegeben, ein wenig Salz dazu und dann Brot eingebrockt ... Ich ... musste ... die Kleinsten aus dem Bett holen ... sie anziehen und füttern ... Ich konnte mich erst dann zur Schule fertig machen, wenn der Vater von der Stallarbeit hereinkam. Nun lief ich so schnell ich konnte die vier Kilometer zur Schule ..., und oft kam ich erst an, wenn die erste Pause war. Da lachten mich die anderen Kinder aus.

Anna Wimschneider, Herbstmilch, München (R. Piper) 1984, S. 10.

M4 **Ein Junge hilft beim Pflügen,** Foto, um 1900

M5 Zeitstrahl

Grundwissen

Quelle

Geschichtliche (historische) Quellen sind Überlieferungen, aus denen wir Kenntnisse über das Vergangene gewinnen können. Mithilfe der so genannten „Quellenkritik" wird geprüft, ob eine Textquelle oder ein Gegenstand echt ist. Gibt es zum Beispiel von einer überlieferten Handschrift mehrere Exemplare, muss untersucht werden, ob sie sich unterscheiden und welche als die erste Fassung gelten kann und warum sie vielleicht geändert wurde. Es werden verschiedene Arten von Quellen unterschieden:

- Überreste, z. B. Gebäude, Schmuck, Werkzeuge
- schriftliche Quellen, z. B. Urkunden, Akten, Rechtssammlungen, Briefe, Großmutters Kochbuch
- mündliche Quellen, z. B. erzählte Lebenserinnerungen, Sagen, Volkslieder
- Bildquellen, z. B. Gemälde, Zeichnungen, Drucke, Fotos, Filme, Videos, CD-ROM
- Traditionen, z. B. religiöse Feste, Volksfeste, Bräuche

1 Kläre mithilfe der Darstellungstexte und des Grundwissenkastens, wie du Erkenntnisse über die Vergangenheit gewinnen kannst.

2 Lege eine Tabelle mit folgenden Spalten an: Uberreste, schriftliche Quellen, mündliche Quellen, Bildquellen, Traditionen. Ordne jetzt M1 bis M4 und M6 bis M11 (S. 16/17) jeder Spalte richtig zu und begründe deine Entscheidung.

3 Zeichne einen Zeitstrahl nach dem Muster M5 in dein Geschichtsheft und trage die Quellen zeitlich richtig ein. Notiere zu jeder Quelle in Stichworten, was du über die Menschen und ihre Zeit erfahren kannst.

4 Frage zu Hause nach alten Fotos, Urkunden, Familienstammbüchern und Gegenständen und lass dir etwas aus der Kindheit und Jugendzeit deiner Eltern, Großeltern oder Verwandten erzählen. Notiere wichtige Ereignisse und Jahreszahlen.

5 Sammle Quellen zu einem Thema, das dich interessiert, z. B. die Geschichte der Verkehrsmittel (Eisenbahn, Auto) oder der Mode (Kleidung, Möbel). Schreibe auf, welche Erkenntnisse dir deine Materialien liefern.

Zeit als bestimmender Faktor der Geschichte

M6 König Max I. Joseph von Bayern im feierlichen Krönungsornat, Gemälde von Joseph Stieler (1781–1858), um 1845

M7 Das Landrecht Ludwigs des Bayern mit Miniaturen, 1455

M8 „Die Lebensstufen der Frau". Darstellungen der Lebenszeit als Alterspyramide sind etwa seit dem 16. Jahrhundert verbreitet. Sie dienten zumeist als Wandschmuck. Die Abbildung ist eine Lithografie (Steindruck) aus der Mitte des 19. Jahrhunderts.

M9 **Kohlenwäscherinnen (Sortiermädchen) im Bergwerk Penzberg,** Foto, um 1910

Oktoberfest in München, Foto, 2002. M10
Das Volksfest geht zurück auf ein Pferderennen am 17. Oktober 1810 anlässlich der Vermählung des bayerischen Kronprinzen (des späteren Königs Ludwig I.) mit Prinzessin Therese von Sachsen Hildburghausen, der zu Ehren die Theresienwiese benannt wurde.

M11 **Blick auf Regensburg mit Dom und steinerner Brücke,** Foto, 2001

Informationen sammeln in einer Bibliothek

Mehr Wissen ...

Im ersten Kapitel hast du einen kurzen Einblick bekommen, welche Bedeutung die Zeit in der Geschichte hat und wie wir aus Quellen etwas über die Geschichte erfahren. Wenn du mehr darüber wissen möchtest, musst du dir weitere Informationen selbst beschaffen.

Informationen findest du am besten in Büchern. Du kannst sie in Büchereien einsehen oder auch ausleihen. In allen Schulen gibt es eine Schülerbibliothek und in den meisten Städten eine Stadtbibliothek.

M1 **Kataloge zur Suche von Buchtiteln in einer Bibliothek.** Alphabetischer Autorenkatalog (links) und Schlagwortkatalog (rechts)

Arbeitsschritte Benutzung einer Bibliothek

1. Schritt: Besuch vereinbaren
Am besten sprecht ihr eine Führung ab. Dabei werden häufig auch Übungen zur Benutzung der Kataloge und Ausleihe der Bücher angeboten.

2. Schritt: Katalog suchen
Der „Katalog" ist ein Verzeichnis, in dem alle Bücher der Bibliothek aufgezeichnet sind. Meist sind es Schränke, in denen in vielen Schubladen tausende von Karteikarten stecken. Sie enthalten alle Angaben zu den Büchern, die auch zur Ausleihe nötig sind. Inzwischen ist die Suche nach Buchtiteln in den meisten Bibliotheken auch mit dem Computer möglich. Ein Beispiel zur Literatursuche in einer Stadtbücherei findest du auf Seite 19.

3. Schritt: Katalog benutzen
Es gibt immer einen Autoren- und einen Schlagwortkatalog. Der Autorenkatalog hilft, wenn euch der Autor des Buches bekannt ist. Der Schlagwortkatalog erleichtert den Einstieg in ein Thema – zum Beispiel zur „Höhlenmalerei".

4. Schritt: Informationen festhalten
Bücher müsst ihr nach einer bestimmten Zeit zurückgeben. Notizen aus den Büchern, Fotokopien, Skizzen usw. solltet ihr deshalb nach Stichwörtern ordnen und zum Beispiel in einem Hefter sammeln.

M2 **In der Bibliothek,** Foto, 1995. Schülerinnen und Schüler suchen Bücher im alphabetischen Autorenkatalog.

1 Erkundige dich nach Büchereien und Bibliotheken in deinem Wohn- oder Schulort. Suche zunächst nach Büchern zum Stichwort „Höhlenmalerei" und notiere die Titel. Entscheide dann, welche Bücher du ausleihen willst.

2 Veranstaltet in eurer Klasse eine Informations- und Lesestunde zum Thema „Höhlenmalerei".

M3 **Homepage der Stadtbücherei Augsburg** mit dem Link zum so genannten Online-Katalog. (www.augsburg.de/Seiten/augsburg_d/bildung/stadtbuecherei/)

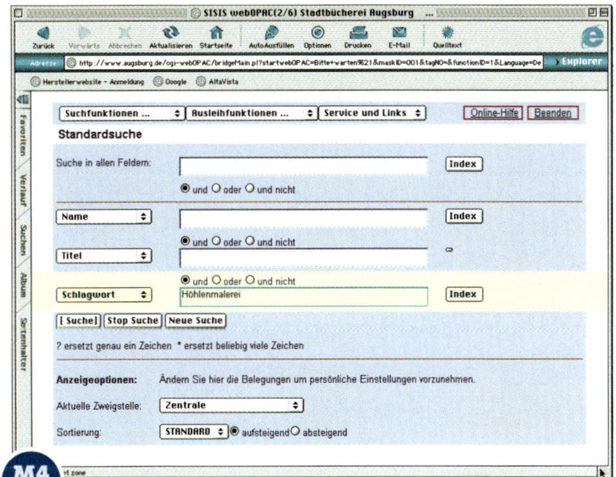

M4 **Suchmaske** – zur Recherche über den Namen des Autors, einen Begriff im Titel des Buches oder ein Schlagwort, z. B. Höhlenmalerei

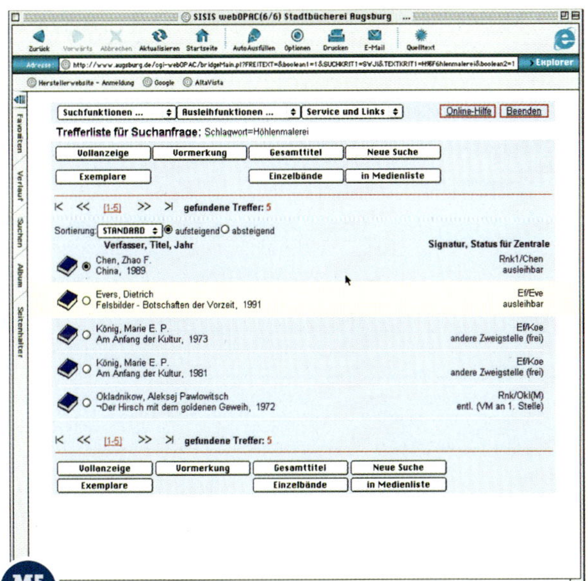

M5 **Trefferliste für die Suchanfrage mit dem Schlagwort „Höhlenmalerei"**

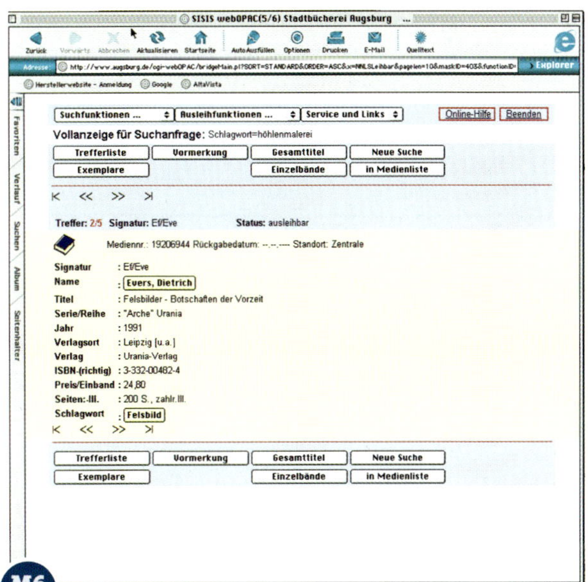

M6 **Vollanzeige eines Buchtitels zum Schlagwort „Höhlenmalerei"**

2. Menschen in vorgeschichtlicher Zeit

Die Wissenschaftlerin beugt sich vorsichtig über die Fußspuren. Wieder und wieder sieht sie sich an, was sie mit ihren Kolleginnen und Kollegen in Laetoli in Ostafrika ausgegraben hat: Fußabdrücke in erkalteter Vulkanasche von Vorfahren des Menschen, die vor fast 4 Millionen Jahren gelebt haben. Wer war hier entlanggegangen?
Der Faustkeil, wie du ihn auf dem kleinen Bild siehst, war das erste Werkzeug der Menschen in der Altsteinzeit, die vor 2 Millionen Jahren im Vorderen Orient begann.
Die Begegnung mit Spuren und Überresten von Leben, das vor uns stattgefunden hat, macht uns neugierig und wir wollen möglichst viel darüber erfahren: Woher kamen eigentlich die ersten Menschen? Wie sahen sie aus? Wie haben sie zusammengelebt? Wie haben sie gewohnt? Hatten sie Werkzeuge? Wie sind sie mit der Natur und ihrer Umwelt umgegangen?
In diesem Kapitel geht es vor allem um die Steinzeit. „Zurück in die Steinzeit!" – das ist manchmal zu hören, wenn etwas als einfach, primitiv und ziemlich rückständig beschrieben wird. Ob solche Aussagen stimmen, kannst du an Beispielen in diesem Kapitel untersuchen. Vielleicht ist es ganz anders, denn in der „Steinzeit" entwickelten die Menschen Techniken, die ihre Lebensbedingungen erheblich veränderten.

Vom Ursprung der Menschen – Mythen und Funde

Die Suche nach Adam und Eva

Woher kommen die Menschen? – Unterschiedliche Erklärungen

Irina, Cemal, Julian und Hannah diskutieren über die Frage der Entstehung der Menschen:

Irina: Die Menschen wurden von Gott erschaffen, zuerst Adam und dann Eva. Die Schöpfung* der Erde hat sieben Tage gedauert. Das steht so in der Bibel.

Cemal: Also, die alten Griechen erklärten sich die Sache anders: Der Gott Prometheus schuf gegen den Willen des obersten Gottes Zeus die Menschen aus Lehm. Später brachte er ihnen das Feuer.

Julian: Das sind doch nur Erzählungen! Die Menschen stammen vom Affen ab. Das sieht man doch: Wenn Affen wollen, können sie aufrecht gehen – wie wir.

Hannah: Nein, gestern gab es eine Fernsehsendung darüber. Unsere Vorfahren waren menschenaffenartige Tiere, von denen sich ein Teil zu Menschen entwickelte und ein anderer Teil zu modernen Menschenaffen, also zu Gorillas, Orang-Utans und Schimpansen. Das war vor vielen Millionen Jahren.

Mythos und Wissenschaft

Menschen haben immer wieder über die Entstehung der Welt und ihre eigene Herkunft nachgedacht. Darüber sind aus verschiedenen Kulturen und Religionen viele Geschichten überliefert, die „Mythen" genannt werden. Mythen* werden von Generation zu Generation mündlich weitergegeben. Sie erzählen zum Beispiel von der Entstehung der Welt, von Göttern und ihrer Macht, ihren Taten und Schöpfungen. In vielen Religionen (Christentum, Judentum, Islam, Naturreligionen) gibt es Schöpfungsgeschichten, die versuchen, die Entstehung der Erde und des Menschen zu erklären. Meistens wird die Schöpfung als das Werk eines Gottes gesehen, der die Erde und die Lebewesen formt oder durch seine Worte bewirkt („Es werde Licht").

Aus der Sicht der Wissenschaft werden Mythen als „Geschichten" betrachtet, die nicht beweisbar sind. Für die Menschen in der Geschichte hatten sie aber durchaus große Bedeutung. Mit ihrer Hilfe konnten sie sich die Welt besser erklären. Bei der Suche nach Erklärungen für die Entstehung der Menschen wurden Mythen immer mehr durch wissenschaftliche Erkenntnisse verdrängt, die auf historischen Quellen beruhen.

M1 **„Das Paradies"**, Gemälde von Lucas Cranach dem Älteren, um 1530

M2 Erschaffung des Menschen in der Bibel

In der Schöpfungsgeschichte der Bibel (1. Buch Mose, Kap. 1 u. 2) heißt es:

Am Anfang schuf Gott Himmel und Erde. Und die Erde war wüst und leer und es war finster auf der Tiefe; und der Geist Gottes schwebte auf dem Wasser …
Und alle die Sträucher auf dem Felde waren noch nicht auf Erden und all das Kraut auf dem Felde war noch nicht gewachsen; denn Gott der Herr hatte noch nicht regnen lassen auf Erden und kein Mensch war da, der das Land bebaute; aber ein Nebel stieg auf von der Erde und feuchtete alles Land. Da machte Gott der Herr den Menschen aus Erde vom Acker und blies ihm den Odem [Hauch] des Lebens in seine Nase. Und so ward der Mensch ein lebendiges Wesen.

Württembergische Bibelanstalt (Hg.), Die Bibel, Stuttgart 1965.

Vom Ursprung der Menschen – Mythen und Funde

M3 Wie sich ein Indianervolk in Nordamerika die Schöpfung vorstellte

In den Schöpfungslegenden der Indianervölker Nordamerikas wird berichtet, wie die Sonne, der Mond, die Erde und der Mensch entstanden sind. Unter den Winnebago wird erzählt, wie ein Schöpfer vor sehr langer Zeit die Welt erschuf. In einem Ausstellungskatalog (von 1997) heißt es:

Am Anfang saß der Schöpfer der Erde im leeren Raum. Als er merkte, dass nichts existierte, begann er zu weinen. Die Tränen rollten über seine Wangen und fielen vor seine Füße. Als er nach einer Weile nach unten blickte, sah er, dass sich aus seinen Tränen die Großen Seen gebildet hatten. Der Schöpfer sagte sich: So wie meine Tränen zu Seen geworden sind, reicht es aus, dass ich mir etwas wünsche. Dann wird es so, wie ich es mir denke.
Also wünschte er sich, dass es Licht werde. Er wünschte sich, dass die Erde sei. Und die Erde war da. Er betrachtete sie und fand sie schön. Die Erde hörte nicht auf, sich zu bewegen. Also schuf er Bäume, um sie festzuhalten. Aber sie bewegte sich weiter. Also schuf er Felsen und Steine. Und immer noch bewegte sich die Erde. Also schuf er die vier Winde aus dem Norden, Osten, Süden und Westen. Diese versuchten wie Taue mit ihrer Kraft die Erde zu halten. Dennoch bewegte sie sich weiter. Also schuf der Schöpfer vier große Wesen und schoss sie wie Pfeile ab, damit sie die Erde durchbohren und auf der anderen Seite herausschauen würden. Das waren die vier schönen Schlangen. Nun stand die Erde still und alles wurde ruhig. Der Schöpfer dachte: Da ja alles nach meinen Wünschen Form annimmt, werde ich ein Wesen nach meinem Ebenbild schaffen. Er nahm ein Stück Ton und formte es nach seinem Ebenbild. Er betrachtete es und sprach zu ihm. Aber es hatte weder Geist noch Sprache noch eine Seele. Der Schöpfer der Erde gab ihm all dies und sprach erneut zu ihm. Das Stück Ton antwortete ihm, aber er konnte es nicht verstehen. Also hauchte er in seinen Mund, sprach zu ihm und sein Ebenbild antwortete mit klaren Worten. So erschien der Mensch auf der Welt.

Bärbel Auffermann/Gerd-Christian Weniger, Zeitreise. Texte und Bilder aus dem Neanderthal-Museum, Mettmann (Neanderthal-Museum) 1997, S. 104 f.

M4 **„Szenen aus der Prometheus-Sage"**, Gemälde von Piero di Cosimo, um 1510. Prometheus erschafft den ersten Menschen aus Lehm.

1. Lies dir die Diskussion (siehe linke Seite) zwischen Irina, Cemal, Julian und Hannah durch. Stelle fest, wie sie den Ursprung der Menschen erklären, und vergleiche die Meinungen.
2. Kläre anhand des Darstellungstextes die Begriffe „Mythos" und „Schöpfung" und formuliere ihre Bedeutung mit eigenen Worten.
3. Erarbeite den Unterschied zwischen einer mythischen und einer wissenschaftlichen Erklärung.
4. Teilt euch in drei Gruppen. Die erste Gruppe erarbeitet aus M2, die zweite aus M3 und die dritte aus M4, wie die Entstehung des Menschen erklärt wird. Vergleicht eure Ergebnisse.
5. Ordne M1 einer der Meinungen von Irina, Cemal, Julian und Hannah zu.

Der Junge vom Turkanasee – ein Urmensch

Millionen Jahre alten Menschen auf der Spur

Einmal das vollständige Skelett eines Millionen Jahre alten Menschen zu finden, davon träumen zum Beispiel die Archäologen Richard und Meave Leakey. Was wie ein spannendes Abenteuer aussieht, ist aber auch ein Stück harte Arbeit. Denn bei manchen Grabungsexpeditionen wie etwa in Afrika müssen die Wissenschaftlerinnen und Wissenschaftler auf die Annehmlichkeiten eines bequemen Lebens verzichten. Weit entfernt von ihrem eigentlichen Arbeitsplatz mit einem gut ausgestatteten Labor, suchen sie nach Überresten – immer bestrebt, eine Antwort auf die Frage zu finden: Auf welche Weise sind die Menschen zu dem geworden, was sie heute sind? Die Archäologen Richard und Meave Leakey hatten Glück – 1984 machten sie in Kenia einen Aufsehen erregenden Fund: die Überreste eines männlichen Urmenschen, der als „Junge vom Turkanasee" bekannt geworden ist.

Urmenschen: Leben mit Feuer und Faustkeil

Der Urmensch (= Homo erectus), zu dessen ältesten Vertretern der Junge vom Turkanasee zählt, nutzte bereits das Feuer. Das bezeugen Funde von Ascheresten. Mit dem Feuer konnte er seine Behausung erwärmen und Speisen erhitzen. In der Dunkelheit spendete das Feuer Licht und hielt wilde Tiere ab. Um das Feuer zu erhalten und zu kontrollieren waren mehrere Personen erforderlich. Daraus schließen Forscher, dass die Urmenschen in Gruppen lebten.
Aus Funden von Steinwerkzeugen, Schnittspuren und Abfällen ziehen sie weitere Schlüsse: Die Menschen gingen zur Jagd und erbeuteten auch Großwild. Mit Steinwerkzeugen zerlegten sie die Beute und teilten sie an festen Rastplätzen auf. Der fein bearbeitete Faustkeil, der durch Abschlagen von Splittern scharfe Kanten erhielt, war ihr wichtigstes Werkzeug (siehe S. 21).

M1 **Sortieren von Knochenfunden**, Foto, 1984. Meave Leakey mit Schädeln vom Homo sapiens und vom Schimpansen.

Grundwissen

Archäologie
Die Archäologie (griech. Altertumskunde) ist eine Wissenschaft, die sich mit Überresten aus Ausgrabungen beschäftigt. Erst seit etwa 5000 Jahren gibt es schriftliche Quellen. Wenn wir über die Zeit davor etwas erfahren wollen, sind wir auf Erkenntnisse der Archäologen angewiesen. In der Archäologie werden die Forschungserkenntnisse auch mithilfe naturwissenschaftlicher Methoden und moderner Technik gewonnen.

M2 Der Fund am Turkanasee

Richard Leakey schrieb 1997 in seinem Buch „Die ersten Spuren":

Im Spätsommer 1984 ... erlebten meine Kollegen und ich, wie jener Traum [von der Entdeckung eines vollständigen Skeletts] allmählich Gestalt annahm ... Am 23. August erspähte Kamoya Kimeu, mein ältester Freund und Kollege, ein kleines Fragment eines alten Schädels zwischen Kieseln auf einem Abhang in der Nähe der schmalen Rinne, die in der Regenzeit Wasser führte. Sorgfältig begannen wir mit der Suche nach weiteren Bruchstücken des Schädels und fanden bald mehr, als wir zu hoffen gewagt hatten ... Wir entdeckten, was sich schließlich als das praktisch vollständige Skelett eines Individuums herausstellte, das am Ufer des alten Sees vor über 1,5 Millionen Jahren gestorben war. Von uns auf den Namen Turkanaknabe getauft, war es zum Zeitpunkt des Todes knapp neun Jahre alt; die Ursache des Todes bleibt im Dunkeln ... Noch nie war aus der Vorzeit des Neandertalers ... etwas so Vollständiges wie dieses fossilierte[1] Skelett gefunden worden.

Richard Leakey, Die ersten Spuren, München (Bertelsmann) 1997, S. 12.

1 Fossil: versteinerter Überrest aus der Frühgeschichte der Pflanzen, Tiere und Menschen

M3 Feuer entzünden wie die Urmenschen, Foto, 1989. Noch heute beherrschen einige Ureinwohner Australiens die Technik des Feuermachens mit einfachen Mitteln.

M4 Ein Vorgänger des modernen Menschen

Richard Leakey schrieb 1997 über die Einordnung des Turkanasee-Jungen in die Menschheitsgeschichte:

Der Turkanaknabe gehörte zur Art Homo erectus[1] – einer Art, die in der Geschichte der menschlichen Evolution[2] eine entscheidende Rolle gespielt hat. Aufgrund von Belegen ... wissen wir, dass sich die erste menschliche Art vor etwa sieben Millionen Jahren entwickelt hat. Als Homo erectus vor fast zwei Millionen Jahren die Bühne betrat, war die Vorgeschichte der Menschheit schon ziemlich weit gediehen. Die menschliche Vorgeschichte nahm vor zwei Millionen Jahren offenbar eine entscheidende Wendung. Homo erectus war die erste menschliche Spezies[3], die Feuer benutzte; die erste, welche die Nahrungsbeschaffung zu einem wesentlichen Teil durch die Jagd bestritt; die erste, deren Vertreter wie heutige Menschen laufen konnten und nach einem bestimmten gedanklichen Modell Steinwerkzeuge herstellten ... Wir können erkennen, dass der frühe Homo erectus hoch gewachsen war ... knapp 1,80 Meter groß ..., athletisch und sehr muskulös. Selbst der stärkste Berufsringer von heute hätte gegen einen durchschnittlichen männlichen Homo erectus wenig ausrichten können.

Richard Leakey, Die ersten Spuren, München (Bertelsmann) 1997, S. 14 f. und 114 f.

1 „der aufrecht gehende Mensch"
2 Entwicklung, kontinuierliche Veränderung
3 Begriff aus der Biologie: Art, Gruppe gleicher Lebewesen

1. Berichte anhand von M2 über die Bedingungen, unter denen der Fund vom Turkanasee gemacht wurde.
2. Schlage in einem Atlas nach, wo der Turkanasee liegt, und beschreibe seine Lage. Beachte, dass er früher Rudolfsee genannt wurde.
3. Stelle fest, worin Leakey die „entscheidende Wendung" in der menschlichen Entwicklung sieht (M4).
4. Richard und Meave Leakey wollen ihren Freunden von dem Fund berichten. Schreibe einen Brief. Ziehe M1 mit heran.
5. Feuer und Faustkeil: Fasse ihre Bedeutung für die Urmenschen zusammen (M3, M4 und Darstellungstext).

Stationen in der Entwicklung des Menschen

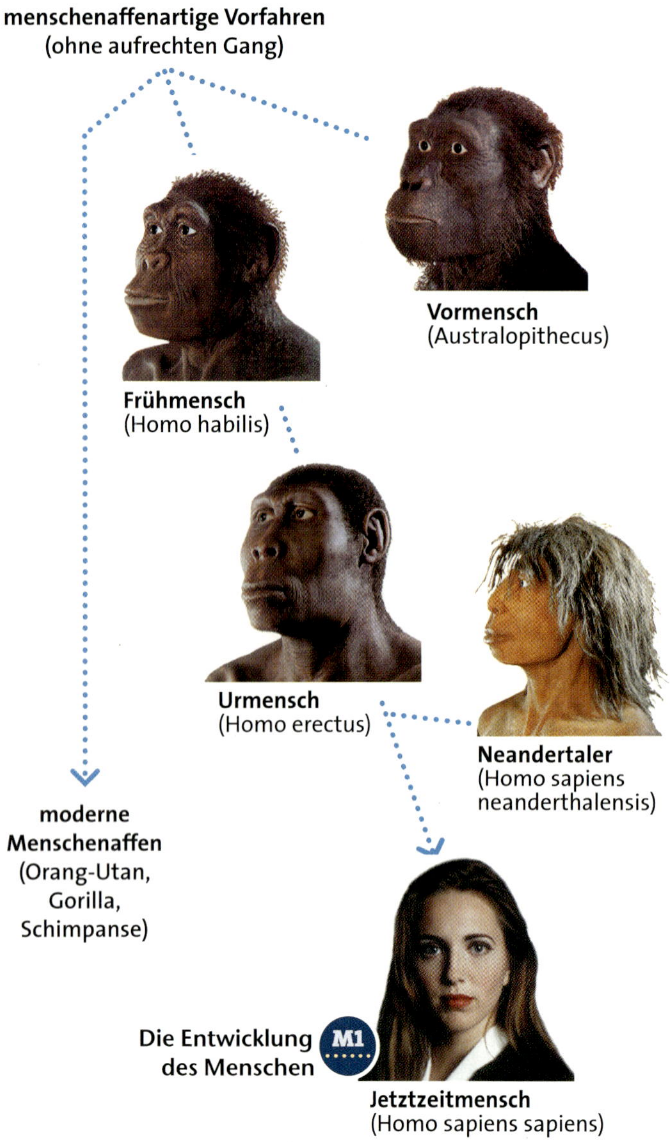

Die Entwicklung des Menschen **M1**

Vormensch = Australopithecus
Lebte vor 4,5 bis 1 Million Jahren in Afrika; aufrechter Gang (siehe Fußspuren S. 20/21), aber die Einordnung als Mensch ist wegen seines kleinen Gehirns umstritten; Größe 120–150 cm; stellte keine Werkzeuge her; ernährte sich vor allem von Pflanzen; „Australopithecus" heißt „Südaffe".

Frühmensch = Homo habilis
Lebte vor 2,5 bis 1,5 Millionen Jahren in Afrika; Größe 120–150 cm; stellte einfache Werkzeuge her, daher der Artname „habilis" (= geschickt); ernährte sich von Pflanzen und Tieren.

Urmensch = Homo erectus
Lebte vor 2 Millionen bis 40 000 Jahren, erst in Afrika, später in Asien und Europa; Größe 160–180 cm; stellte fein bearbeitete Faustkeile her, nutzte das Feuer und jagte; ernährte sich von Pflanzen und Tieren; der Beiname „erectus" (= aufrecht) stammt aus der älteren Forschung, die die aufrecht gehenden Vor- und Frühmenschen noch nicht kannte.

Neandertaler = Homo sapiens neanderthalensis
Lebte vor 130 000 bis 30 000 Jahren in Europa; seitdem ausgestorben; Größe etwa 160 cm; stellte zahlreiche Steinwerkzeuge her; verwendete Farbstoffe; die Annahme einer regelmäßigen Bestattung der Toten und der Beilage von Grabbeigaben ist in der Forschung umstritten; lateinisch „sapiens" = wissend.

Jetztzeitmensch = Homo sapiens sapiens
Entwickelte sich vor 150 000 bis 100 000 Jahren in Ostafrika; von dort aus weltweite Besiedlung; Größe 180 cm; stellte Werkzeuge und Waffen aus Stein, Holz und Knochen her; glaubte an göttliche Mächte; weitere Funde: Schmuck, Höhlenmalereien, kleine Figuren, Nähnadeln. Europa mit seinem kühlen Klima erreichte der Jetztzeitmensch vor ca. 40 000 Jahren.

Grundwissen

Vor etwa 2 Millionen Jahren:
Auftreten des Frühmenschen
Frühmenschen bzw. Urmenschen, wie Homo habilis und Homo erectus (siehe M1), traten vor etwa 2 Millionen Jahren auf. Sie stellten einfache Werkzeuge her. Der Homo erectus nutzte das Feuer.

Vom Ursprung der Menschen – Mythen und Funde

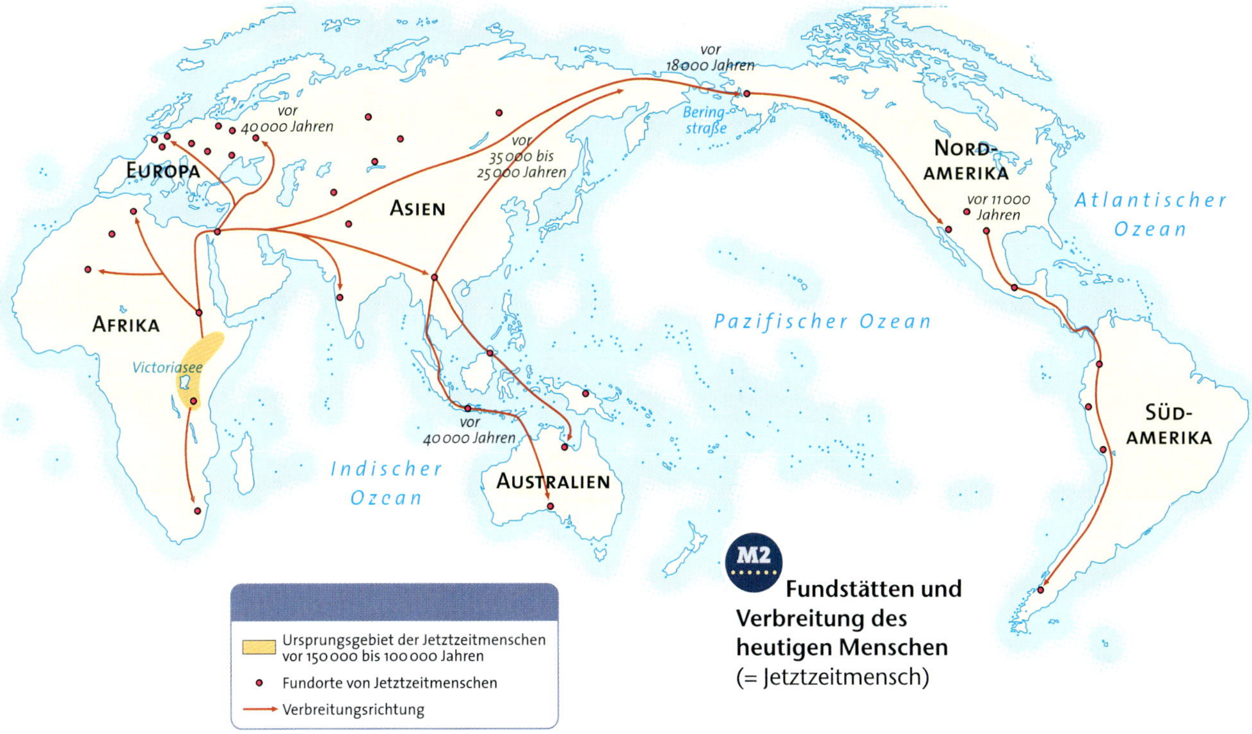

M2 **Fundstätten und Verbreitung des heutigen Menschen** (= Jetztzeitmensch)

Afrika – Wiege des heutigen Menschen?

„Eva war Afrikanerin", hieß es 1987 in den Medien. Archäologen hatten in Ostafrika weibliche Knochenreste entdeckt und herausgefunden: Nicht nur der Ur-, sondern auch der Jetztzeitmensch (= Homo sapiens sapiens) stammt aus dem warmen Klima Afrikas. Er hatte sich dort vor 150 000 Jahren entwickelt und in der Welt ausgebreitet. Diese Vermutung (= Hypothese) wird „Out-of-Africa"-Hypothese genannt.

M3 **Der moderne Mensch,** Fotos, 1993.
Die Afroindianerin Andrea Searcy verwandelte sich mithilfe von Perücke, Make-up und Kontaktlinsen in Angehörige verschiedener moderner Völker.

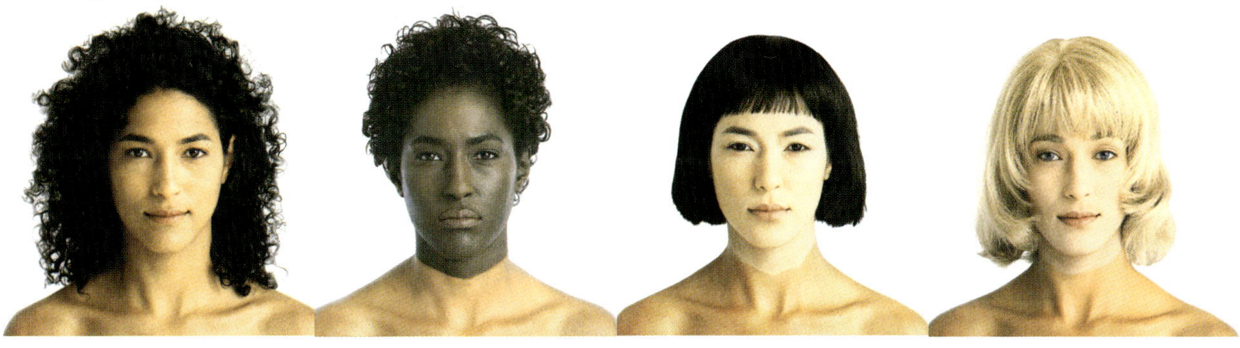

1 Lege eine Tabelle an: Trage in die obere Zeile die verschiedenen Menschenarten ein, die auf dieser Seite genannt werden. Schreibe zu jeder Art, was du über Lebenszeiten, Verbreitung, Größe, Fähigkeiten und Ernährung jeweils auf Seite 26 findest.

2 Du hast den Jungen vom Turkanasee kennen gelernt. Zu welchem Menschentyp gehört er? Begründe deine Zuordnung.

3 Die Vermutung über die Herkunft des Jetztzeitmenschen wird „Out-of-Africa"-Hypothese genannt. Erläutere sie mithilfe der Informationen dieser Doppelseite (M1, M2).

4 Schau dir M3 an. Was wollte Searcy mit ihrer Verwandlung wohl zeigen?

Ausgrabung – Geschichtsforschung mit Maurerkelle und Computer

Archäologen bei der Arbeit

„Bau der Straßenbahntrasse zunächst gestoppt! Ausgrabungen haben Vorrang!“ So oder ähnlich lauten hin und wieder Schlagzeilen in den Tageszeitungen. Manchmal heißt es aber auch: „Archäologen kamen zu spät! Bagger war schneller!“

Immer geht es dabei um die Arbeit der „Archäologie“. Ursprünglich stand in dieser Wissenschaft die Erforschung der Antike im Vordergrund.

Heute suchen Archäologinnen und Archäologen auch nach Überresten aus der Vorgeschichte. An ihre Untersuchungsgegenstände gelangen sie vor allem durch Ausgrabungen. Aber: Woher sollen sie wissen, an welchen Stellen Überreste verborgen sind? Häufig ergänzen sich zufällige Entdeckungen und systematisches, detektivisches Suchen.

Werkzeuge in der Archäologie M1

Archäologinnen und Archäologen bei einer Ausgrabung, Foto, 1989 M2

Arbeitsschritte Ausgrabung

1. Schritt: Suchen und finden
Zunächst muss die Fundstelle festgestellt und beschrieben werden. Häufig geben Zufallsfunde beim Haus- oder Straßenbau erste Hinweise. Eine Ausgrabung wird dann systematisch vorbereitet (Personal, Werkzeuge usw.).

2. Schritt: Graben
Die Ausgrabung muss sehr vorsichtig durchgeführt werden: Zunächst wird das Grabungsgelände vermessen. Dann wird Schicht für Schicht des Bodens abgetragen, vermessen und fotografiert. Gefundene Gegenstände werden vorsichtig geborgen und zeichnerisch oder fotografisch dokumentiert. Alle wichtigen Daten, wie Fundort, Datum, Tageszeit usw., werden in das Grabungstagebuch eingetragen.

3. Schritt: Auswerten
Zur Auswertung der Funde gehört vor allem eine genaue Beschreibung des Gegenstandes, die Datierung (Alter des Fundes) und eine Einschätzung seiner Bedeutung. Eventuell werden Biologen, Geologen und Kunsthistoriker herangezogen.

4. Schritt: Bewahren, ausstellen
Die Funde werden gereinigt und möglichst in ihren ursprünglichen Zustand versetzt. In Ausstellungen, z. B. in Museen, werden sie für Besucher zugänglich gemacht.

M3 **Luftbildarchäologie.** Die Luftaufnahme in Möckenlohe, Landkreis Eichstätt zeigt Spuren einer Gebäudeanlage. Der unterschiedliche Bewuchs des Feldes verrät Mauerreste im Boden, Foto, 1993.

Archäologen wollen wie in der Eisenzeit leben

Experiment: Ein Winter ohne Seife und Heizung

Eindhoven. Für zwei lange Wintermonate wollen sich sieben Archäologen in die Eisenzeit zurückversetzen. Am 16. Januar werden sie für einen Monat in ein rekonstruiertes Bauernhaus ohne Strom, Heizung und Wasseranschluss auf dem Gelände des Prähistorischen Freilichtmuseums in Eindhoven einziehen ... Zwei Jahre lang ist die Zeitreise vorbereitet worden. Sie soll unter anderem die Frage beantworten, wie viele Kalorien ein Mensch in der Eisenzeit nötig hatte. In der Speisekammer des Hauses lagern bereits Säcke mit Korn, Bohnen, Erbsen und getrockneten Äpfeln. Außerdem sollen zwei Schafe geschlachtet werden ...
Tagsüber werden die Teilnehmer des Experiments nach essbaren Wurzeln graben, Brot backen und einen Baumstamm aushöhlen, um daraus ein Kanu zu bauen. Sobald es dunkel wird, werden sie sich im Haus um die Feuerstelle setzen.

Wetzlarer Neue Zeitung vom 23.12.1994. Zit. nach Geschichte lernen, Heft 53, Seelze (Friedrich), S. 18.

M4 **„Experimentelle Archäologie“** ist eine Möglichkeit, etwas über das Leben von Menschen in früheren Kulturen herauszufinden. In einem Experiment wird überprüft, ob eine bestimmte Erklärung der Funde auch tatsächlich zutreffen kann.

1 Beschreibe den Fundplatz (M2) und die Tätigkeiten der Archäologen und Archäologinnen. Nimm M1 zu Hilfe.

2 Überlege, ausgehend von M4, was Forscher durch ein archäologisches Experiment herausfinden könnten.

3 Sieh dir M2, M3 und M4 an und benenne die unterschiedlichen Möglichkeiten der Archäologie. Bei welcher archäologischen „Aktion“ würdest du gerne mitmachen?

4 Erläutere die Möglichkeiten der Luftbildarchäologie (M3).

5 Erkundigt euch bei der Gemeindeverwaltung und im Museum nach Ausgrabungen und Funden in der Umgebung, sammelt Informationen und berichtet darüber.

Leben in Europa in der Altsteinzeit

Der Urmensch: Von Afrika ins kühle Europa

Die ersten Menschen in Europa

Der Urmensch (= Homo erectus), den wir in Form des afrikanischen „Turkanasee-Jungen" kennen gelernt haben, ist der erste Menschentyp, der Afrika in Richtung Norden verlassen hat. Aber erst vor 1,2 Millionen Jahren ist er in Südeuropa (Spanien) aufgetaucht, im östlichen Europa (Tschechien) vor 650 000 Jahren. Das war in der Epoche der Altsteinzeit, die von rund 2 Millionen Jahren bis um 5500 v. Chr. dauerte.

M1 Europa im Eiszeitalter

Umwelt im Europa der Altsteinzeit: Kaltzeiten und Warmzeiten

Woran lag es, dass Europa erst so spät von den Urmenschen besiedelt wurde? Vereinfacht kann man antworten: In Europa war es kühler als in Afrika.

Genauer gesagt: Vor rund 2,5 Millionen Jahren hatte in den nördlichen Regionen der Erdkugel das „Eiszeitalter" begonnen. Im „Eiszeitalter" wechselten sich Kalt- und Warmzeiten immer wieder ab. Mindestens sieben Warm- und sieben Kaltzeiten gab es allein während der letzten 700 000 Jahre. Eine Warm- bzw. eine Kaltzeit konnte zwischen zehn- und hunderttausend Jahre dauern. Während einer Kaltzeit war es in Europa viel kälter und trockener als heute. Zwar lagen die Temperaturen im Hochsommer nur wenig unter den heutigen Werten, doch waren die Sommer wesentlich kürzer. Die Winter dauerten dagegen erheblich länger und die Temperaturen der kältesten Monate waren um bis zu 17 Grad unter die heutigen Monatsmittelwerte abgesenkt. Es bildeten sich bis zu 3000 Meter dicke Eisschichten, die ganz Nordeuropa bedeckten und zeitweilig bis weit über die Elbe reichten. Auch die Alpen und die Pyrenäen waren vereist.

Wurde es gegen Ende einer Kaltzeit wärmer, schmolz das Eis und die Gletscher zogen sich zurück. Es entstanden wieder Wälder, Tiere und Menschen rückten wieder in die verlassenen Gebiete vor. Eine Warmzeit herrschte zum Beispiel vor 125 000 bis 115 000 Jahren. Die letzte Warmzeit begann um 9000 v. Chr. In ihr befinden wir uns heute noch.

Grundwissen

Altsteinzeit

Die Altsteinzeit (= Paläolithikum) ist die älteste und längste Epoche in der Geschichte der Menschen. Sie begann vor etwa 2 Millionen Jahren in Afrika und dauerte bis zum Ende der letzten Eiszeit um 10 000 v. Chr. Die Menschen der Altsteinzeit entwickelten eine wildbeuterische, nicht dauerhaft sesshafte Lebensweise, die durch Jagd und Sammeltätigkeit gekennzeichnet war. Sie stellten einfache Werkzeuge her – vorwiegend aus Stein (Feuerstein, Quarz, Quarzit). Der Faustkeil gilt als das am weitesten verbreitete Steinwerkzeug.

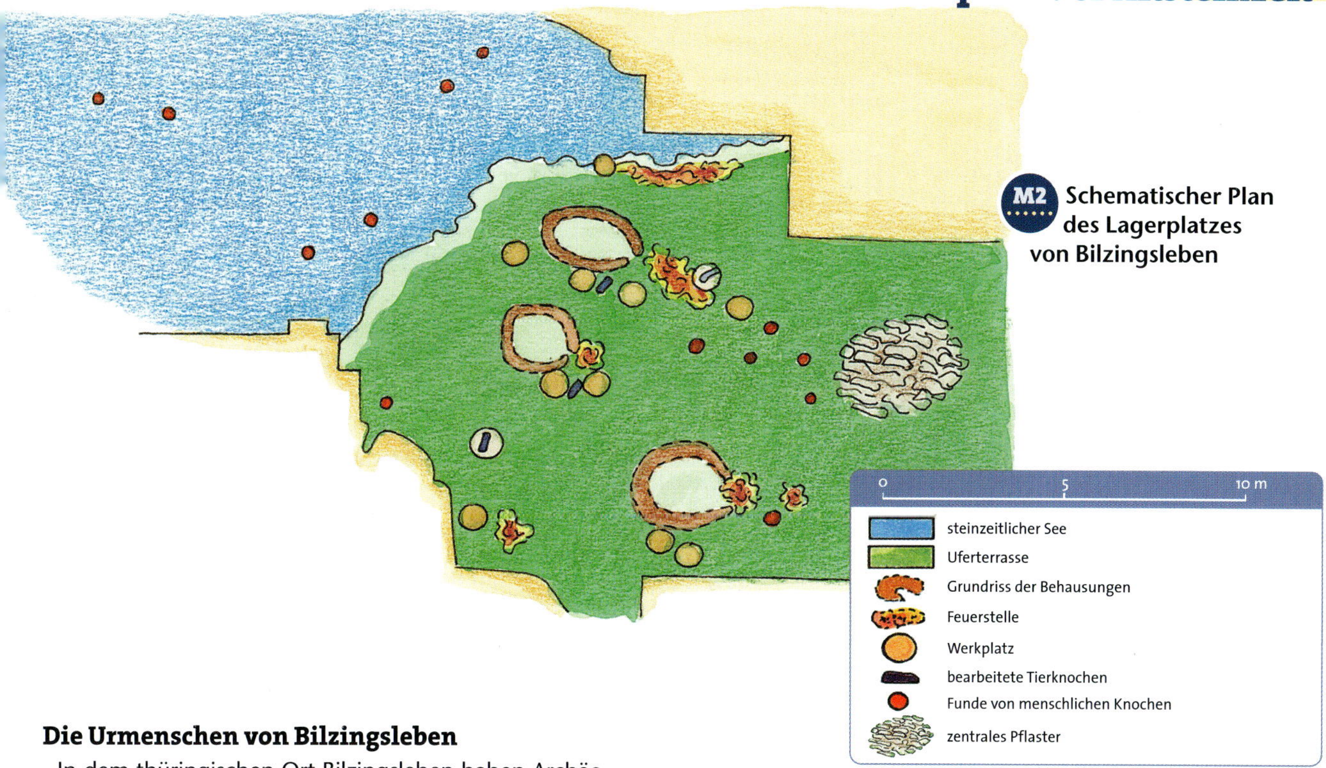

M2 Schematischer Plan des Lagerplatzes von Bilzingsleben

Die Urmenschen von Bilzingsleben

In dem thüringischen Ort Bilzingsleben haben Archäologen 1969 einen Lagerplatz ausgegraben, der vor ca. 350 000 bis 400 000 Jahren von Urmenschen (= Homo erectus) besiedelt war. Er ist typisch für das Leben im Europa der Altsteinzeit, als die Menschen als Jäger und Sammler lebten.

Der Platz lag auf der Uferterrasse eines kleinen Quellsees. Bislang wurden etwa 500 000 Objekte aus Stein, Geweih und Holz ausgegraben, ferner Menschenknochen sowie Tierskelette aus der Jagdbeute.

1 Kläre mithilfe des Darstellungstextes S. 30, wann und von welchen Menschen Europa zuerst besiedelt wurde.

2 Beschreibe anhand von M1 die Naturräume Europas im Eiszeitalter und überlege, wo Menschen leben konnten. Begründe deine Aussagen.

3 Erarbeite aus M2, M3 und M4 Gründe, die vermutlich die Menschen bewogen haben, an diesem Platz zu lagern.

4 Notiere, was du der Zeichnung M3 und dem Bericht M5 über das Leben an einem altsteinzeitlichen Siedlungsplatz entnehmen kannst. Entstehen dabei Widersprüche oder offene Fragen?

5 Kläre mithilfe des Darstellungstextes auf dieser Seite die aktuelle Forschungsmeinung zur Arbeitsteilung in der Altsteinzeit und Mittelsteinzeit.

Leben in der Gruppe – wer sorgt für die Nahrung?

Die Funde von Bilzingsleben deuten darauf hin, dass die Nahrungsgrundlage der Menschen in der Altsteinzeit durch die Jagd und das Sammeln von Wildfrüchten, Wurzeln, Eiern, Bienenhonig und Ähnlichem gedeckt wurde. Die Menschen lebten in Gruppen von etwa 25 bis 30 Personen.

Wie war die Arbeit zwischen ihnen aufgeteilt? Diese Frage ist schwer zu beantworten. Früher wurde angenommen, dass es eine Arbeitsteilung gab, bei der die Jagd Aufgabe der Männer und das Sammeln, Feuerhüten, Kinderbetreuen und Kochen Aufgabe der Frauen war. Heute meinen zahlreiche Wissenschaftlerinnen und Wissenschaftler, dass sich Frauen und Kinder besonders an Gruppenjagden, zum Beispiel auf Rentiere, beteiligt haben könnten und dass sie bei Sammelzügen auch Kleintiere erlegten. Neuere Funde aus der Zeit um 9000 v. Chr., in der Forschung „Mittelsteinzeit" genannt, zeigen Abdrücke von Textilresten, die Netze darstellen. Sie könnten – so folgern Forscherinnen und Forscher – zum Jagen von Fischen und Wildtieren gedient haben. Eine solche Netzjagd war eine Gemeinschaftsaktion, an der viele Mitglieder der Gruppe teilnahmen: Frauen, Männer und Kinder.

Leben in Europa in der Altsteinzeit

M3 Lebensbild des altsteinzeitlichen Siedlungsplatzes von Bilzingsleben, Rekonstruktionszeichnung, 1999

M4 Die Menschen von Bilzingsleben und ihre Umwelt

Der Leiter der Grabungen von Bilzingsleben, Dietrich Mania, berichtete 1998:

[Die Fundstellen] lagen … in der Regel am Wasser. Uferrandsiedlungen oder der Aufenthalt auf Schwemmkegeln an der Mündung von Fließgewässern in größere Altwässer oder Seen sind die typischen Standorte. Wasser war für den Menschen lebensnotwendig wie auch für das Wild. Dieses stellte sich in den Niederungen zur Tränke ein … Ihm folgten die Beutegreifer und Aasfresser, aber auch der Mensch … Wenn wir die Jagdbeute der … Fundstellen untersuchen, lässt sich feststellen, dass zwar vorwiegend Herdentiere gejagt wurden, aber unter diesen kaum eine Art besonders bevorzugt wurde … Beobachtungen am Befund haben ergeben, dass der Lagerplatz von Bilzingsleben längere Zeit ohne Unterbrechung genutzt wurde …
[Er lag] in einem größeren Gebiet, dessen äußere Grenzen mindestens in der Entfernung lagen, die an einem Tage hin und zurück bewältigt werden konnte. Das sind etwa 10 bis 15 km. Somit hatte dieses so genannte Schweifgebiet einen Durchmesser von etwa 20 bis 30 km.

Dietrich Mania, Die ersten Menschen, Stuttgart (Theiß) 1998, S. 36 f.

M5 „Waldelefant zum Frühstück“ – über die Funde in Bilzingsleben

Der Journalist Michael Best berichtete 1998 über die zahlreichen Funde von der Lagerstätte Bilzingsleben:

Bilzingsleben erlaubt heute einen Blick in den Alltag des Urmenschen … Im Boden ruhen Hölzer, Bohrer, Kratzer oder kleine Messer aus Feuerstein. Man kann Kleidungsstücke und Reste zeltartiger Behausungen finden. Davor Feuerstellen, an denen sich noch heute Holzkohlenreste und in der Hitze gerissene „Kochsteine“ finden. Bei den Hütten dann Schaber und Ambosse, auf denen Knochen zertrümmert wurden. In Ufernähe deuten Tierknochen darauf hin, dass hier die Jagdbeute zerlegt wurde: Waldelefanten, Nashörner, Hirsche, Pferde, Bären und Wildrinder. Auffällig die kreisförmige Fläche von neun Meter Durchmesser. Sie ist regelrecht gepflastert … Vielleicht ein Ort für Riten[1] oder Religion. Und man findet Knochen, in die mit dem Feuersteinmesser regelmäßige Linien eingeritzt wurden. „Für mich“ [sagt der Grabungsleiter Mania] „die ältesten Beweise für die Übermittlung eines menschlichen Gedankens.“

Michael Best, Waldelefant zum Frühstück, in: Rheinischer Merkur vom 18. 09. 1998, S. 34.

1 regelmäßige Handlungen und Formeln religiösen Ursprungs, zum Beispiel zur Anrufung von Göttern

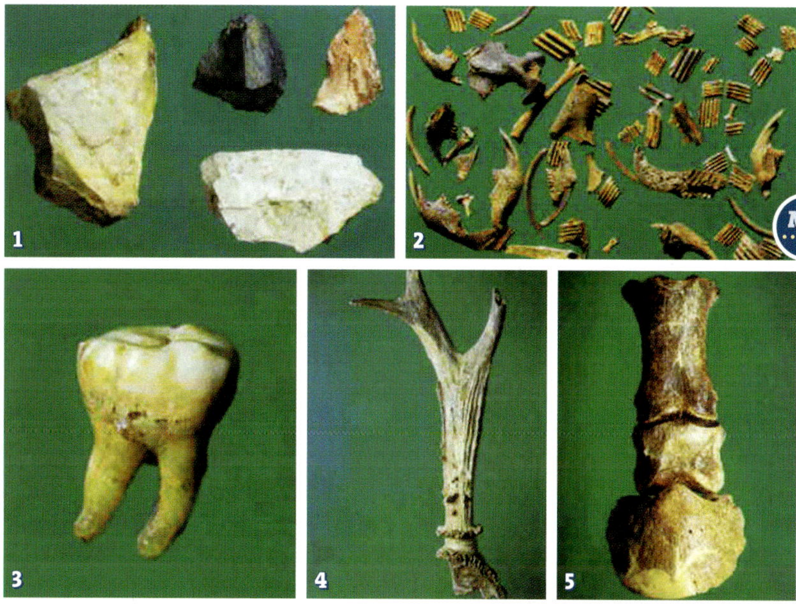

M6 Funde aus der Höhlenruine von Hunas
1 aus Abschlägen hergestellte Steinwerkzeuge
2 Reste von Kleinwirbeltieren
3 Weisheitszahn eines Neandertalers; vermutlich älter als 250 000 Jahre
4 Geweihstück (Rehbock)
5 Knochen eines Pferdes

M7 Faustkeil (Quarzit) aus Pösing (Bayern), vor 250 000–130 000 Jahren. Faustkeile wurden bereits vor etwa 2 Mio. Jahren vom Homo erectus in Ostafrika hergestellt.

Altsteinzeitliche Funde in Bayern

Während der Eiszeiten bedeckten riesige Eisgletscher das Alpenvorland, sodass eine Besiedlung in diesem Raum unmöglich war. Günstigere Bedingungen boten dagegen die Donauniederungen und Donauzuflüsse wie das Altmühltal. Aus Funden von Werkzeugen und Waffen aus Stein, von Geräten und Schmuckstücken aus Knochen, Geweihen und Zähnen lässt sich schließen, dass dort bereits vor 100 000 Jahren Menschen wohnten. Als Behausungen bzw. Lagerplätze dienten Höhlen und Felsschutzdächer. Immer mehr Funde im freien Gelände („Freilandstationen"), vor allem in Mitteldeutschland und im Rheinland, zeigen jedoch, dass es falsch wäre, von den Menschen der Altsteinzeit als „Höhlenmenschen" zu sprechen.

Besonders ergiebige Ergebnisse brachten Ausgrabungen in der 1956 von dem Erlanger Professor Florian Heller entdeckten Höhlenruine von Hunas in Mittelfranken. Die bisherigen Untersuchungen in Hunas haben ergeben, dass bei Beginn der letzten Eiszeit vor etwa 100 000 Jahren die Höhle schon verschüttet war. Die umfangreichste Fundgruppe bilden Reste von Tieren, die in der Höhle ihren natürlichen Tod fanden oder als Jagdbeute von Raubtieren oder von Menschen in die Höhle geschleppt wurden. Auf Spuren von Menschen deuten Steinwerkzeuge in Form von aus Abschlägen hergestellten Geräten. Faustkeile wurden in Hunas bisher nicht gefunden.

6 Erläutere mithilfe des Darstellungstextes die Funde in der Höhlenruine von Hunas.

7 Beschreibe die Funde in M6 und ziehe Schlussfolgerungen auf das Leben der Menschen in diesem Raum.

8 Der Faustkeil wird in der Archäologie als „Universalwerkzeug" bezeichnet. Versuche herauszufinden, was mit diesem Begriff gemeint ist.

9 Erkunde im Museum deines Wohn- oder Schulortes, ob dort Funde aus der Steinzeit vorhanden sind.

10 Nimm zur Bezeichnung der Menschen in der Steinzeit als „Höhlenmenschen" Stellung.

Kultur in der Altsteinzeit?

Leben in der Altsteinzeit – mehr als Arbeit und Technik?

Vier Jungen entdeckten 1940 auf dem Gutshof Lascaux in Südfrankreich durch Zufall eine Höhle, die tief im Innern mit Felszeichnungen bedeckt war. Sofort eilten Archäologen an die Fundstelle. Ihr Ergebnis: Die Bilder stammten aus der Zeit um 15 000 v. Chr. Damit hatten die Jungen Spuren der ersten europäischen Jetztzeitmenschen entdeckt, die gegen Ende der Altsteinzeit von Afrika aus eingewandert waren.

Gemalt hatten die Künstler der Altsteinzeit vor allem Großwildtiere, manchmal Vögel und Fische, Menschen eher selten. Warum sie diese Werke anfertigten, ist unter Forschern umstritten. Manche meinen, dass sie Glück bei der Jagd bringen sollten, andere sagen, dass Schutzgeister angerufen werden sollten. Unbestritten ist, dass sie eine „Zeichensprache" darstellen, die die Menschen damals verstanden.

Die Felsbilder zeigen, dass sich das Denken und die Lebensweise der Höhlenmenschen von Lascaux im Vergleich mit den Urmenschen Afrikas weiterentwickelt hatten. Sie dachten über Tiere und Natur nach, über Götter und Tod. Vorangetrieben hat diese Entwicklung wahrscheinlich auch das kühle Klima Europas, das die Menschen immer wieder vor neue Herausforderungen stellte: Wo hause ich, wenn es kalt ist? Wie ernähre ich mich, wenn ich im Winter keine Pflanzen sammeln kann? Und wie verständige ich mich über diese Fragen mit meinen Mitmenschen?

Eine bedeutende kulturelle Neuerung wird mit dem Neandertaler (siehe S. 26) verbunden: die Bestattung der Toten; allerdings ist umstritten, ob sie regelmäßig stattfand. Belegt sind jedoch Funde mit Speise- oder Blumenbeigaben (aus Pollenfunden erschlossen). Die Befunde deuten auf einen Glauben an das Jenseits hin und können zeigen, wie irreführend die Annahme ist, der Neandertaler sei ein roher, halb tierischer, stumpfsinniger Menschentyp gewesen. In der Forschung wird er deshalb inzwischen auch als eine Unterart des Homo sapiens und nicht als gänzlich eigene Art angesehen.

Technischer und kultureller Fortschritt beeinflussten sich wahrscheinlich gegenseitig, waren doch Felsmalereien oder Ritzzeichnungen nur möglich, wenn die technischen Möglichkeiten vorhanden waren, wie auch eine künstlerische Idee sicherlich auf Material und Technik Einfluss genommen haben dürfte.

M1

Felsmalerei in der Höhle von Lascaux, Frankreich, um 15 000 v. Chr. Die Künstler benutzten Holzkohle und Tonerde in braunen, gelben und rötlichen Farben, die sie pulverförmig gegen den Fels bliesen oder mit Öl anrührten.

M2 Ausschnitt des „zentralen Pflasters" von Bilzingsleben mit Stein- und Knochenschutt. Die kreisförmige Fläche mit 9 m Durchmesser war weitgehend von Gerätefunden und Arbeitsspuren frei. Die Tierknochenstücke waren eingedrückt und oft zerquetscht, als seien sie dem Stampfen von Füßen ausgesetzt gewesen.

M3 Statuette eines Löwenmenschen aus dem Hohlenstein-Stadel im Lonetal bei Asselfingen, Baden-Württemberg, Elfenbein, ca. 30 000 v. Chr.

M4 Elfenbeinarbeiten aus der Geißenklösterle-Höhle im Achtal, Baden-Württemberg, ca. 30 000 v. Chr. Von links nach rechts: Relief einer menschlichen Halbfigur, Halbrelief eines Bisons, Vollplastik von Mammut und Höhlenbär.

Leben in Europa in der Altsteinzeit

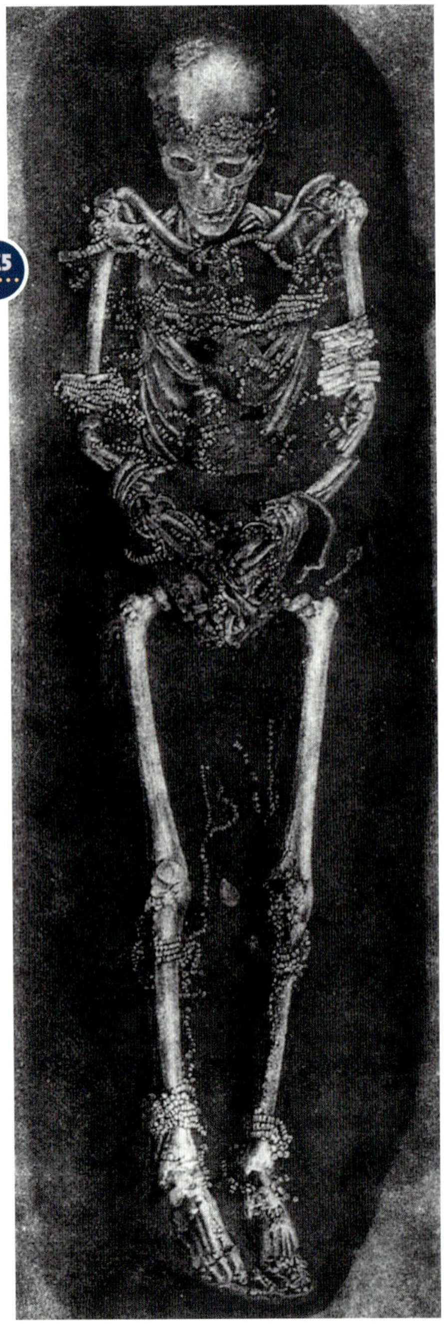

M5 **Männerbestattung von Sungir bei Moskau mit zahlreichen ehemals auf die Kleidung aufgesetzten Schmuckstücken,** jüngere Altsteinzeit ca. 40 000 v. Chr. Die Toten wurden oftmals mit pulverisiertem Rötel oder anderen Farbstoffen bestreut. Bei dem Toten ließen sich anhand der Schmuckstücke, die auf der Kleidung aufgenäht waren, Mütze, Jacke und Hose rekonstruieren.

M6 Kunst aus der Steinzeit – nur in Europa?

Der Wissenschaftsjournalist P. J. Blumenthal über die Eiszeitkunst, 2004:

Die Experten rätseln nach wie vor über die Bedeutung von Abertausenden von Bildern und Kunstgegenständen, die man über die Jahrzehnte in zahlreichen Höhlen gefunden hat … Inzwischen hat der französische Altertumsforscher Michel Lorblanchet … diese Felszeichnungen in vier Kategorien[1] eingeteilt: erstens Tiere, zweitens Menschen …, drittens rein abstrakte Muster und viertens unbestimmte Linien und Kritzeleien … Bisher war nur von europäischer Eiszeitkunst die Rede … Doch im Lauf der letzten fünfzig Jahre haben Archäologen Eiszeitkunst in aller Welt entdeckt: in Afrika, Asien, Amerika und Ozeanien … Heute kennt man weltweit über zwanzig Millionen Malereien und Kunstgegenstände und die Zahl nimmt stetig zu.

P. J. Blumenthal, Willkommen in der Sixtinischen Kapelle der Steinzeit, in: P. M. History, Februar 2004, S. 50 f.

1 Gruppen

M7 **Porträtkopf, aus Mammutelfenbein geschnitzt.** Gefunden wurde er 1891 bei Dolni Vestonice im heutigen Tschechien. Alter: ca. 26 000 Jahre.

Bearbeitet die folgenden Aufgaben in Partnerarbeit:

1 Beantwortet die Frage in der Überschrift des Darstellungstextes S. 34. Zieht M2 mit heran. Begründet eure Antwort.

2 Beschreibt M1 und M3 bis M5. Legt eine Tabelle mit den beiden Spalten Fundgegenstand/Deutung an und tragt eure Ergebnisse ein.

3 Eure Hilfe wird bei der Vorbereitung einer Ausstellung von Funden aus der Altsteinzeit benötigt. Wählt aus diesem Themenblock S. 34–36 Fundstücke aus, über die ihr in einem Zeitungsartikel berichtet, um für die Ausstellung zu werben.

4 Untersucht mithilfe von M7, wie technische und kulturelle Entwicklung in der Altsteinzeit zusammenhängen. Lest auf den Seiten 30–36 nach.

Die „Revolution“ auf dem Acker

Der Fund von Kückhoven-Erkelenz

Die Menschen der Altsteinzeit haben mit ihrer wildbeuterischen Lebensweise das genutzt, was sie in der Natur vorfanden. Wenn an einem Ort die Nahrungsgrundlage knapp wurde, zogen sie in andere Gegenden. Für ihre zeitlich begrenzten Aufenthalte bevorzugten sie Plätze mit Wasservorrat wie Seen und Flüsse.

Steinzeitforscher waren daher überrascht, als 1964 bei Kückhoven-Erkelenz im Rheinland ein Siedlungsplatz ausgegraben wurde, bei dem weit und breit kein Gewässer lag. Warum hatten sich die Menschen trotzdem hier niedergelassen? Ein besonderer Fund, den Forscher erst 1991 bis 1994 ausgruben, löste das Rätsel: ein Brunnen! Er war die „Wasserquelle“ – gefertigt aus Eichenholz und noch sehr gut erhalten.

Bei weiteren Ausgrabungen wurden mehr als 70 Hausgrundrisse freigelegt. In den Abfallgruben fanden sich Geräte aus Stein, Holz und Keramik, zum Beispiel Hacken und Gefäße, auch Spaten aus Ahornholz und zwei Taschen aus Eichenrindenbast. Der Brunnenfund wurde auf 5090 v. Chr. datiert.

Bäuerliche Gesellschaften entstehen

Mit dem Rückzug der Gletscher gegen Ende der letzten Kaltzeit um 10 000 v. Chr. erwärmte sich die Erde und Mitteleuropa wurde alsbald von dichten Wäldern bedeckt. Waren die Menschen in der Altsteinzeit jagend und sammelnd umhergezogen, entwickelten sie jetzt, in der Jungsteinzeit (= Neolithikum), eine neue Lebensweise. Der Übergang vom Wildbeutertum zur bäuerlichen Sesshaftigkeit dauerte „nur“ wenige Jahrhunderte. Die Veränderungen in dieser Zeit waren aber so gewaltig im Vergleich zur Altsteinzeit, die zwei Millionen Jahre umfasste, dass Geschichtswissenschaftler deshalb von einer „Revolution“ sprechen, der „neolithischen Revolution“. Die Menschen lebten jetzt nicht mehr mit der Natur, sondern begannen die Natur für ihre Zwecke und Ziele zu nutzen: Sie trieben Ackerbau und züchteten Pflanzen und Tiere aus Wildformen. Siedlungen und Felder wurden wie Inseln innerhalb von Waldflächen angelegt. Grundrisse von festen Gebäuden mit Abmessungen von oft 20 x 8 m und große Gräberfelder zeigen, dass die Menschen in größeren Gemeinschaften siedelten und sich allmählich auch Eigentum herausbildete.

Werkzeuge, Arbeitstechniken, Arbeitsteilung

In der Jungsteinzeit veränderte sich das Arbeitsleben der Menschen nachhaltig. Der hölzerne Hakenpflug, den die Menschen erfanden, verbesserte den Feldanbau. Zu den Errungenschaften in der Vorratshaltung zählten Gefäße aus Ton. Andere Erfindungen waren das Spinnen, das Weben und die Steinbohrung.

Die Arbeit mit den neuen Werkzeugen erforderte viel Geschick, sodass sich die Menschen die anfallenden Arbeiten teilten und sich allmählich auf bestimmte Tätigkeiten spezialisierten (siehe M2, S. 38).

Grundwissen

Jungsteinzeit

Die Epoche der Jungsteinzeit (= Neolithikum) begann nach dem Ende der letzten Kaltzeit im Vorderen Orient um 9000 v. Chr., in Mitteleuropa um 5500 v. Chr., und endete um 1800 v. Chr. Merkmale der Jungsteinzeit: verfeinerte Steinwerkzeuge und -geräte, befestigte Siedlungen, Haustierhaltung, Ackerbau mit vom Rind gezogenen Pflug, Tongefäße- und Keramikproduktion.

M1 **Lebensbild der jungsteinzeitlichen Siedlung von Kückhoven-Erkelenz um 5000 v. Chr.,**
Rekonstruktionszeichnung, 1999

Leben in Europa in der Jungsteinzeit

M2 **Neue Techniken und Geräte in der Jungsteinzeit,** Rekonstruktionszeichnung, 1999

Grundwissen

Seit etwa 10 000 v. Chr.:
Übergang zur Sesshaftigkeit

Der Ursprung der Sesshaftigkeit liegt im Vorderen Orient. Der Beginn des Ackerbaus war mit dem Übergang zur sesshaften Lebensweise verbunden. Mit der Sesshaftigkeit war auch die Entwicklung unterschiedlicher sozialer Gruppen und Besitzverhältnisse verbunden, d. h., die Menschen ließen sich an einem Ort nieder und bauten feste Häuser.

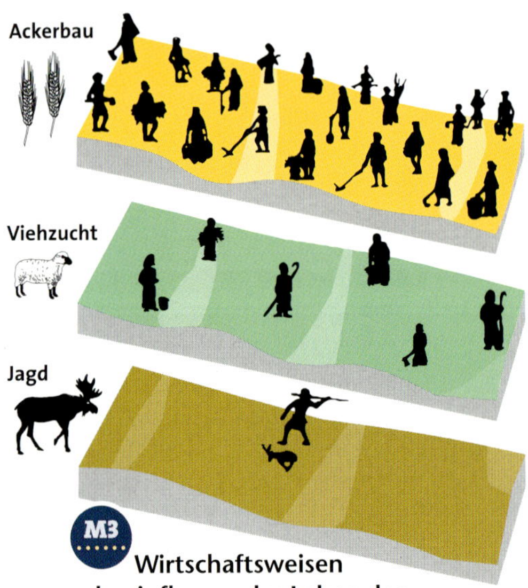

M3 **Wirtschaftsweisen beeinflussen das Leben der Menschen in der Steinzeit.** Dargestellt ist die Zahl der ernährten Menschen pro Quadratkilometer.

1. Vergleiche anhand von M1 und M2 die Lebensweise der abgebildeten Menschen mit der der Bilzingslebener Menschen S. 31 f.
2. Liste mithilfe der Darstellungstexte und M3 Merkmale der jungsteinzeitlichen Lebensweise auf.
3. Erarbeite die in M4 vertretenen Meinungen zur Arbeitsbelastung zwischen Männern und Frauen und nimm zu beiden Auffassungen Stellung.
4. Stelle fest, in welchen Erdteilen bzw. heutigen Staaten während der Jungsteinzeit bäuerliche Lebensformen entstanden (M5).

M4 Frauen- und Männerarbeit in der frühbäuerlichen Gesellschaft – ein Fortschritt?

Die Prähistorikerin[1] Brigitte Röder schrieb 1998 in einem Aufsatz „Jungsteinzeit – Frauenzeit?“:

4A Das tägliche Arbeitspensum war um ein Vielfaches gestiegen, weil Ackerbau und Viehzucht wesentlich zeitaufwändiger sind als eine Nahrungssicherung durch Sammeln, Jagen und Fischen … Zur Arbeit in der Landwirtschaft kam eine Vielzahl neuer Tätigkeiten hinzu … Zu nennen ist beispielsweise die Herstellung zahlreicher neu entwickelter Werkzeuge und Geräte sowie das Weben von Textilien aus Pflanzenfasern. Nicht zu unterschätzen ist auch der Zeitaufwand für den Bau und die Instandhaltung der Häuser. Ein völlig neuer, ebenfalls arbeitsintensiver Bereich war die Vorratshaltung …
Der Anstieg von Arbeitsbelastung und Arbeitsteilung wirkte sich auch auf das Geschlechterverhältnis aus, da offenbar neu ausgehandelt werden musste, welche Arbeiten Frauen und Männer jeweils zu übernehmen hatten … Untersuchungen … an den Knochen … zeigen, dass [jungsteinzeitliche] Frauen ausgesprochen hart und schwer arbeiteten.

Brigitte Röder, Jungsteinzeit – Frauenzeit?, in: Bärbel Auffermann/Gerd-Christian Weniger (Hg.), Frauen Zeiten Spuren, Mettmann (Neanderthal-Museum) 1998, S. 244 f. und 261.

Der Prähistoriker[1] Hansjürgen Müller-Beck schrieb ebenfalls 1998 in seinem Buch „Die Steinzeit“:

4A Der … Feldbau und die … Tierhaltung verursachen zwar Arbeit. Aber diese neue Art von Arbeit ist … besser zu planen und bietet bei konsequenter Anstrengung vor allem größere Sicherheit …
Damit werden die Frauen von ihrer mit zunehmender Entfernung vom Lager immer gefährlicher werdenden und auch enorme Trageleistungen erzwingenden Sammeltätigkeit entlastet. Dabei ist zu beachten, dass die Mütter ihre kleineren Kinder wegen des Stillens mit sich tragen müssen … Die Neolithisierung machte vor allem zunächst den Frauen das Leben leichter … Sie können sich jetzt stärker den Kindern widmen. In den stabileren Häusern und bei regelmäßigerem Leben in langfristiger belegten Bauten sinkt die Kindersterblichkeit auffallend.

Hansjürgen Müller-Beck, Die Steinzeit, München (Beck) 1998, S. 102.

1 Archäologe/Archäologin mit der Fachrichtung Ur- und Frühgeschichte

M5 Zentren der neolithischen Revolution zwischen 9000 und 3000 v. Chr.

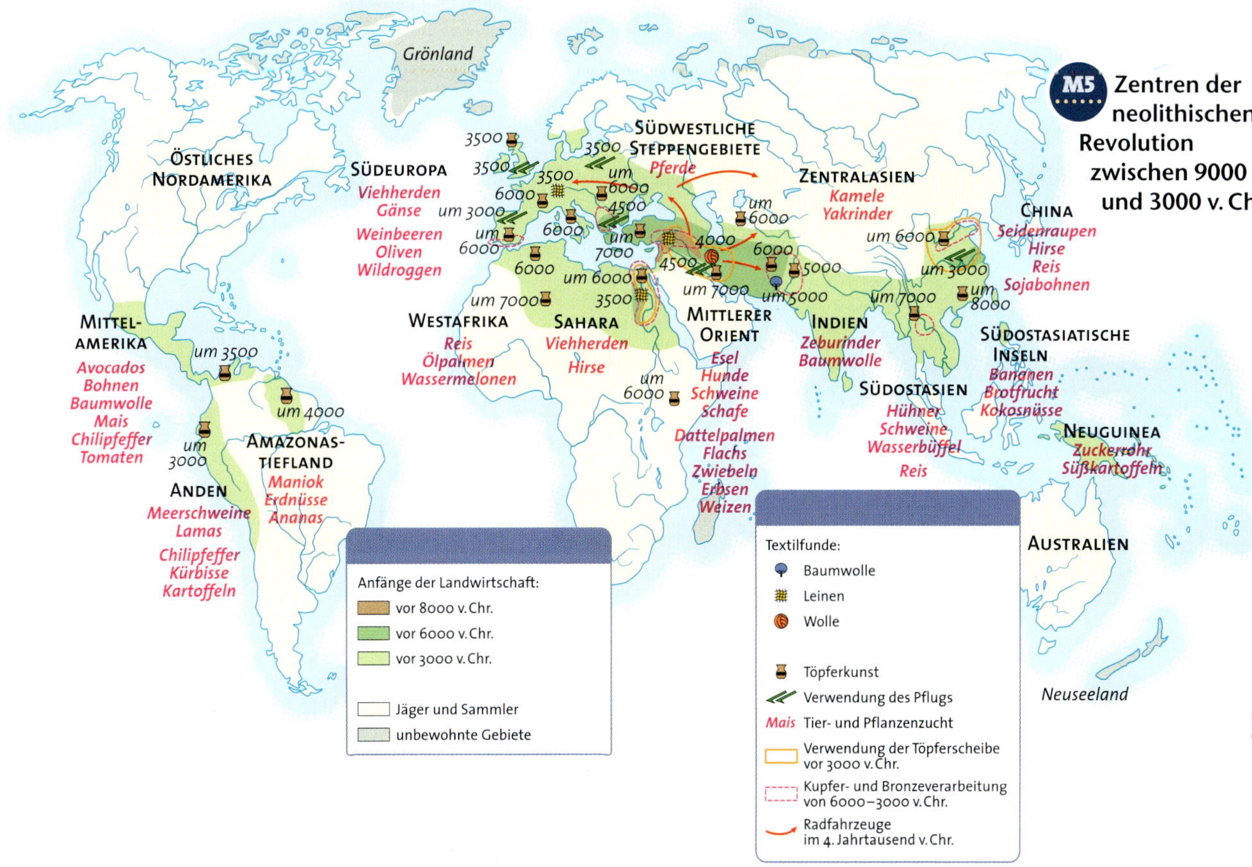

Der Mann aus dem Eis – ein Fund

Die Entdeckung des Gletschermannes

„Das ist ein Mensch!“, rief Frau Simon, als sie mit ihrem Mann am 19. September 1991 in einer Gletschersenke in den Ötztaler Alpen eine Leiche entdeckte. Auch die herbeigerufene Polizei glaubte an einen Unfall – vielleicht ein Bergsteiger, der vor einigen Jahrzehnten hier ums Leben gekommen war. Aber bei der Leiche lagen rätselhafte Dinge. Als der Archäologe Konrad Spindler von der Universität Innsbruck die Leiche und die Fundstücke sah, war ihm sofort klar: Dies war kein verunglückter Bergsteiger, sondern ein Mensch, der vor mehreren tausend Jahren gelebt haben musste.
Nach seinem Fundort in den Ötztaler Alpen wurde er in den Medien bald liebevoll „Ötzi“ genannt.

Wer war Ötzi?

Die Funde geben keine genaue Auskunft über den „Beruf“ des Gletschermannes. Er könnte ein Hirte gewesen sein, aber auch ein Jäger oder ein Metallsucher. Vielleicht war er ein religiöser Führer, der zum Gebet auf den Berg gestiegen war. Möglicherweise war er nicht allein unterwegs. Begleiter könnten überlebt haben oder ebenfalls gestorben sein. Ihre Körper wurden vielleicht vom Gletscher zermahlen oder sie liegen noch im Eis. Der Gletschermann starb möglicherweise, als er seinen täglichen Geschäften nachging. Nach dem letzten Forschungsstand von 2003 starb Ötzi im Frühjahr, war zuletzt nicht ganz gesund und erlag möglicherweise einem Pfeilschuss in den Rücken. Seine Hauptnahrung in seinen letzten Tagen waren Brot und Fleisch.

M1 **Die Leiche des Gletschermannes am Fundort**, Foto, 1991

M2 Der Fundort in den Ötztaler Alpen

M3 **Der Gletschermann**, Rekonstruktionszeichnung, 2001.
Ötzi trug einen wetterfesten Grasmantel, eine Bärenfellmütze und mit Gras gefütterte Schuhe aus Fell und Leder. Unter dem Mantel trug er Pelzkleidung. Er ist (heute) 154 cm groß, war bei seinem Tode etwa 46 Jahre alt, wog etwa 50 kg, stammte vermutlich aus dem heutigen Südtirol und weist Tätowierungen mit möglicherweise medizinischer Bedeutung auf. Das Alter der Mumie beträgt rund 5200 Jahre.

Lesetipp
Gudrun Sulzenbacher, Die Gletschermumie. Mit Ötzi auf Entdeckungsreise durch die Jungsteinzeit, Wien/Bozen (Folio) 2002.

Fundstelle und Funde, **M4** Rekonstruktionszeichnung, 1999

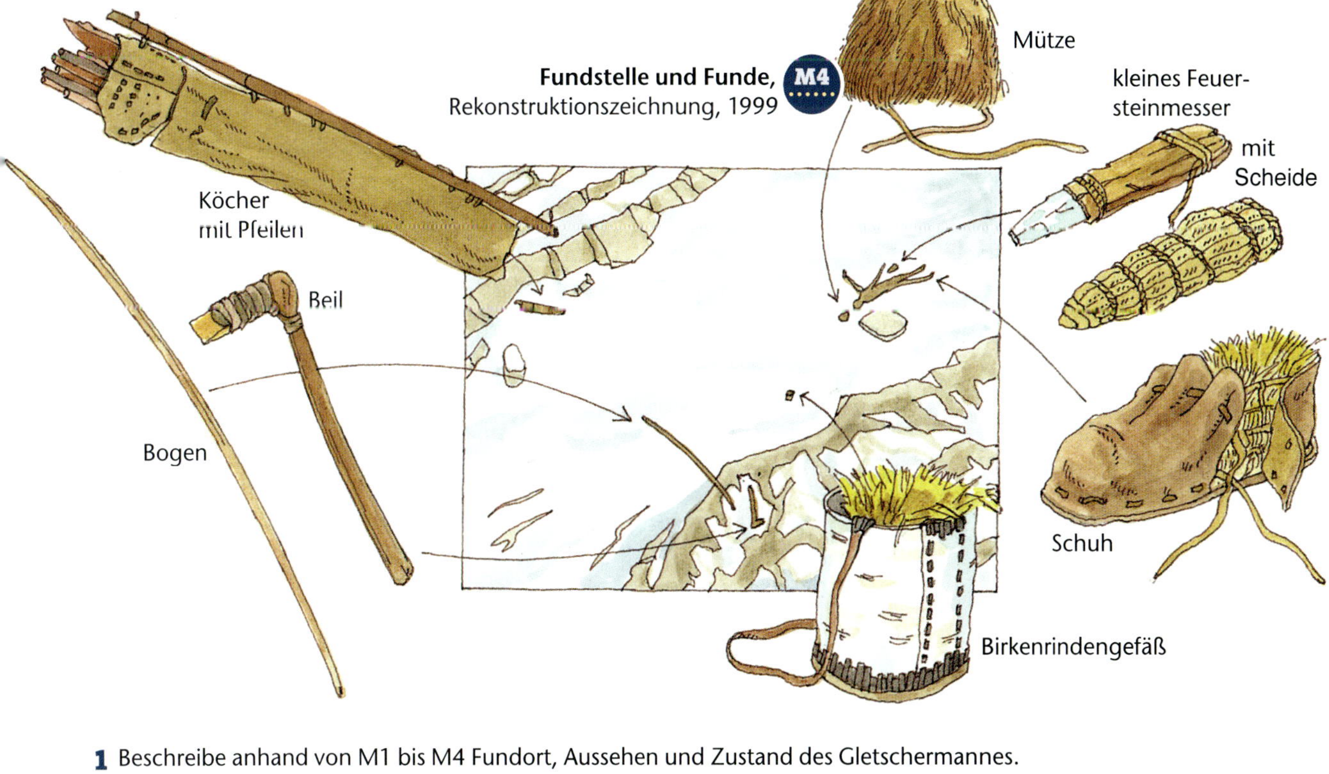

1 Beschreibe anhand von M1 bis M4 Fundort, Aussehen und Zustand des Gletschermannes.

2 Notiere offene Fragen, die dir zum Fund einfallen, und versuche sie durch Informationen (Lexika, Internet) zu beantworten.

3 Zeige an der Ausstattung des Gletschermannes, wie er sich an die Anforderungen von Wetter, Klima und Natur angepasst hat.

4 Der Gletschermann verabschiedet sich von seiner Familie zum Weg ins Gebirge. Schreibe eine Erzählung über das weitere Geschehen. Finde eine passende Überschrift.

Metallzeit in Europa: die Kelten

Die Metallzeit

Kupfer, Bronze, Eisen

Unsere Reise durch die Vorgeschichte endet in einem Zeitraum, in dem die Menschen einen ganz neuen Werkstoff entdeckten: Metall. Metalle kommen in bestimmten Gesteinen (= Erze) vor, die in der Erde lagern und in Bergwerken abgebaut werden. Bei hohen Temperaturen schmilzt man die Metalle aus den Erzen heraus. Dann können sie in Formen gegossen, geschmiedet, gewalzt und mechanisch bearbeitet werden.

Kupfer war das erste Metall, das Menschen herstellten, und zwar im Vorderen Orient ab 6000 v. Chr. Für Gebrauchsgegenstände war das Kupfer aber zu weich. Schließlich entdeckten Kupfergießer, dass eine Mischung aus Kupfer und Zinn im Verhältnis 9:1 ein härteres Metall ergab: die Bronze. Aus ihr fertigte man Waffen und Geräte aller Art. Ein noch härteres Metall war das Eisen, mit dem um 1000 v. Chr. die „Eisenzeit" begann.

Fachleute für Metalle: die Kelten

Als Meister der Eisenverarbeitung galten die Kelten*. Sie waren auch erfolgreiche Krieger und tüchtige Händler. Das Volk der Kelten lebte gegliedert in Stämme, an deren Spitze Fürsten oder Könige standen. Durch Kriegszüge und Wanderungen breiteten sich die Kelten aus.

Unser Wissen über sie stammt zum einen von den Griechen und Römern, die dieses Volk „Keltoi" oder „Galli" nannten, zum anderen vor allem aus archäologischen Funden, da die Kelten selbst nichts Schriftliches hinterlassen haben. Reste ihrer Sprache haben sich aber bis heute in Irland, Schottland und Wales erhalten. Auch manche Flussnamen wie Rhein, Main oder Isar stammen aus dem Keltischen. Durch die Ausbreitung der Römer in Westeuropa wurde im 1. Jahrhundert v. Chr. die keltische Kultur von der römischen überlagert.

Grundwissen

Bronzezeit

Die neuen Werkstoffe aus Metall veränderten das Leben der Menschen gewaltig. Deshalb benennen wir geschichtliche Zeiträume nach dem bevorzugten Metall: zwischen 1800 und ca. 1000 v. Chr. Bronzezeit in Mitteleuropa. Ab ca. 1000 v. Chr. wurden hier Werkzeuge, Geräte und Waffen aus Eisen üblich: Eisenzeit.

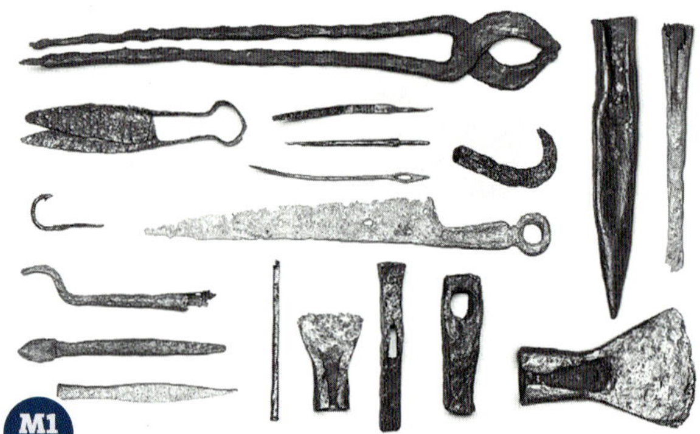

M1 **Eiserne Werkzeuge aus Manching**, Foto, 1993

M2 **Erzbergbau in der Metallzeit**, Rekonstruktionszeichnung, 2000

Die Keltenstadt Manching

Die Kelten errichteten dort einzelne Bauernhöfe und kleine Dörfer, wo das Ackerland fruchtbar war. Auf Anhöhen hatten mächtige Fürsten ihren Sitz. Im 3./2. Jahrhundert v. Chr. gründeten die Kelten große, stadtähnliche Siedlungen mit Wehranlagen, die von den Römern „oppida" genannt wurden. Das am besten erforschte Oppidum lag bei Manching in der Nähe Ingolstadts. Die Bedeutung des Ortes, der nahe dem Wasserweg Donau am Schnittpunkt von zwei wichtigen Handelswegen lag, zeigt sich schon an seiner Größe: Das von einer 7 km langen Mauer umgebene Stadtgebiet war so groß wie Rom zur Zeit des Augustus. Für den Transport der beim Mauerbau benötigten Erde und Kalksteine bräuchte man heute 15 000 Eisenbahnwaggons. In der Stadt gab es Stadtteile für die verschiedenen Handwerker und planmäßig angelegte Straßen. Im 1. Jahrhundert v. Chr. ging die ursprüngliche Bevölkerungszahl von ca. 10 000 Menschen immer mehr zurück, bis schließlich um 20 v. Chr. niemand mehr in der Stadt wohnte. Warum das geschah, ist bis heute ungeklärt.

1 Nenne Vor- und Nachteile wichtiger Werkstoffe der Steinzeit (Steine, Holz, Knochen). Vergleiche mit den Werkstoffen der Metallzeit (Darstellungstext, M1).

2 Beschreibe den Abbau von Erzen in der Metallzeit (M2).

3 Kläre mithilfe von M4, wo die Urheimat der Kelten war. Welche heutigen Länder Europas gehörten zum keltischen Kulturraum?

4 Beschreibe, wodurch die keltische Siedlung in Manching geschützt wurde (Darstellungstext, M3).

M3 **Die Siedlung von Manching,** Ausschnitt einer Rekonstruktion

M4 **Die Ausbreitung der Kelten**

Metallzeit in Europa: die Kelten

Keltische Handwerker und Händler

Das Oppidum in Manching war ein Handelsmittelpunkt. Hier gab es viele verschiedene Handwerker, die hochwertige Waren herstellten. So produzierten Töpfer mithilfe von schnell rotierenden Töpferscheiben besonders dünnwandige Gefäße. Zahlreiche Funde von Werkzeugen zur Bearbeitung von Leder und Holz belegen, dass auch in diesen Bereichen das Handwerk blühte. Spezialisierte Schmiede fertigten Waffen, Werkzeuge oder landwirtschaftliche Geräte an, sogar Fachleute für das Recycling von Altmetall gab es. Auch Schmuck aus Metall und Glas wurde im Oppidum hergestellt.

Wahrscheinlich produzierten die Handwerker nicht nur für den Bedarf der Stadtbewohner; jedenfalls lebten in Manching auch Händler, die begehrte Güter wie Roheisen oder Schmuck und Wein aus dem Mittelmeerraum im Angebot hatten. Zunächst tauschten die Kelten Salz, Metalle, Felle oder auch Sklaven gegen ausländische Waren. Durch ihre griechischen Handelspartner und auf Kriegszügen lernten sie ab dem 3. Jahrhundert v. Chr. neben neuen Handwerkstechniken (z. B. Töpferscheibe) auch die Vorteile der Geldwirtschaft kennen und begannen bald selbst, eigene Münzen zu prägen.

Die Arbeitsteilung und das gut entwickelte Wirtschaftsleben führten dazu, dass Einzelne zu Reichtum und Macht kamen. Wie stark sich die keltische Oberschicht von den einfachen Handwerkern und Bauern unterschied, lässt sich vor allem an den reich ausgestatteten Gräbern der Adeligen* erkennen.

M5 Adlige und Sklaven

Der römische Feldherr Caesar berichtete im 1. Jahrhundert v. Chr. über die Gesellschaft der Gallier (= Kelten):

Die untere Volksschicht wird fast wie Sklaven behandelt; sie wagt nicht, selbstständig zu handeln, und wird zu keiner Beratung hinzugezogen. Da die meisten unter dem Druck von Schulden oder hohen Steuern leben oder aber durch rechtswidriges Verhalten der Mächtigen bedrängt werden, begeben sie sich in die Sklaverei. Die Adligen besitzen ihnen gegenüber alle Rechte, die ein Herr seinen Sklaven gegenüber hat.

Caesar, Der Gallische Krieg VI, 13, übers. u. hg. v. Marieluise Deissmann, Stuttgart (Reclam) 1980.

M8 Bemaltes Geschirr aus Manching, Gefäße aus Grafitton wie diese waren feuerfest und daher ein begehrtes Handelsgut.

M9 Bronzene Geldbörse aus Manching. Sie wurde ursprünglich an einem Lederriemen getragen. Die in ihr gefundenen sechs Goldmünzen stellten ein kleines Vermögen dar.

M6 Keltischer Frauenschmuck aus Glas, 6./5. Jh. v. Chr., gefunden in Manchinger Frauengräbern

M7 Halsfessel aus Eisen für Kriegsgefangene oder Sklaven, gefunden in Manching

5 Erkläre, inwiefern die Verwendung von Geld den Handel erleichterte.

6 Erläutere, woraus die Archäologen schließen können, dass das Oppidum Manching ein Wirtschaftszentrum war (Darstellungstext und M1, M4, M6 bis M9).

7 Stell dir vor, du besuchst als griechischer Händler das Oppidum in Manching. Als du durch die Straßen spazierst, begegnen dir vor allem Leute aus dem einfachen Volk. Berichte in einem Brief an deine Familie von deinen Beobachtungen (Darstellungstext, M5 bis M7).

Druiden, Opfer, Heiligtümer – die rätselhafte keltische Welt

Zur Oberschicht der keltischen Gesellschaft zählten auch die Druiden. Sie waren zugleich Priester, Sterndeuter, Ärzte, Lehrer und Richter. Ihr umfangreiches Wissen gaben sie nur mündlich weiter. Die Ausbildung zum Druiden konnte bis zu 20 Jahre dauern. Alte irische und walisische Geschichten von weisen Frauen lassen vermuten, dass manche keltische Stämme auch Druidinnen hatten. Da die Druiden keine schriftlichen Aufzeichnungen erlaubten, wissen wir nicht genau, wie die Kelten ihre Götter verehrten. Griechische und lateinische Schriftsteller berichten, dass die Kelten an heiligen Orten, z.B. auf Waldlichtungen, unter Bäumen, an Quellen oder später in Tempeln, religiöse Zeremonien durchführten. Dabei wurden auch Tiere und manchmal sogar Menschen geopfert, um die Götter zu erfreuen. Im keltischen Oppidum Manching wurde neben Resten von Tempelanlagen auch ein „Goldbäumchen" ausgegraben, das als Beleg für die besondere Bedeutung von Bäumen in der keltischen Religion gilt.

Die Archäologen nehmen an, dass die zahlreichen Keltenschanzen in Bayern, viereckige Wall-Graben-Anlagen, ebenfalls heilige Bezirke waren. So wurden in der Viereckschanze von Holzhausen mehrere Schächte mit Brandopferresten gefunden.

8 Nenne die Aufgaben der Druiden. Was meinst du dazu, dass sie keine Steuern zahlen mussten (Darstellungstext, M10)?

9 Finde heraus, ob es in der Nähe deines Wohnortes Spuren einer keltischen Viereckschanze gibt. Tipp: In vielen Landkarten sind die Schanzen eingezeichnet. Du kannst auch das Internet nutzen (siehe Methodenseite Internetrecherche S. 46/47).

10 Die berühmtesten Kelten sind heute die Gallier Asterix und Obelix. Überprüft, ob die Autoren des Comics Erkenntnisse der Historiker über dieses Volk berücksichtigt haben. Bildet dazu in der Klasse Kleingruppen und lest einzelne Asterix-Bände noch einmal genau. Vergleicht eure Ergebnisse.

M10 Die weisen Männer der Kelten

Der römische Feldherr Caesar schrieb im 1. Jahrhundert v. Chr. über die gallischen (= keltischen) Druiden:

Die Druiden richten die öffentlichen und privaten Opfer aus und interpretieren die religiösen Vorschriften. Eine große Anzahl von jungen Männern sammelt sich bei ihnen zum Unterricht und sie stehen bei den Galliern in großen Ehren. Denn sie entscheiden … in allen staatlichen und privaten Streitfällen. Wenn ein Verbrechen begangen worden … ist, wenn der Streit um Erbschaften oder den Verlauf einer Grenze geht, fällen sie das Urteil und setzen Belohnungen und Strafen fest. Wenn sich ein Privatmann oder das Volk nicht an ihre Entscheidungen hält, untersagen sie ihm die Teilnahme an den Opfern … Die Druiden nehmen in der Regel nicht am Krieg teil und zahlen auch nicht wie die Übrigen Steuern.

Caesar, Der Gallische Krieg VI, 13, übers. u. hg. v. Marieluise Deissmann, Stuttgart (Reclam) 1980.

M11 **Eine Keltenschanze im Landkreis Starnberg (Buchendorf)**, Luftbild, 1999

Das Internet nutzen

Geschichte im Internet

Wie gehst du vor, wenn du noch mehr über ein Thema wissen willst? Grundsätzlich gilt, dass man Informationen nicht nur aus einer Quelle beziehen sollte. Ideal ist es, verschiedene Informationsmedien wie Zeitungen, Zeitschriften, Fernsehsendungen, CD-ROMs oder Sachbücher zu benutzen und zu vergleichen (siehe dazu auch „Informationen sammeln in einer Bibliothek", S. 18f.).
Ein anderer Weg führt in das Internet.

M1 **Schüler bei der Internetrecherche,** Foto, 2001

Arbeitsschritte Das Internet nutzen

1. Schritt: Suche durchführen
Du lässt zunächst eine Internet-Suchmaschine nach dem Stichwort „Kelten" suchen. Solche Suchmaschinen sind zum Beispiel Altavista (www.altavista.de), Google (www.google.de) oder die spezielle Kinder-Suchmaschine www.blindekuh.de. Wenn du die Internetadresse eingibst, erscheint eine Startseite mit einem Suchfeld, in das du den Begriff schreibst, über den du dich informieren möchtest.

2. Schritt: Suchabsicht festlegen, Überblick über das Suchergebnis bekommen
Damit du nicht planlos im Internet surfst, solltest du vorher genau festlegen, worüber du Informationen finden möchtest. Deine Fragen könnten z. B. lauten: Welche neuen Erkenntnisse haben Archäologen über die Kelten? Welche Museen informieren über die Kelten? Wo gibt es in der Nähe meines Wohnortes Spuren der Kelten? Du erhältst mithilfe der Suchmaschine eine Auswahl von Internetadressen. Meist ist aber die Zahl der „Treffer" sehr hoch, so dass du zuerst einmal einen Überblick bekommen musst, welche Internetseiten für dich Interessantes bieten. Lies also zuerst die Überschriften und die Kurzerläuterungen in der Liste und überlege, welche Adressen für dich brauchbar sind.

3. Schritt: Ergebnisse ordnen
Wenn du entschieden hast, dass eine Webseite für dich interessant sein könnte, liest du dort die angebotenen Informationen. Achte dabei aber nicht nur auf die Bilder und Texte, sondern prüfe auch, wer die Seite verfasst hat. Handelt es sich um ein Unternehmen, das nur ein Produkt verkaufen will? Stehen die Informationen auf einer privaten Homepage oder sind es Veröffentlichungen einer Gemeinde, einer staatlichen Einrichtung (z. B. Museum, Universität)?

4. Schritt: Informationen speichern
Wenn du über das Wissen, das du durch deine Internetsuche neu erworben hast, länger verfügen willst, musst du die Informationen in geeigneter Weise speichern: Du kannst z. B. auf deinem PC die Adressen interessanter Webseiten als Favoriten sammeln, Texte und Bilder als Dateien speichern oder ausdrucken. Manchmal ist es auch sinnvoll, sich handschriftliche Notizen zu machen.

M2 **Erweiterte Suche bei Google**

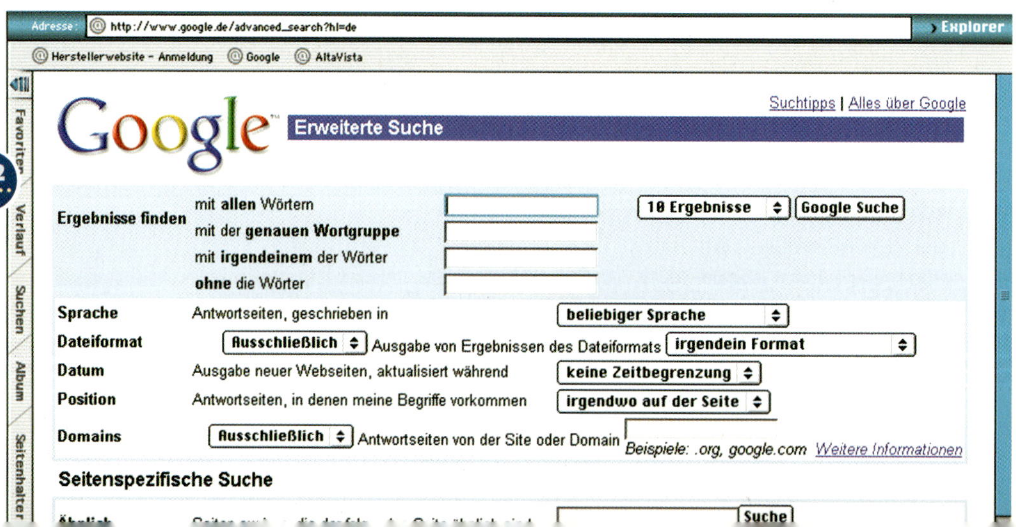

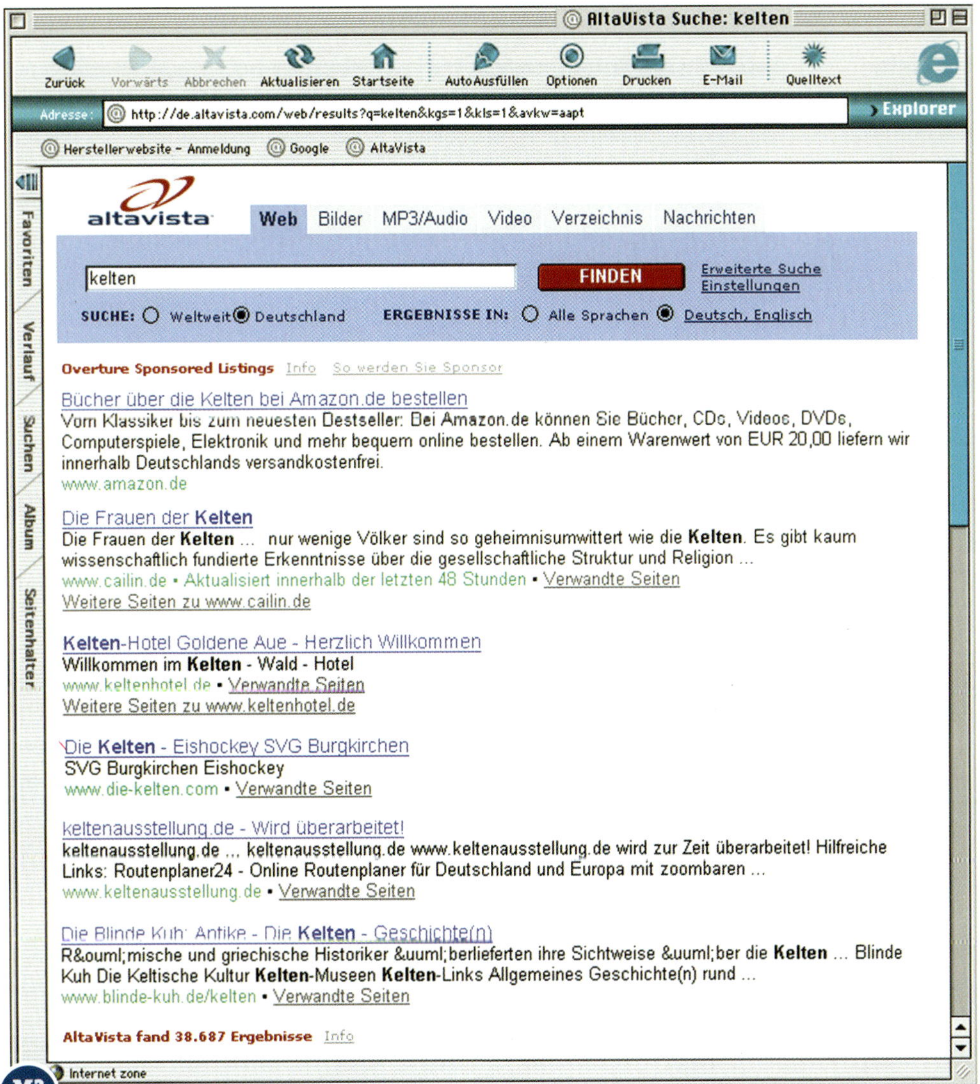

M3 Liste mit Internetlinks zu den Kelten

1 Entscheide, welche der in M3 angegebenen Webseiten brauchbare Informationen zu den Kelten enthalten könnten. Lege dazu eine Tabelle nach folgendem Muster an:

Nr.	Kurzbeschreibung	Entscheidung
1	Angebot eines Internet-Buchladens	scheidet (vorläufig) aus
2	…	…
3	…	…

2 Führe selbst eine Internetsuche zum Stichwort „Kelten" durch und berichte in der Klasse, zu welchen Ergebnissen du gekommen bist. Tipp: Fahnde danach, ob es auch in deinem Heimatort Spuren der Kelten gibt. Dazu solltest du in den Suchmaschinen die Möglichkeit der erweiterten Suche nutzen, indem du neben dem Stichwort Kelten noch andere geeignete Suchbegriffe eingibst (siehe M2).

3 Stellt in Gruppenarbeit „Hitlisten" mit ca. 5 besonders guten Internetseiten zum Thema „Altsteinzeit", „Jungsteinzeit" oder „Kelten" zusammen. Denkt daran, die Internetadresse genau anzugeben, damit auch andere die Seite finden können. Begründet in einem kurzen Text, warum euch die Seiten gefallen haben. Vergleicht die Ergebnisse in der Klasse.

Menschen in vorgeschichtlicher Zeit – ein Überblick

Epochen in der Geschichte

Historiker und Historikerinnen ordnen die unendliche Menge von Themen und Quellen mithilfe von Zeitrechnungen und Zeitabschnitten. Die Vorgeschichte beginnt mit den Anfängen der Menschheit und endet mit den ersten Funden schriftlicher Überlieferungen (um 3000 v. Chr.). Dann folgt die Antike (bis etwa 500 n. Chr.). Sie umfasst vor allem die griechische und die römische Geschichte.

Das Mittelalter steht zwischen Antike und Neuzeit (ca. 500 n. Chr. bis 1500 n. Chr.). Die Neuzeit beginnt um 1500 und reicht bis in die Gegenwart.

Spuren der ersten Menschen

Die ältesten Spuren des Menschen sind rund vier Millionen Jahre alt. Der heutige Mensch (= Jetztzeitmensch oder Homo sapiens sapiens) entwickelte sich allerdings erst vor 150 000 Jahren im warmen Klima Afrikas. Nach Europa kam er vor etwa 40 000 Jahren. Herausgefunden haben dies Archäologinnen und Archäologen anhand von Ausgrabungen und naturwissenschaftlichen Untersuchungen. Zum Teil nutzen sie die experimentelle Archäologie: Mithilfe von Grabungsfunden werden frühere Lebensformen wiederhergestellt (rekonstruiert) und gedeutet.

Leben in der Altsteinzeit: Sammeln und Jagen

In der Altsteinzeit, die vor ungefähr zwei Millionen Jahren begann, lebten die Menschen von dem, was die Natur ihnen bot. Sie sammelten Essbares und jagten Tiere. Bot ein Ort ihnen nicht mehr genügend Nahrung, zogen sie weiter. In die Natur griffen sie kaum ein. Sie stellten Werkzeuge aus Stein, Knochen und Holz her. Und sie nutzten erstmals das Feuer.

Um besser überleben zu können und sich zu schützen, lebten die Menschen in Gruppen zusammen. Davon zeugen Funde im freien Gelände. Auch Höhlen und Felsüberhänge dienten ihnen zeitweise als Schutz. Höhlenfunde zeigen aber auch, dass die Menschen künstlerisch tätig waren: So stellten sie zum Beispiel kleine Figuren her und malten Felsbilder. Uns bleibt deren genaue Bedeutung verschlossen.

In der Altsteinzeit wechselte das Klima mehrmals zwischen Warm- und Kaltzeiten. Mit dem Ende der letzten Kaltzeit um 9000 v. Chr. ging diese Epoche der Menschheitsgeschichte zu Ende.

Leben in der Jungsteinzeit: Ackerbau und Viehzucht

Seit etwa 9000 v. Chr. im Vorderen Orient und 5500 v. Chr. in Mitteleuropa veränderten die Menschen ihre Lebensweise: Sie wurden sesshaft und lebten als Ackerbauern und Viehzüchter in dorfähnlichen Siedlungen. Die grundlegenden Veränderungen erfolgten innerhalb nur weniger Jahrhunderte, sodass Wissenschaftler sie als „neolithische Revolution" (Neolithikum = Jungsteinzeit) bezeichnen. Die Menschen der Jungsteinzeit griffen nun in die Natur ein, um sie für ihre Zwecke zu nutzen. Sie rodeten Wälder, züchteten Pflanzen, zähmten und züchteten Tiere und dehnten ihre Acker- und Weideflächen immer mehr aus. Archäologische Funde haben aber gezeigt, dass sich die Menschen auch an ihre natürliche Umgebung anpassten, zum Beispiel in der Bauweise ihrer Häuser und der Anlage der Felder.

Freigelegte Grundrisse von Häusern und große Gräberfelder zeigen, dass die Menschen in größeren Gemeinschaften lebten. Aus dem Zusammenleben ergab sich vermutlich eine gewisse Arbeitsteilung zwischen Frauen, Männern und Kindern und eine Spezialisierung in der bäuerlichen und handwerklichen Arbeit.

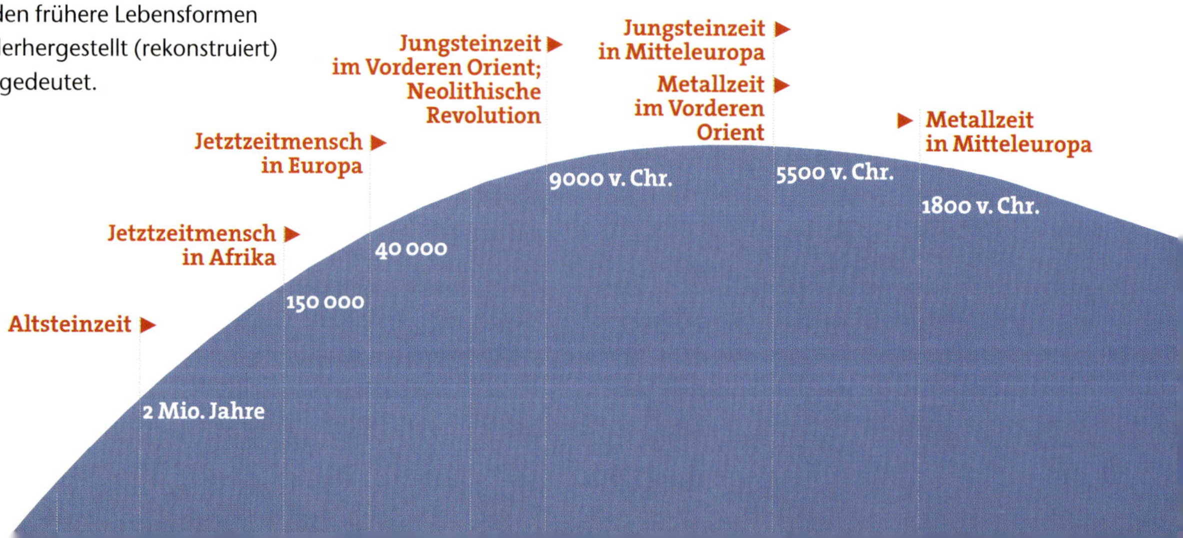

Wir wiederholen zentrale Begriffe und Methoden

Metallzeit in Europa: die Kelten

Die Gewinnung von Metallen aus Erzen gelang mit dem Kupfer zuerst im Vorderen Orient ab etwa 6000 v. Chr. Eine Mischung aus Kupfer und Zinn erwies sich als härteres Metall: die Bronze. Sie eignete sich zum Beispiel für die Herstellung von Geräten und Waffen. Eisen – schwieriger zu gewinnen und zu verarbeiten – war jedoch wesentlich härter als Bronze und fand sich in seiner Vorform, dem Eisenerz, an vielen Stellen in Europa. Nach dem Vorherrschen eines bestimmten Werkstoffes wie Bronze bzw. Eisen wird in der Forschung von „Bronzezeit" (etwa 1800 bis 1000 v. Chr.) und „Eisenzeit" (ab zirka 1000 v. Chr. gesprochen.

Spezialisten der Eisenverarbeitung waren die Kelten. Sie lebten in Stämmen mit Fürsten und Königen an der Spitze und waren erfolgreiche Händler und tüchtige Krieger. Von ihren großen, stadtähnlichen Siedlungen mit Wehranlagen („oppida") ist das Oppidum bei Manching in der Nähe Ingolstadts am besten erforscht. Hieran können die Lage an wichtigen Handelswegen, die Stadtanlage, das Wirtschaftsleben, die Handwerksviertel und sozialen Gruppen sowie die rätselhafte kultische Welt der Kelten studiert werden.

Teste dein Wissen

1. Schreibe zu den folgenden Begriffen eine kurze Erläuterung:
Archäologie – Ausgrabung – Luftbildarchäologie

2. Prüfe, welche Begriffe bzw. Zahlen nicht in die folgende Aufzählung gehören:
Altsteinzeit – 5000 v. Chr. – Mammut – Rentier – Wildbeuter – 400 000 v. Chr. – Faustkeil – Hausschwein – Felsmalerei – Bronzeaxt – Bestattungen – Keramikgefäße

3. Überprüfe die folgenden Aussagen und schreibe sie richtig auf:
a) Die Wildbeuterei konnte sechs Menschen je Quadratkilometer ernähren.
b) Die Viehzucht konnte mehr Menschen je Quadratkilometer ernähren als der Ackerbau.

4. Beurteile: Die jungsteinzeitliche bäuerliche Gesellschaft brachte für alle Menschen große Arbeitserleichterungen.
Schreibe deine Meinung kurz auf.

5. Ein keltischer Bewohner von Manching erklärt, wie sich das Leben der Kelten von dem der jungsteinzeitlichen Bauern unterscheidet.

3. Ägypten – eine frühe Hochkultur

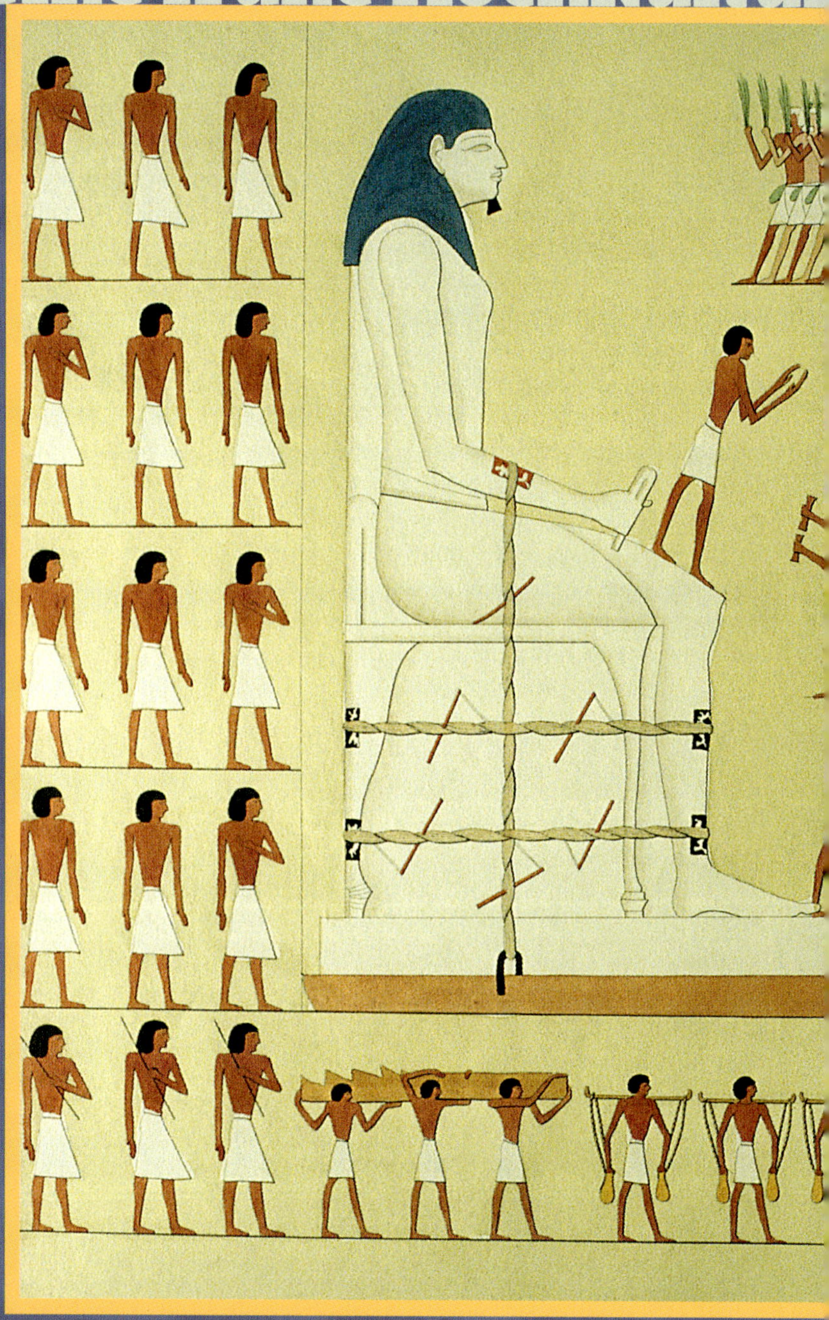

Stellen wir uns vor, der libysche Beduinenjunge Nimrot trifft in Oberägypten das ägyptische Mädchen Nefru. Gemeinsam beobachten sie den Transport einer Statue, von dem uns das Bild einen Eindruck vermittelt.

Nimrot: Warum sind denn hier so viele Menschen versammelt? Solche Massen kenne ich gar nicht.

Nefru: Die sind alle bei der Arbeit. Sie transportieren die Statue zu unserem Tempel. Und damit alles klappt, müssen alle helfen, und jeder hat seine besondere Aufgabe. Schau, da rechts, die vielen Arbeiter. Sie ziehen die Figur.

Nimrot: Und wer sind die Herren da links?

Nefru: Das sind Beamte. Sie führen die Aufsicht und lassen sich dabei von den Soldaten helfen – du siehst sie da hinten in Reih und Glied stehen.

Nimrot: Und wen stellt die große Figur dar?

Nefru: Das ist unser Gaufürst. Er regiert unseren Bezirk und über ihm ist nur noch unser Pharao. Unseren Pharao verehren wir wie einen Gott …

Nimrot: … also so etwas wie unser Stammesältester?

Nefru: Ich weiß nicht, wie das bei euch ist. Aber unser Pharao steht an der Spitze unseres Staates und hat eine Verwaltung und Beamte – solche Herren wie da links eben. Wir brauchen sie, weil bei uns viele Menschen auf dem engen Raum an den Ufern des Nils zusammenleben. Da muss alles gut organisiert sein. Wie auch beim Bau der Pyramiden.

Nimrot: Was sind denn Pyramiden?

Nefru: Die wirst du bei uns auch noch sehen.

Nimrot: Also irgendwie ist das bei euch alles anders …

1 Beschreibe, was auf der Abbildung zu sehen ist, und stelle Vermutungen über das Leben der alten Ägypter an. Nimm das Gespräch zwischen Nimrot und Nefru zu Hilfe.

2 Formuliere Fragen, die sich für dich aus der Bildbeschreibung und dem Gespräch ergeben.

Der Nil – Leben nach den Regeln des Flusses?

Das Niltal wird besiedelt

Als vor etwa 9000 Jahren die Warmzeit begann, trockneten große Teile Nordafrikas allmählich aus und wurden zur Wüste. Einige Menschen passten sich diesen erschwerten Lebensbedingungen an und lebten mit ihren Viehherden als Nomaden in diesen kargen Gebieten. Die meisten Menschen verließen die Wüste und ließen sich als Bauern an den wasserreichen Ufern des Nils nieder.

Während der Regenzeit im Juni strömten aus Afrikas tropischen Gebieten ungeheure Wassermassen zum Nil. In dieser Zeit stieg der Nil um etwa 5 bis 7 Meter. Ende September, wenn er in sein Flussbett zurückgekehrt war, blieb zu beiden Seiten des Ufers eine Schlammschicht zurück. Die Menschen erkannten schnell, dass diese Schlammschicht sehr fruchtbar war und sich besonders gut als Ackerboden eignete. Sie pflügten und wässerten die Äcker, säten Getreide und bauten vielerlei Pflanzen an. Vier Monate später konnten das Korn geschnitten, Linsen, Bohnen, Trauben, Datteln und Feigen geerntet werden. Danach lag das Land vier Monate lang brach.

Die Höhe der Flut entschied über die „fetten" und die „mageren" Jahre. Oft machte eine zu große Überschwemmung die Ernte zunichte, eine zu geringe hatte eine Hungersnot zur Folge. So konnte der Nil zum Segen, aber auch zum Verhängnis werden.

Um sich von den Unwägbarkeiten des Nils unabhängiger zu machen, mussten die Menschen Deiche, Kanäle und Staudämme bauen. Dazu war es notwendig, dass die Ägypter ihr Zusammenleben genau organisierten und die Arbeit untereinander aufteilten.

Überschwemmungen führten dazu, dass die Felder wieder neu vermessen werden mussten. Als natürliche Maßeinheiten verwandten die Ägypter Elle und Fuß. Aus der Feldvermessung entwickelte sich eine Wissenschaft, die von den Griechen später Geometrie genannt wurde.

Im Lauf der Zeit entdeckten die Ägypter, dass es von einer Nilüberschwemmung bis zur nächsten 365 Tage dauerte. Aus dieser Erkenntnis entwickelten sie einen Kalender, der im Prinzip noch heute Gültigkeit hat.

M1 Ägypten um 1150 v. Chr.

M2 Der Nil bestimmt das Leben

Ein Lied über den Nil aus dem 2. Jahrtausend v. Chr.:

Sei gegrüßt, Nil, hervorgegangen aus der Erde,
gekommen, um Ägypten am Leben zu erhalten!
Herr der Fische, der die Zugvögel stromauf ziehen
lässt, der Gerste schafft und Bohnen entstehen lässt.
Wenn er faul ist, dann werden die Nasen verstopft
und jedermann verarmt.
Wenn er habgierig ist, ist das ganze Land krank,
Große und Kleine schreien.
Beständig an Regeln, kommt er zu seiner Zeit,
Ober- und Unterägypten zu füllen.
Der die Menschen kleidet mit dem Flachs[1],
der den Webergott seine Erzeugnisse herstellen lässt
und den Salbengott sein Öl.
Alle Erzeugnisse werden aus ihm hervorgebracht.
... Fließe, Nil! Man opfert dir.
Komm nach Ägypten! Auf, Verborgener!
Der Menschen und Tiere am Leben erhält
mit seinen Gaben des Feldes.

Zit. nach Jan Assmann (Hg.), Ägyptische Hymnen und Gebete, Zürich (Artemis) 1975, S. 500 ff. Bearb. d. Verf.

1 Pflanze zur Herstellung von Leinen

M3 Bauern bei der Bewirtschaftung des Niltales, Malerei aus dem Grab des Nacht, um 1425 v. Chr.

M4 Nillandschaft heute, Foto, 1994

1. Erarbeite mithilfe des Darstellungstextes, warum sich die Menschen am Nil angesiedelt haben.
2. Der Nil war Segen und Verhängnis für die Ägypter. Begründe dies anhand des Darstellungstextes und M2.
3. Beschreibe die Tätigkeiten und Werkzeuge in M3. Vergleiche die Werkzeuge mit denen der Bauern in der Jungsteinzeit (siehe S. 38).
4. Informiere dich anhand eines Lexikons über die Geschichte des Kalenders.
5. Beschreibe das Foto M4 und mache dich mithilfe eines Atlasses kundig, welche wirtschaftliche Bedeutung das Niltal in der Gegenwart hat.

Der Aufbau der ägyptischen Gesellschaft

Eine ungleiche Gesellschaft?

Die große Mehrheit der Ägypter waren Bauern und Bäuerinnen. Die Landwirtschaft war die Lebensgrundlage der Bevölkerung. Die erwirtschafteten Nahrungsüberschüsse wurden in Vorräten angelegt. Sie sicherten auch das Überleben der Menschen, die nicht in der Landwirtschaft arbeiteten. Dadurch war es möglich geworden, dass sich Menschen auf bestimmte Aufgaben spezialisierten. Handwerker stellten zum Beispiel Geräte für die Landwirtschaft her. Arbeiter und Arbeiterinnen waren in Spinnereien, Webereien, im Hafen, in Speichern und vor allem beim Bau der Kultstätten, wie zum Beispiel Pyramiden und Tempel, beschäftigt. Architekten und Landvermesser bereiteten den Bau von Tempeln und Pyramiden vor. Mathematiker entwickelten die dafür nötigen Grundlagen der Geometrie. Händler kauften und verkauften Produkte innerhalb und außerhalb des Landes. So entstand eine Arbeitsteilung zwischen Landwirtschaft, Handwerk, Handel und Wissenschaft. Neben der Arbeitsteilung* war aber auch die planvolle Zusammenarbeit (Kooperation) von Menschen wichtig, um ein bestimmtes Ziel zu erreichen. Diese Form des Zusammenlebens bildete sich in Ägypten um etwa 3000 v. Chr. heraus. Sie ist ein typisches Merkmal der frühen Hochkulturen.

Für den Schutz dieser Gruppen und deren Versorgung in Notzeiten, wie zum Beispiel bei Hungerkatastrophen oder in Kriegen, sorgten Menschen in Heeres- und Verwaltungsstellen. Zu ihrer Versorgung mussten Abgaben (Steuern) von den Berufsgruppen geleistet werden, die etwas herstellten. Es entstand eine „Abgaben- und Vorratswirtschaft".

Der Staat, der Pharao und seine Helfer

Die ägyptischen Könige wurden Pharaonen genannt. Sie hatten die Herrschaft über Untergebene und Abhängige. Im ägyptischen Staat bedeutete das zum Beispiel, dass der Pharao die Macht hatte, allen Menschen in seinem Reich Befehle zu erteilen. Die Menschen erkannten seine Herrschaft an, weil er eine gottähnliche Stellung hatte.

Pharao bedeutet „großes Haus" und war die ursprüngliche Bezeichnung für den Königspalast. Die Pharaonen standen an der Spitze des Staates, der nach seiner Ausdehnung als Flächenstaat bezeichnet wurde. Sie waren für die Bewässerung, die Nahrungs- und Vorratsbeschaffung und den Frieden im Inneren des Landes und nach außen verantwortlich.

Seit etwa 2500 v. Chr. trugen die ägyptischen Könige den Titel „Sohn des Re". Der Gott Re war für die Ägypter der Sonnengott, der die Welt erschaffen hatte und sie beherrschte. Alle Bewohner Ägyptens waren dem Gottkönig untergeben, hatten seinen Weisungen zu gehorchen und damit dem Land einen Dienst zu leisten. Alle waren Untertanen, aber nicht alle waren gleichgestellt.

M1 **Bauern werden bei der Arbeit auf dem Feld von einem Schreiber beaufsichtigt,** Malerei aus dem Grab des Nacht, um 1425 v. Chr.

Wie entstand die staatliche Hierarchie?

Die Verwaltung des Landes erforderte unterschiedliche Tätigkeiten, die von Beamten, wie den Schreibern, ausgeführt wurden. Hohes Ansehen genossen Priester und hohe Beamte, die für den Bau und die Verwaltung der religiösen Kultstätten, wie die Tempel, verantwortlich waren. Hatten hohe Beamte auch noch militärische Aufgaben zu übernehmen, gelangten sie oft zu großer Macht. Der höchste Beamte des Staates war der Wesir. Er handelte als Stellvertreter des Pharaos. Diese Rangfolge, in der Befehle von oben nach unten gegeben wurden und von der nächstniedrigen Stufe ausgeführt werden mussten, nennt man Hierarchie.

Als Lohn für ihre Dienste erhielten die hohen Amtsträger landwirtschaftliche Güter und villenähnliche Wohnanlagen, die ihnen ein luxuriöses Leben ermöglichten. Sie herrschten über Bauern, Arbeiter, Handwerker und die in Ägypten sehr geringe Zahl von Sklavinnen und Sklaven. In Staat und Gesellschaft entstand eine hierarchische Ordnung.

Unterschiedliche Wohnungen

Der Platz der Menschen in der gesellschaftlichen Hierarchie spiegelte sich auch in deren Wohnungen wider: Reiche und mächtige Ägypter wohnten in großen und sehr prächtig ausgestatteten Häusern, die von Schatten spendenden Bäumen umgeben waren. Neben mehreren luxuriösen Wohnräumen fanden sich verschiedene Räume für Dienstboten, Vorratskammern, Küche, Bad und Toilette.

Die Wohnung eines Arbeiters war kleiner. Durch einen Hauseingang kam man in einen Vorraum, an den sich der eigentliche Wohnraum anschloss, der gleichzeitig als Empfangshalle genutzt wurde (siehe M2). Wie die Häuser der Arbeiter waren die Wohnhäuser der Reichen aus Ziegeln gebaut.

Grundwissen

Pharao

Die königlichen Herrscher Ägyptens wurden Pharaonen genannt. Ihre besondere Stellung an der Spitze des Staates wurde mit außergewöhnlichen Fähigkeiten begründet. Nach der Vorstellung der Ägypter galt ein Pharao als übermenschliches Wesen. Deshalb wurde er wie ein Gott verehrt (Gottkönig).

M2 Querschnitt eines typischen Arbeiterhauses in Dêr el-Medîne

a) Straße
b) Raum mit Schrankbett
c) Empfangshalle
d) Keller
e) Lagerraum/Schlafraum
f) Treppe zum Dach
g) Küche
h) Umfassungsmauer des Dorfes
i) Keller

1 Beschreibe die Szenen in M1. Achte besonders auf die Tätigkeiten und die Gegenstände.

2 Überlege, was in M1 über die Stellung der Bauern in der ägyptischen Gesellschaft zu erkennen ist.

3 Stellt euch folgende Situation vor: Der Aufseher behauptet, die Bauern seien träge und faul. Der Bauer behauptet, die Aufseher seien überflüssig. Entwerft Gespräche zwischen beiden und entwickelt ein Rollenspiel.

4 Stelle die im ersten Darstellungstext genannten Gruppen und ihre Tätigkeiten zusammen und erkläre, wie gesellschaftliche Unterschiede in Ägypten entstanden sind.

5 Beschreibe den Querschnitt des Arbeiterhauses (M2). Welche Erkenntnisse über das Alltagsleben lassen sich daraus ableiten?

6 Erkläre den Zusammenhang zwischen staatlicher Hierarchie, Arbeitsteilung und Kooperation.

M3 Zwei Sichtweisen – ein Bauer und ein Schreiber berichten aus ihrem Leben

Die folgenden Berichte sind frei erfunden. Sie könnten aber, wie wir aus Quellen wissen, um 2500 v. Chr. so ähnlich entstanden sein.

Ein ägyptischer Bauer berichtet aus seinem Leben:

3A Meine ganze Familie arbeitet in der Landwirtschaft. Wir beackern als Pächter das Land, das dem Pharao gehört. Den größten Teil der Ernte müssen wir in den staatlichen Speichern abgeben. In einem guten Jahr können wir zweimal ernten. Schlimm ist es, wenn wir nach einer schlechten Ernte nicht genügend Getreide abliefern können. Dann kann es Prügel vom Aufseher geben oder wir müssen unmenschliche Arbeit in den Bergwerken verrichten – wie die Sklaven.

Während der Überschwemmung des Nils sind unsere Äcker überflutet. Dann müssen wir beim Pyramiden- oder Tempelbau mitarbeiten. Unsere tägliche Lebensmittelration bekommen wir in der Zeit vom Staat.

Verfassertext

Ein ägyptischer Schreiber hat Folgendes aufgeschrieben:

3B Nur wenige Menschen bei uns können lesen, schreiben und rechnen. Deshalb sind wir Schreiber sehr angesehen. Wir gehören zur gesellschaftlichen Schicht der Beamten und handeln im Auftrag des Pharaos. Bei der Verwaltung unseres Staates erfüllen wir wichtige Aufgaben: Wir vermessen das Land, kontrollieren die Viehbestände und Getreidevorräte, sorgen für die pünktliche Abgabe der Steuern und halten alles schriftlich fest. Zu unseren Aufgaben gehört es auch, die Arbeit der Bauern auf dem Feld zu beaufsichtigen. Ihnen gegenüber haben wir Macht und Verantwortung. Von unserer Zuverlässigkeit hängt das Wohl des ganzen Landes ab.

Verfassertext

M4 Arbeiter in einem Kornspeicher, Modell aus der Zeit um 2200 v. Chr.

M6 Pharao Tutanchamun, Ausschnitt aus seinem goldenen Sarkophag, um 1330 v. Chr. Als Herrschaftszeichen trägt er den Krummstab und die Geißel wie der Gott Osiris.

M5 Müllerin, Kalksteinfigur, um 2600 v. Chr. Das Mahlen kleinerer Getreidemengen war grundsätzlich Frauenarbeit.

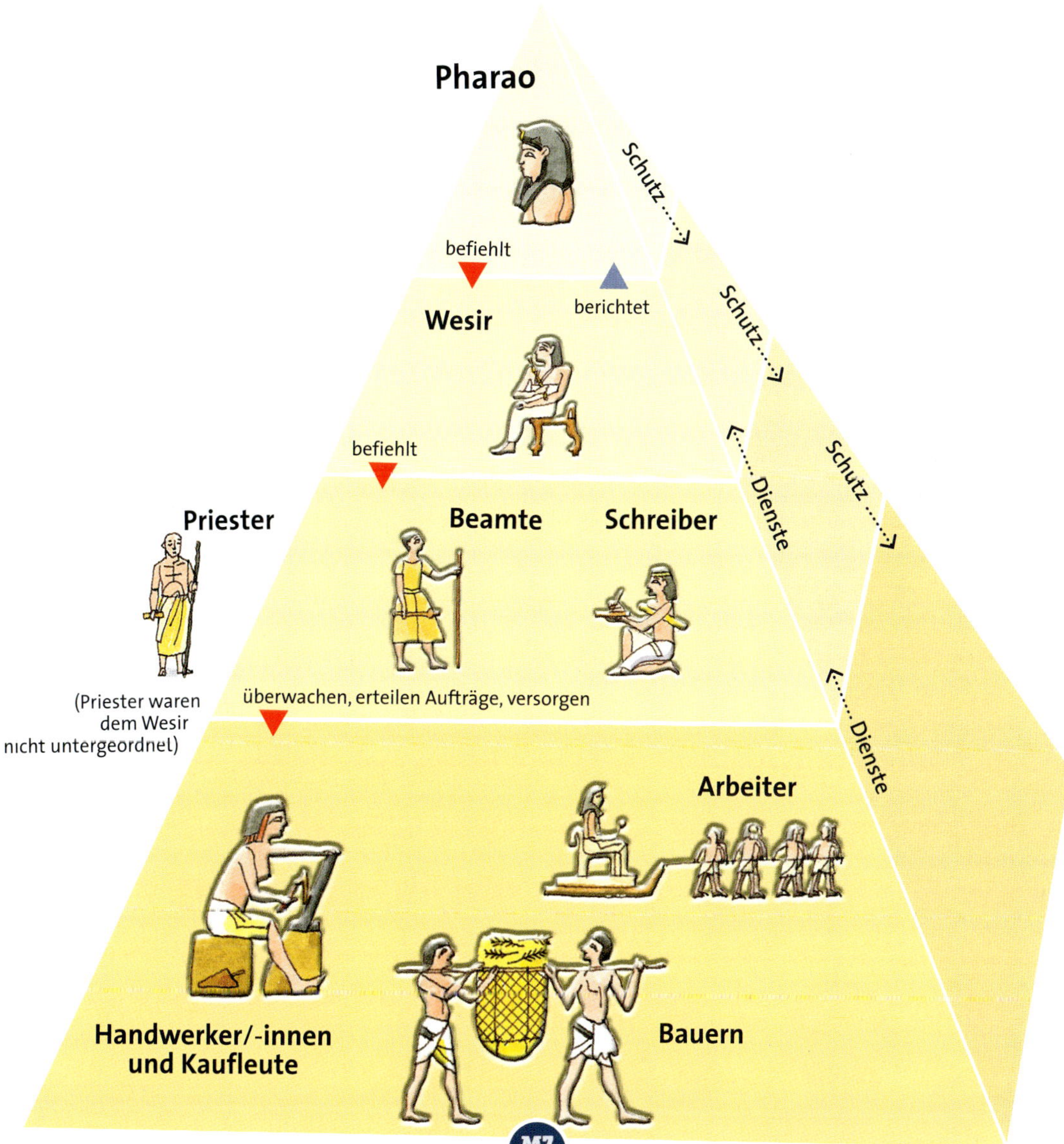

M7 Der Aufbau der ägyptischen Gesellschaft

7 Beschreibe anhand von M3 die Tätigkeiten des Bauern und des Schreibers und erkläre, wie sie miteinander zusammenhängen.

8 Schildere deinen Eindruck nach der Betrachtung von M6. Worin zeigen sich Macht und Herrschaft? Nimm die Bildlegende zu Hilfe.

9 Untersuche mithilfe des Darstellungstextes S. 72, rechte Spalte, worin sich die Macht der Pharaonen zeigte.

10 Vergleiche die Darstellungen M4, M5 und M6. Benenne die Kennzeichen, die auf die jeweilige soziale Stellung hinweisen.

11 Beschreibe M7. Präge dir die gesellschaftlichen Gruppen ein.

12 Erkläre anhand von M7 den Begriff „Arbeitsteilung".

13 Fasse den Aufbau der ägyptischen Gesellschaft schriftlich zusammen. Verwende dabei die Begriffe Staat, Verwaltung, Herrschaft und Hierarchie.

Frauen in der ägyptischen Gesellschaft

Frauen in der Öffentlichkeit

„Bei ihnen sitzen die Weiber zu Markte und handeln, die Männer aber bleiben zu Hause und weben", schrieb der griechische Geschichtsschreiber Herodot, als er um 450 v. Chr. Ägypten besuchte. Nirgendwo sonst hatte er Frauen gesehen, die ihm so gleichberechtigt erschienen. Und deshalb kam er zu der Schlussfolgerung, „fast alle Sitten und Gebräuche in Ägypten sind der Lebensweise der anderen Menschen entgegengesetzt".
Heute wissen wir, dass Herodot richtig beobachtet hatte. Die Frauen im alten Ägypten waren den Männern im gesellschaftlichen und privaten Leben weit gehend gleichgestellt. Frauen vertraten sich vor Gericht selbst und durften eigenes Vermögen besitzen. Sie waren in vielen Berufen vertreten. So arbeiteten sie als Spinnerinnen, Perückenmacherinnen, Tänzerinnen, Richterinnen, Hebammen und vereinzelt auch als Ärztinnen.
Zu öffentlichen Ämtern wurden die Frauen jedoch fast nie zugelassen. Ob es Beamtinnen und Schreiberinnen gab, ist umstritten. Nur in Ausnahmefällen konnten Frauen Priesterin oder Pharao werden. Insgesamt verfügten sie aber über größere Freiheiten als später die Frauen im antiken Griechenland und im Römischen Reich.

M1 **Der Zwerg Seneb, Vorsteher der Weberei, mit seiner Frau und seinen Kindern**, Sandstein, um 2250 v. Chr. Die helle Hautfarbe vieler Frauendarstellungen weist darauf hin, dass sich die meisten Frauen mehr im Haus aufgehalten haben als die Männer.

Die „Herrin des Hauses"

Nach Auffassung der alten Ägypter war Hausarbeit klar und eindeutig Frauenarbeit. Hausmänner gab es nicht. Die verheiratete Frau trug den begehrten Titel „Herrin des Hauses". Ihre Aufgabe war es, zuverlässig dafür zu sorgen, dass der Alltag im Haus ihrer Familie reibungslos ablief. Damals wäre niemand auf den Gedanken gekommen, diese Form der Arbeitsteilung innerhalb der Familie infrage zu stellen. Besonders in ärmeren ägyptischen Familien mussten die Frauen alle im Haus anfallenden Arbeiten wie Kornmahlen, Brotbacken, Wäschewaschen, Kleidernähen und Schafescheren selbst verrichten. Ihnen halfen nur die unverheirateten Töchter und andere nahe weibliche Verwandte.
Andere Möglichkeiten hatten dagegen die Frauen in wohlhabenderen Familien. Sie konnten sich Diener und Dienerinnen für die Hausarbeit leisten, deren Arbeit sie selbst einteilen und beaufsichtigen mussten.

Hatschepsut – eine Frau wird Pharao

Nur von drei Frauen wissen wir genau, dass sie Ägypten als Königinnen regiert haben. Eine von ihnen war Hatschepsut, die „Erste der Edlen Frauen", wie ihr Name sagt. Sie regierte 22 Jahre von 1490 bis 1468 v. Chr. Nach dem Tod ihres Gemahls Tuthmosis II. übernahm sie die Regierung stellvertretend für ihren minderjährigen Stiefsohn. Nach zwei Jahren ließ sie sich selbst zum „weiblichen Pharao" krönen. Den Begriff Pharaonin gab es bei den Ägyptern nicht. Hatschepsut gab ihrem Sohn das Amt nicht zurück, als er volljährig wurde.
Wir wissen aus Quellen, dass Hatschepsut bei ihrem Volk sehr angesehen war. Ein Regierungsbeamter schrieb nach ihrem Tod über sie: „Das Volk arbeitete für sie und Ägypten neigte das Haupt vor ihr." Während ihrer Regentschaft gab es keinen Krieg. Stattdessen ließ Hatschepsut Handels- und Erkundungsreisen durchführen. Die bekannteste Expedition führte in das Land Punt, das heutige Somalia. Von dort brachten ihre Kundschafter kostbare Öle, wohlriechende Hölzer, Gold und Elfenbein mit nach Ägypten.

M2 Standbild der Hatschepsut, um 1465 v. Chr.
Sie trägt einen künstlichen Bart, ein gestreiftes Königskopftuch und ein Diadem mit einer aufgerichteten Kobra auf der Stirn. Damit war sie die einzige Frau, die sich in der Kleidung der männlichen Pharaonen darstellen ließ.

M3 Ägyptischer Ratschlag für die Männer

Der ägyptische Wesir Ptah-Hotep erteilte um 2000 v. Chr. folgenden Rat:

Wenn du weise bist, so behalte dein Heim, liebe deine Frau und streite nicht mit ihr. Ernähre sie, schmücke sie, salbe sie. Habe sie lieb und erfülle alle ihre Wünsche, solange du lebst, denn sie ist dein Gut, das großen Gewinn bringt. Hab Acht auf das, was ihr Begehr ist, und das, wonach ihr der Sinn steht. Denn auf solche Weise bringst du sie dahin, es weiter mit dir zu halten. Widersprichst du ihr aber, so wird es dein Ruin sein.

Zit. nach Annette Kuhn (Hg.), Chronik der Frauen, Dortmund (Chronik Verlag) 1992, S. 71. Bearb. d. Verf.

M4 Gabenträgerin aus dem Grab des Mentuhotep, Holz, um 1900 v. Chr.

1 Schildere deinen Eindruck von der Darstellung des Ehepaares in M1. Wie ist das Verhältnis zwischen Mann und Frau wiedergegeben?
2 Erarbeite anhand der drei Abbildungen auf dieser Doppelseite, welche Berufe Frauen in Ägypten ausübten. Ziehe auch den Darstellungstext heran.
3 Prüfe anhand des Darstellungstextes, in welchen Berufen die ägyptischen Frauen nicht oder nur selten vertreten waren. Überlege, warum das so war.
4 Erkläre den Begriff „Herrin des Hauses" anhand des Darstellungstextes.
5 Was empfiehlt der Wesir Ptah-Hotep in M3 den ägyptischen Männern? Welche Schlüsse kannst du daraus auf die Stellung der Frauen in der ägyptischen Gesellschaft ziehen?
6 Begründe, warum Hatschepsut beim Volk sehr angesehen war (Darstellungstext, M2).

Ein Bild als Quelle

Was können Bilder erzählen?

Gemälde, Felszeichnungen, Wandmalereien und Abbildungen auf Gegenständen, z. B. Vasen, sind bildliche Quellen. Sie vermitteln dir eine anschauliche Vorstellung von früheren Zeiten und geben dir einen Einblick in den Alltag, in Gedanken, Wünsche und Ideen der Menschen.

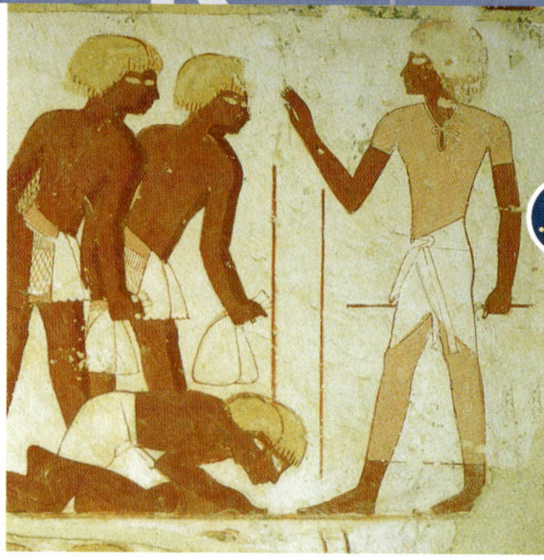

M1 Bildlegende: Ein Beamter (wahrscheinlich Userhat selbst) verteilt Lebensmittel an Soldaten. Malerei aus dem Grab des königlichen Schreibers Userhat, um 1400 v. Chr.

Arbeitsschritte Entschlüsselung eines Bildes

Bevor ein Bild zu dir „spricht", musst du dich genau mit ihm beschäftigen. Beachte: Nicht alle Fragen lassen sich bei jedem Bild beantworten. Am einfachsten ist es, wenn du in drei Schritten vorgehst:

1. Schritt: Die Einzelheiten des Bildes erfassen

Beschreibe die Einzelheiten des Bildes, indem du folgende Fragen beantwortest:

- Welche Personen sind dargestellt?
- Wie sind sie gekleidet?
- Welche weiteren Gegenstände oder Tiere sind zu sehen?
- Wo befinden sich die Personen und Gegenstände?

2. Schritt: Die Zusammenhänge erklären

Überlege, in welcher Beziehung die abgebildeten Personen, Tiere oder Gegenstände zueinander stehen. Findest du Merkmale, die auf bestimmte Eigenschaften, Beruf, gesellschaftliche Stellung der dargestellten Personen hinweisen?

3. Schritt: Zusätzliche Informationen über das Bild heranziehen

In der Bildlegende findest du wichtige Hinweise. Sie gibt dir Auskunft darüber, wer wann für wen warum ein Bild gemalt hat. Manchmal hat das Bild auch einen Titel.
Weitere Fragen lassen sich oft durch eine zusätzliche Textquelle klären.

An dem Beispiel M1 werden nun die drei Schritte erprobt

1. Auf dem Bild sind sieben männliche Personen zu sehen. Die rechte Person ist komplett bekleidet, während die sechs anderen lediglich einen Lendenschurz tragen. Der Mann am rechten Bildrand steht den anderen in aufrechter Haltung gegenüber und hebt die rechte Hand. Die linke Hand umfasst einen Stock. Zwei Männer knien mit gesenkten Köpfen, die anderen vier stehen leicht gebückt und haben gefüllte Säcke in den Händen.

2. Die unterschiedliche Kleidung lässt darauf schließen, dass es sich um Personen aus verschiedenen Gesellschaftsschichten handelt. Die leicht bekleideten Männer mussten vermutlich körperliche Arbeit leisten, während der vollständig bekleidete Mann eher einer höheren Schicht angehört. Diese Vermutung wird durch die Körperhaltung der Personen unterstützt. Die rechte Person zeigt durch die erhobene Hand, den Stock und die aufrechte Haltung, dass sie Macht hat. Die knienden Männer bitten um etwas, die vier anderen drücken durch ihre Körperhaltung Dank aus.

3. Das Bild wurde um 1400 v. Chr. gemalt. Es ist ein Wandgemälde aus dem Grab des Beamten Userhat. Das lässt darauf schließen, dass sich die abgebildete Szene so oder so ähnlich in seinem Leben ereignet hat. Der Künstler ist unbekannt. Bei unserem Beispiel M1 stellt sich die Frage, ob die Versorgung der Soldaten durch die Beamten immer so reibungslos verlief, wie die Abbildung M1 vermuten lässt.

M2 **Beschwerde über einen Beamten**

Brief eines Arbeiters von Deir el-Medineh an den Wesir Ta:

Ich teile meinem Herrn mit, dass ich an den Gräbern der Königskinder arbeite, deren Errichtung der Wesir befohlen hatte. Wir Arbeiter sind sehr elend geworden. Alle Sachen für uns, die das staatliche Schatzhaus, die Scheune und das Magazin uns liefern sollten, sind nicht verteilt worden. Nicht leicht ist das Tragen von Steinen! Man hat uns auch die $1^1/2$ Sack Gerste fortgenommen, um uns stattdessen $1^1/2$ Sack Dreck zu geben! Möge mein Herr handeln, sodass wir leben können.

Zit. nach Arne Eggebrecht, Das alte Ägypten, München (Bertelsmann) 1984, S. 219.

1 Arbeite die Schritte zur Entschlüsselung eines Bildes (S. 60) und die anschließenden Erklärungen durch.

2 Untersuche, welche zusätzlichen Informationen M2 im Vergleich zu M1 enthält, und fasse sie zusammen. Achte auf die Arbeitsbedingungen, den Lohn und die Forderung des Arbeiters.

3 Entschlüssele das Bild M3 mithilfe der drei Arbeitsschritte.

M3 **Ägyptische Familie bei der Gänsejagd,** Wandmalerei aus dem Grab des Nacht in Theben, um 1425 v. Chr.

Herrschaft und Religion

Am Tor zum Jenseits

Pyramiden – Häuser für die toten Pharaonen?

Touristen bestaunen auch heute noch die riesigen Pyramiden. Die um 2650 v. Chr. erbaute Cheopspyramide erhebt sich auf einer quadratischen Grundfläche von 230 x 230 Metern und war nach ihrer Fertigstellung 146 Meter hoch (heute 137 Meter). Sie ist damit der größte Steinbau der Welt. Bis heute ist es nicht gelungen, eine Erklärung zu finden, mit welchen Techniken die Ägypter diese gewaltigen Bauwerke vor der Erfindung von Rad und Kran errichtet haben.

Die Geschichtsforscher gehen davon aus, dass sich die meisten Menschen trotz der großen Strapazen freiwillig am Bau der Pyramiden beteiligten. Das wird aber verständlich, wenn man bedenkt, dass die Religion bei den Ägyptern eine große Rolle spielte. So glaubten sie erstens, ihr Leben hinge von der Gunst des göttlichen Pharaos ab, und zweitens, jeder Mensch würde nach dem Tode weiterleben, auch der Pharao. Man blieb also auch nach dem Tod von der Gunst des Pharaos abhängig. Es konnte daher nur gut für das eigene Seelenheil sein, durch Mitarbeit am „Jenseitshaus" des Pharaos ein Stück von dessen Gunst zu erlangen – für das eigene Leben im Diesseits wie im Jenseits.

Grundwissen

Pyramide

An erster Stelle der sieben Weltwunder werden allgemein die ägyptischen Pyramiden genannt. Es handelt sich dabei um Grabmäler für die Pharaonen. Die Cheopspyramide ist mit einer Höhe von heute 137 Metern die mächtigste Steinkonstruktion der Welt. Bis heute ist nicht genau geklärt, mit welchen Techniken die Ägypter diese gewaltigen Bauwerke errichtet haben.

M1 **Spurensuche mit moderner Technik.** Mithilfe seines Miniroboters „Upuaut" (zu Deutsch: der, der die Wege öffnet) hat der Techniker Rudolf Gantenbrink das Innere der Cheopspyramide untersucht.

M2 **Bau einer Pyramide**, Rekonstruktionszeichnung, 2001

Die Arbeiter beförderten die Steinblöcke auf dem Nil vom Steinbruch zur Pyramidenbaustelle.

Auf die wachsende Pyramide wurden die Steinblöcke über eine Rampe geschleppt. Mit zunehmender Bauhöhe wurde die Rampe nach außen verlagert.

Zum Abschluss wurde d
platten verkleidet und g
man Holzgerüste.

M3 Der Pharao – Herrscher oder Behüter?

Der griechische Geschichtsschreiber Herodot (um 485–425 v. Chr.) schrieb über den Bau der Pyramide für den Pharao Cheops, der um 2665 v. Chr. lebte:

3A [Cheops] hat alle Ägypter gezwungen, für ihn zu arbeiten. Die einen mussten aus den Steinbrüchen im arabischen Gebirge Steinblöcke bis an den Nil schleifen. Über den Strom wurden sie auf Schiffe gesetzt und andere mussten die Steine weiterschleifen ... 100 000 Menschen waren es, die jeweils daran arbeiteten ... So wurde das Volk bedrückt und es dauerte zehn Jahre, ehe nur die Straße gebaut war, auf der die Steine dahergeschleift wurden, ein Werk, das mir fast ebenso gewaltig erscheint wie der Bau der Pyramide selbst ... Zehn Jahre vergingen also, bis diese Straße und die unterirdischen Kammern auf jener Höhe, auf der die Pyramiden stehen, gebaut waren. Die Kammern sollten seine Grabkammern sein. ... An der Pyramide selbst wurde 20 Jahre gearbeitet. Sie ist vierseitig und jede Seite acht Plethren [1 Plethron = 30,83 m] breit und ebenso hoch. Sie besteht aus geglätteten, aufs Genaueste ineinander gefügten Steinen, von denen jeder mindestens 30 Fuß lang ist.

Herodot 2, 124 ff. Zit. nach Geschichte in Quellen, Bd. 1, bearb. von Walter Arend, 3. Aufl., München (bsv) 1978, S. 15.

So wurde der Pharao Ramses II. (Regierungszeit 1290 bis 1224 v. Chr.) von seinem Volk begrüßt:

3B Wir kommen zu dir, Herr des Himmels, Herr der Erde, du lebende Sonne des ganzen Landes, Herr der Lebensdauer, du Sonnengott der Menschheit, du Säule des Himmels, du Balken der Erde. Herr vielfacher Speisung. Du, der wacht, wenn alles schläft, dessen Kraft Ägypten errettet, der über die Fremdländer siegt und triumphierend heimkehrt, dessen Stärke Ägypten schützt. Geliebter der Wahrheit, der in seinen Gesetzen in ihr lebt, dessen Schrecken die Fremdländer weichen lässt, du, unser König, unser Herr.

Zit. nach Gottfried Guggenbühl (Hg.), Quellen zur Geschichte des Altertums, Zürich 1964, S. 16. Bearb. d. Verf.

Lesetipp
David Macaulay, Wo die Pyramiden stehen, Düsseldorf (Patmos) 2002.
Mit interessanten Texten und Zeichnungen gibt der Autor Informationen zum Pyramidenbau und regt zum Weiterforschen an.

1 Vollziehe den Pyramidenbau mithilfe von M2 nach.

2 Erarbeite anhand von M3A, wie Herodot den Pyramidenbau beschreibt. Welche Meinung vertritt er?

3 Überlege, warum die Ägypter die Strapazen beim Bau der Pyramiden auf sich nahmen. Vergleiche deine Annahmen mit M3B.

4 Beschreibe mithilfe von M1 den Einsatz moderner Technik bei der Spurensuche in Ägypten.

5 Stell dir vor, du bist ein ausländischer Reporter, der im Jahr 2650 v. Chr. den Bau der Cheopspyramide beobachtet und Interviews mit den Helfern auf der Baustelle führt. Schreibe einen Bericht über den Bau und die Bedeutung der Pyramiden.

yramide mit Stein-
lättet. Dabei benutzte

Der Querschnitt durch die Cheopspyramide zeigt die drei Grabkammern sowie die Gänge und Luftschächte.

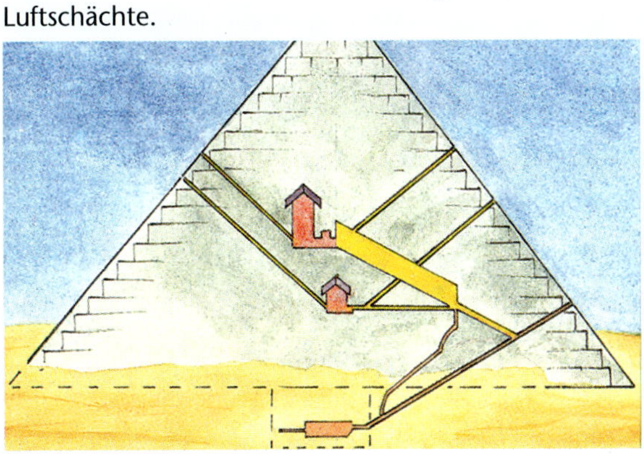

Die Cheopspyramide, erbaut um 2650 v. Chr. Die Außenverkleidung ist im Laufe der Jahrtausende zerstört worden.

Leben nach dem Tod? – Die Religion der Ägypter

Die Anzahl der Götter, die von den Ägyptern verehrt wurden, war sehr groß. Viele Erscheinungen der Natur galten als göttlich: die Sonne, der Mond, die Sterne, ebenso viele Tiere, deren Fähigkeiten als göttlich bewundert wurden, so das Krokodil, der Skarabäuskäfer oder der Falke. Neben den Göttern in Tiergestalt gab es auch solche mit Menschengestalt; häufig vermischten sich Tier- und Menschengestalt.

Unter den vielen Göttern und Göttinnen der Ägypter wird in der neueren Forschung eine Göttin besonders hervorgehoben: die Maat (sprich: Ma-at). Dargestellt wurde sie als zierliche Göttin mit einer Straußenfeder auf dem Kopf. Maat steht für Wahrheit, Gerechtigkeit und Ordnung. Herr der Maat war der Schöpfer- und Sonnengott Re. Da der König seit etwa 2500 v. Chr. als Sohn des Re galt, hatte er auch einen direkten Anteil an der Maat. Seine Aufgabe war es vor allem, das Schlechte zu vertreiben und die Maat zu verteidigen. Ging es dem Land und den Menschen gut, war das ein Zeichen von starker Maat, schlechte Zeiten bedeuteten wenig oder schwache Maat.

Auch das Leben des Einzelnen wurde von der Maat bestimmt. Grabinschriften lauten zum Beispiel: „Ich habe gemäß der Maat gehandelt. Ich habe dem Hungrigen Brot gegeben. Ich habe meinem Vater Respekt entgegengebracht." Dauerhaften Bestand hatte nach dieser Auffassung nur, was der Maat entsprach. Diese Vorstellung von der Maat ist auch im Totengericht wiederzufinden. Zur Vorbereitung darauf wurden den Toten Sprüche und Bilder auf oft meterlangen Papyrusrollen mit auf den Weg gegeben. Einfache Leute – und das waren die meisten – mussten sich allerdings ohne solche Jenseitsführer auf den Weg machen.

Herz gegen Feder – das Totengericht für den Schreiber Hunefer

Unter den überlieferten Bilddarstellungen gehört das Totengericht des Schreibers Hunefer (M4) zu den bekanntesten Überlieferungen. Hunefer kniet vor 14 sitzenden Göttern und erzählt aus seinem Leben. In der zweiten Szene wird Hunefer zur Waage geführt. Die dritte Szene zeigt, wie der Verstorbene zu Osiris gebracht wird.

In das Reich der Toten konnte er erst aufgenommen werden, wenn er eine Vielzahl von Unschuldsbeteuerungen abgegeben hatte wie: „Ich habe kein Unrecht gegen Menschen begangen. Ich habe keine Tiere misshandelt. Ich habe keinen Gott beleidigt. Ich habe nicht Schmerz zugefügt. Ich habe keine Tränen verursacht. Ich habe nicht getötet. Ich bin rein, ich bin rein, ich bin rein."

M4 **Das Totengericht des Schreibers Hunefer,** Papyrus, um 1300 v. Chr.

Hunefer: durchläuft nach seinem Tod die Prüfungen des Totengerichts (1)
Anubis: mit dem Kopf eines Schakals, bereitet den Verstorbenen für den Eintritt in das Totenreich vor (2)
Ammit: mit dem Krokodilkopf, verschlingt den Verstorbenen, falls dieser die Prüfung nicht besteht (3)
Maat: Die Feder der Maat liegt auf der Waage. Das Herz des Verstorbenen muss leichter sein als die Feder, wenn er die Prüfung bestehen soll (4)

Thoth: mit dem Ibiskopf, Sekretär der göttlichen Handlung mit Schreibtafel und Schreibrohr (5)
Horus: mit Falkenkopf, führt den Verstorbenen vor den Thron des Osiris zur Urteilsverkündung (6)
Osiris: Herrscher des Jenseits, mit der Doppelfederkrone, Götterbart, Krummstab und Geißel als Herrschaftszeichen (7)
Isis: galt als ideale Ehefrau und Beschützerin der Kinder (8)
Nephthys: Herrin des Hauses, schützt Sarkophage (9)

6 Erkläre die Bedeutung des Begriffes Maat. Zeige, wie auch das Leben des Einzelnen von der Maat bestimmt war.

7 Überlege anhand von M4, wie sich dort die Vorstellungen der Ägypter von Hierarchie widerspiegeln.

8 Beschreibe die einzelnen Phasen des Totengerichts. Nimm den Darstellungstext „Herz gegen Feder" und M4 zu Hilfe.

9 Formuliere, welchen Eindruck die Totenbarke (M5) beim Betrachter hinterlässt. Überlege, wodurch dieser Eindruck vermittelt wird.

Grundwissen

Ab 3000 v. Chr.: Hochkultur in Ägypten

Die ersten Hochkulturen entstanden ab etwa 3000 v. Chr. in Ägypten und den sumerischen Stadtstaaten in Mesopotamien. Merkmale einer Hochkultur sind: ein Staat mit zentraler Verwaltung und Regierung, Religion, Arbeitsteilung, Kenntnis einer Schrift, Zeitrechnung, Kunst, Architektur, Anfänge von Wissenschaft und Technik. Hochkulturen entwickelten sich häufig an großen Flüssen (Nil, Euphrat und Tigris, Indus, Hwangho).

Totenbarke, Holz, um 2100 v. Chr. **M5**
Mit Begräbnisschiffen wurden die Mumien reicher Ägypter zu ihren Gräbern auf die Westseite des Nils gefahren.

Polytheismus und Monotheismus – die jüdische Religion

Auf dem Weg in das Gelobte Land

Während die Ägypter zahlreiche Gottheiten verehrten (Polytheismus), erkannten die Juden nur den einen Gott „Jahwe" an. Ihr Eingottglaube (Monotheismus) unterschied sie von den übrigen Völkern und Religionen.

Dieses Volk hatte sich um das Jahr 1800 v. Chr. auf den Weg in ein neues Land gemacht, das ihm von Gott verheißen wurde. Ausgangpunkt der langen Wanderung war das Gebiet um Ur, gelegen an der Mündung des Euphrats. Unter der Führung des Stammesältesten Abraham zog das Volk durch das Zweistromland Mesopotamien und dann weiter nach Süden. Genannt wurde dieser Stamm Israel, was „Streiter Gottes" bedeutet; daneben taucht auch der Name Juden auf, denn Juda hieß einer der zwölf ursprünglichen israelitischen Stämme.

Es dauerte mehrere Jahrzehnte, bis die Juden das Land Kanaan erreichten. Eine dauerhafte Ansiedlung konnte jedoch nicht gelingen, weil dieses Land von den Hethitern und Ägyptern beherrscht wurde, die den Juden an Stärke weit überlegen waren. So führten die Juden ein unsicheres Leben als Halbnomaden, bevor sie ihren Weg weiter nach Süden fortsetzten, der sie schließlich nach Ägypten führte. Dort gerieten sie aber in die Abhängigkeit und lebten in Knechtschaft. Vor allem der Eingottglaube der Juden verhinderte eine Eingliederung des Volkes in das ägyptische Reich.

Um 1200 v. Chr., also etwa 600 Jahre nach dem Aufbruch aus Ur, führte Moses die Juden aus der ägyptischen Knechtschaft zurück in das Gelobte Land Palästina. Dieses Gebiet erreichten sie allerdings erst nach jahrelangen Mühen und Entbehrungen.

Ihr Glaube hilft den Juden zu überleben

Die Ansiedlung der Juden in Palästina war mit harten Kämpfen gegen die Philister und andere Völker verbunden. Unter diesen Bedingungen schlossen sich die einzelnen jüdischen Stämme enger zusammen. Um 1000 v. Chr. entstand unter Saul ein einheitliches Königtum. Die Könige David und Salomon bauten in der Folge ein mächtiges jüdisches Reich auf. Salomon machte Jerusalem zu einer prachtvollen Königsresidenz. Der in dieser Zeit errichtete Tempel wurde zum Mittelpunkt des jüdischen Glaubens.

Die Einigkeit des Reiches ging nach dem Tode Salomons wieder verloren. 926 v. Chr. kam es zur Spaltung in zwei Staaten: ein südliches Reich Juda mit der Hauptstadt Jerusalem und ein nördliches Reich Israel, dessen Hauptstadt zunächst Sichem und später Samaria war. Beiden Reichen fehlte es an innerer Stabilität, sodass sie sich der Übermacht der feindlichen Nachbarn ergeben mussten: 722 v. Chr. wurde das Nordreich von den Assyrern erobert, 586 v. Chr. besiegte der babylonische König Nebukadnezar II. das Südreich und ließ den Tempel zerstören. Ein Großteil der Bevölkerung musste die Heimat verlassen und geriet in die babylonische Gefangenschaft. Doch auch diese schwere Zeit überdauerte das jüdische Volk. Als 538 v. Chr. die Perser das Babylonische Reich unterwarfen, konnten die Juden zurückkehren. Nach der Rückkehr begannen sie mit dem Wiederaufbau des Tempels. Was die Juden so stark machte, war ihr Glaube. Der Tempel in Jerusalem blieb das Ziel ihrer Sehnsucht – ein Symbol der Zusammengehörigkeit und der religiöse Mittelpunkt.

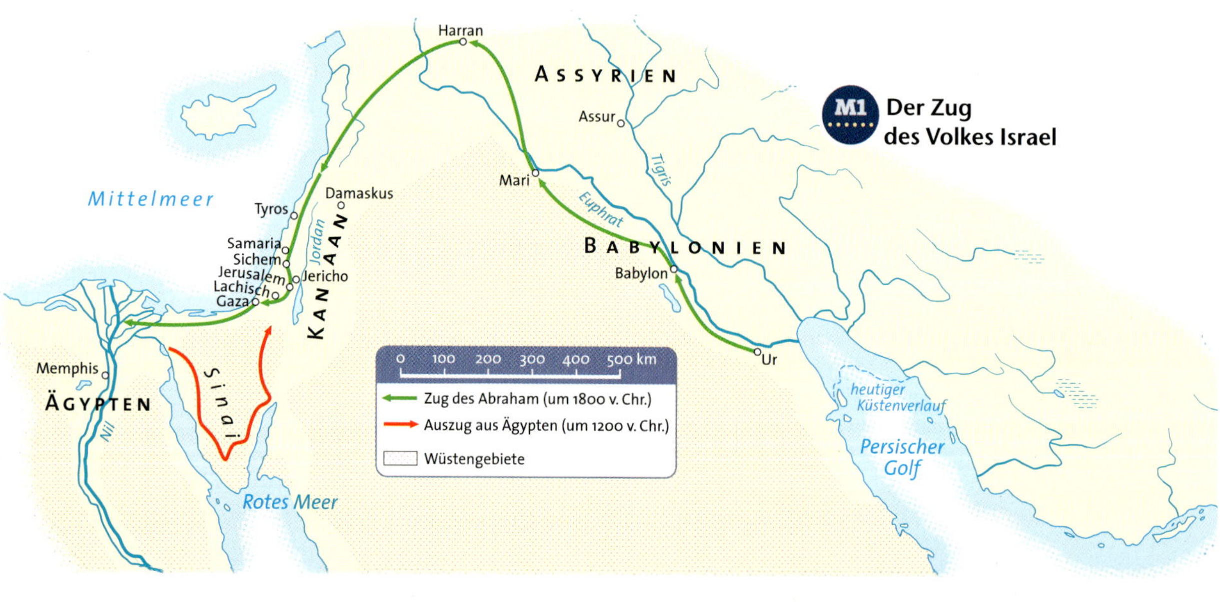

M1 Der Zug des Volkes Israel

M2 Wie es den Juden bei den Ägyptern erging
1 Einzug israelitischer Halbnomaden in Ägypten
2 Herstellung von Lehmziegeln, zu der Israeliten herangezogen wurden

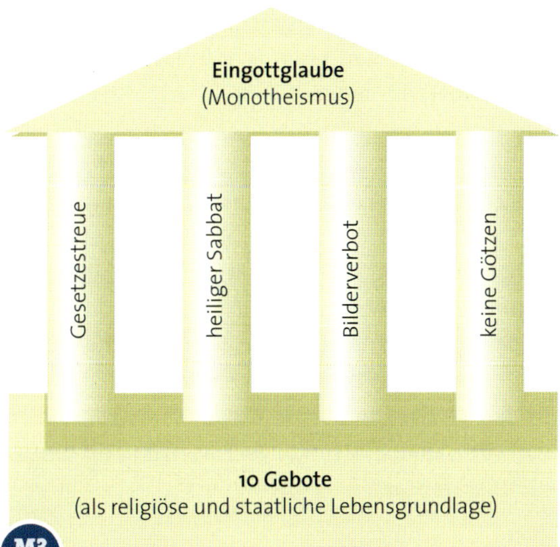

M3 Das Glaubensgebäude der Juden

Grundwissen

Polytheismus/Monotheismus – Judentum

Mit Polytheismus bezeichnet man Religionen, in denen mehrere Götter verehrt werden. Ihnen wurden unterschiedliche Aufgaben zugeschrieben. Die ägyptische Religion ist ein Beispiel für diese Glaubensauffassung. Dagegen wird in monotheistischen Religionen nur ein Gott anerkannt.
Das Judentum ist die erste dieser monotheistischen Religionen. Das Christentum und der Islam haben diesen Grundsatz vom Judentum übernommen.

M4 Moses überquert das Rote Meer, byzantinische Buchmalerei auf Pergament, frühes 10. Jh.

1 Liste mithilfe der Karte M1 die Stationen der Wanderungen des israelitischen Volkes auf.
2 Beschreibe die Bilder M2 und erkläre dabei die unterschiedlichen Darstellungen der Personen.
3 Forsche nach, wie der Auszug aus Ägypten im Alten Testament dargestellt wird (Moses II, 14). Ziehe M4 heran.
4 Nenne wesentliche Unterschiede zwischen der Religion der Ägypter und der Juden. Verwende dabei auch M3.

Schrift und Schreiber in Ägypten

Die Hieroglyphenschrift

Die ältesten Schriftzeichen stammen wahrscheinlich aus Ägypten. Sie bestehen aus kleinen Bildern und Symbolen. Sie sind bis heute an Wänden von Tempeln und Gräbern erhalten. Die Griechen, die die Bedeutung dieser Schrift nicht kannten, nannten sie „Hieroglyphen", das heißt so viel wie „heilige Einritzungen".

Am Anfang benutzten die Ägypter Bilder, wenn sie etwas ausdrücken wollten, z. B. ein Eulenbild für Eule, ein Wasserbild für Wasser. Die Hieroglyphen wurden im Laufe der Zeit auch als Lautzeichen verwendet. Sie drückten eine bestimmte Silbe aus. Ein Wort konnte also aus einem einzigen Bildzeichen oder aus mehreren Lautzeichen bestehen. Mit der Zeit entwickelten die Ägypter mehrere tausend Hieroglyphen. Im Alltag verwendeten sie eine vereinfachte Schrift, die sie mit Pinsel und Tinte auf Papyrusblätter schrieben.

Die Bedeutung der Hieroglyphen war lange ein Rätsel. Erst 1822 gelang es dem Franzosen François Champollion, sie zu entziffern. Auf einem Stein aus dem Nildelta aus dem Jahr 196 v. Chr. entdeckte er einen gleich lautenden Text, der in Hieroglyphen und der bekannten griechischen Sprache geschrieben war. So konnte er die Hieroglyphen übersetzen.

Grundwissen

Hieroglyphen/Papyrus

Als Schriftzeichen benutzten die Ägypter Hieroglyphen. Das sind kleine Bilder und Symbole, die mit Pinsel und Tinte auf Papyrusblätter gezeichnet oder in andere Materialien (z. B. Leder, Holz oder Stein) eingeritzt wurden. Erst vor etwa 200 Jahren gelang es, die Hieroglyphenschrift zu entschlüsseln.

Die Schreiber

Nur wenige Ägypter konnten lesen und schreiben. Die Ausbildung zum Beruf des Schreibers war hart und eintönig. Sie begann im 5. Lebensjahr und dauerte etwa zwölf Jahre. Zugelassen waren Kinder aller Bevölkerungsschichten, Mädchen besuchten die Schreiberschulen selten, weil sie für die Hausarbeit ausgebildet wurden. Häufig waren es die Söhne von Schreibern, die diesen Beruf ergriffen. Die Schreiber waren in der ägyptischen Gesellschaft sehr angesehen. Nur diejenigen, die lese- und schreibkundig waren, konnten Beamte oder Priester werden.

Warum brauchten die Menschen eine Schrift?

Die Menschen, die in vorgeschichtlicher Zeit zusammenlebten, brauchten keine Schrift. Da sie in kleinen, in sich abgeschlossenen Gruppen zusammenlebten, war es nicht notwendig, Nachrichten zu schicken. Berichte über Ereignisse wurden in einem Dorf schneller mündlich weitergegeben. Erst als sich um etwa 3000 v. Chr. größere Gemeinschaften bildeten, begannen die Menschen wichtige Dinge schriftlich festzuhalten. Nur so konnten sie Nachrichten in alle Landesteile verbreiten, Listen über Ernteerträge erstellen, Hochwassertermine in einem Kalender festhalten und die Taten ihrer Herrscher an die kommende Generation weitergeben. Die Schrift war eine wichtige Voraussetzung für die Verwaltung eines Staates.

M1 **Ägyptisches Schreibbüro** aus dem Grab des Beamten Ti, um 2450 v. Chr., Umzeichnung, 1999

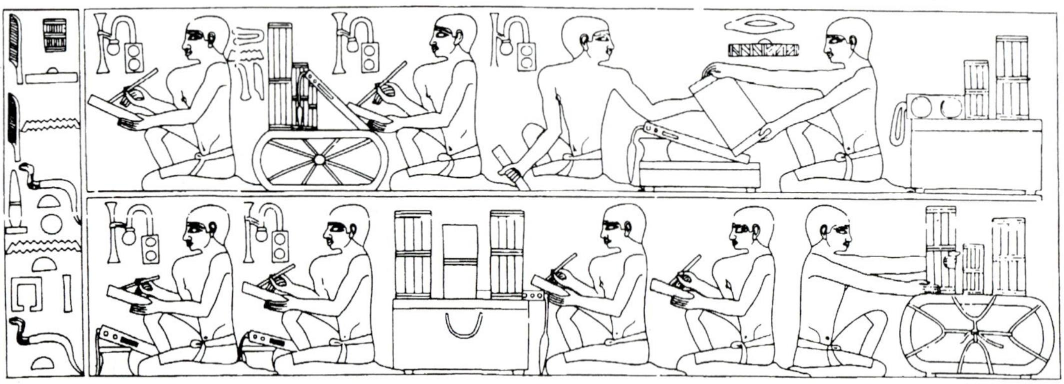

M2 Hieroglyphenschrift in einem Grab, Opferplatte der Nefertiabet, Kalkstein, um 2600 v. Chr.
Die Königstochter Nefertiabet sitzt vor einer Opfertafel mit vielen Broten. In Hieroglyphenschrift werden die Dinge genannt, die die Verstorbene zu einem Weiterleben im Jenseits benötigt.

M3 Die Stellung des Schreibers in der ägyptischen Gesellschaft

Ratschläge eines Schreibers für seinen Sohn um 2000 v. Chr.:

Kaum hat ein Schriftkundiger angefangen heranzuwachsen – er ist noch ein Kind –, so wird man ihn grüßen und als Boten senden; er wird nicht zurückkommen, um sich in den Arbeitsschurz zu stecken. Einen Bildhauer kann man nicht als Boten senden, noch einen Goldschmied, der ausgeschickt würde. Ich habe den Erzarbeiter bei seiner Arbeit beobachtet, an der Öffnung seines Schmelzofens. Seine Finger sind krokodilartig, er stinkt mehr als Fischlaich … Der Steinmetz graviert mit dem Meißel in allerlei harten Steinen. Hat er die Arbeit vollendet, so versagen ihm seine Arme und er ist müde; wenn er sich abends hinsetzt, sind seine Knie und sein Rücken gebrochen. Der Barbier schert noch spät am Abend … Siehe, es gibt keinen Beruf, in dem einem nicht befohlen wird, außer dem des Beamten; da ist er es, der befiehlt. Wenn du schreiben kannst, wird dir das mehr Nutzen bringen als alle die Berufe, die ich dir dargelegt habe.

Zit. nach Friedrich Wilhelm v. Bissing, Altägyptische Lebensweisheiten, München (Artemis) 1955, S. 57 ff.

1 Beschreibe M1 und erarbeite, was die Abbildung über die Bedeutung von Schrift und Schreibern im alten Ägypten aussagt.

2 Trage mithilfe des Darstellungstextes und M2 zusammen, wozu die Schrift im alten Ägypten notwendig war.

3 Mit welchen Argumenten versucht der Verfasser von M3 seinen Sohn vom Schreiberberuf zu überzeugen? Was kannst du daraus für das Ansehen des Schreibers in der ägyptischen Gesellschaft ableiten?

4 Spielt „stille Post": Die folgende Nachricht wird flüsternd weitergegeben. Tragt die Nachricht am Schluss laut vor:
„Das Dorf Amsira benötigt ab der kommenden Woche 85 erwachsene Männer für den Tempelbau in Luxor. Jeder Arbeiter bekommt täglich ein Brot, drei Fische, zwei Kannen Bier und fünf Datteln als Lohn."
Überlegt gemeinsam, welche Bedeutung die Schrift für das Zusammenleben von Menschen hat.

Schreiben – auf Stein und Papier

Eine Hieroglypheninschrift herstellen

Die Menschen im alten Ägypten verwendeten die unterschiedlichsten Schreibmaterialien. Wir kennen Inschriften auf Ton, Leder, Holz, Stoff und Papyrus. Am häufigsten sind Einritzungen auf Stein, zum Beispiel in Tempeln und Grabmalen, überliefert. Eine solche Inschrift kannst du dir selber ersatzweise auf Gips herstellen.

Diese Materialien benötigst du:

- Modellgips
- eine Schachtel aus Pappe oder Kunststoff
- ein Stück feste Plastikfolie
- Papier und Bleistift
- Ritzwerkzeug (Schere oder Nagel)
- Pinsel
- Deckfarben

Arbeitsanleitung:

1. Schritt: Verrühre einen Teil Wasser und zwei Teile Gips zu einem Brei.
2. Schritt: Gieße den Brei in die mit Folie ausgelegte Form.
3. Schritt: Während der Gips trocknet (ca. 30 Minuten), schreibst du auf ein Blatt Papier mithilfe des Hieroglyphenalphabets deinen Namen.
4. Schritt: Wenn der Gips durchgehärtet ist, nimmst du ihn vorsichtig aus der Form und legst ihn mit der glatten Seite nach oben. Übertrage nun mit einem feinen Bleistift deinen Namen auf den Gips.
5. Schritt: Ritze die Bleistifthieroglyphen mit dem Ritzwerkzeug vorsichtig nach.
6. Schritt: Säubere die Vertiefungen mit dem Pinsel und male die Hieroglyphen mit Deckfarbe an.

a
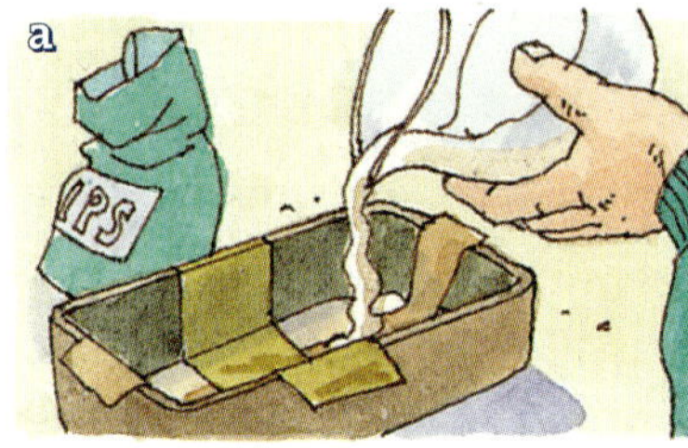

b

c
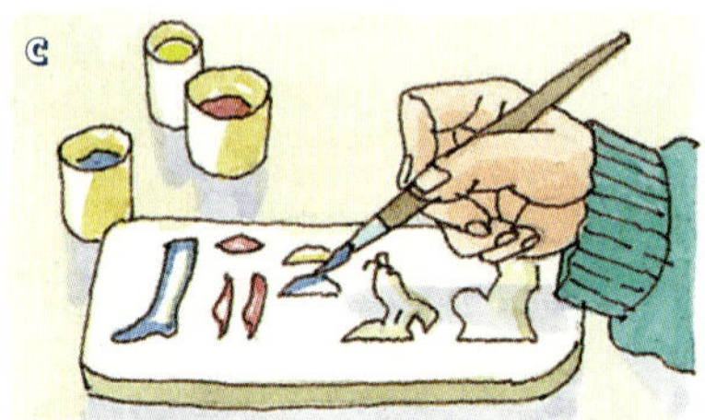

Ein Hieroglyphenalphabet, Zeichnung, 1996

a Geier	e Unterarm	p Hocker	n Wasser	ch Strick	i Schilfblatt	w, u, o Wachtelküken	f Viper	r Mund	ch Tierleib	l Löwe	b Bein
m Eule	h Hof	s Türriegel	s gefalteter Stoff	k Korb	t Seil	c, qu Sandböschung	v Brotlaib	sch Teich	g Krugständer	d Hand	j Kobra
Am Ende eines männlichen Namens: sitzender Mann						Am Ende eines weiblichen Namens: sitzende Frau				x = k + s z = t + s	

Papyrusherstellung, Zeichnung, 1995.
Papyrusstauden wachsen auch heute noch an den Ufern des Nils. Aus ihnen gewannen die alten Ägypter den Rohstoff für die Papyrusblätter. Und so wurden sie hergestellt: Die Rinde des Stängels wird entfernt und das Mark in feine Streifen geschnitten. Die Streifen werden kreuzweise übereinander gelegt. Durch das Klopfen mit dem Schlägel entweicht ein klebriger Saft, der die Streifen zusammenhält. Zum Schluss werden die Blätter zu einer Schriftrolle zusammengeklebt.
Papyrus ist ein sehr haltbares Material. Die ältesten erhaltenen Papyrusrollen sind etwa 5000 Jahre alt.

Mumien – Körper für die Ewigkeit

Mumifizierung – eine Wissenschaft für sich

Um 4000 v. Chr. bestatteten die Ägypter ihre Verstorbenen in einfachen Gruben im trockenen, salzhaltigen Wüstensand. Die Folge war, dass die Leichen austrockneten und auf natürliche Weise erhalten blieben. Für die ärmeren Menschen blieb es bei dieser „natürlichen Mumifizierung". Als die reichen Ägypter ab etwa 2500 v. Chr. dazu übergingen, ihre Toten aufwändiger in Holzsärgen zu bestatten, gab es keinen direkten Kontakt mehr zwischen der Leiche und dem Wüstensand. Die Folge war, dass der Körper Feuchtigkeit anzog und die Leiche schneller verweste.

Die Ägypter waren davon überzeugt, dass ein Verstorbener im Jenseits ein Leben weiterführte, das dem auf Erden glich. Deshalb war es wichtig, dass der Körper erhalten blieb. Die Seele, die nach der Vorstellung der Ägypter den Körper beim Tod verlässt, konnte so zurückkehren. Dieser tief verwurzelte Glaube führte zur Entstehung wohl durchdachter Begräbnisrituale wie z. B. der Mumifizierung. Kein Volk der Erde hat diese Wissenschaft so weit entwickelt wie die Ägypter.

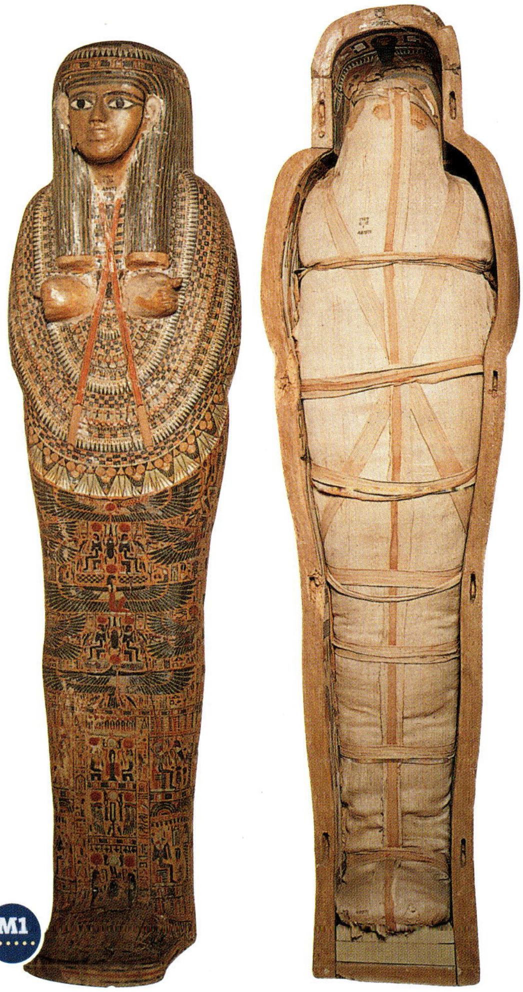

Geöffneter Mumiensarg, um 1000 v. Chr. M1

M2 Die Technik der Mumifizierung

Der griechische Geschichtsschreiber Herodot (um 485–425 v. Chr.) berichtete nach der Rückkehr von einer Reise aus Ägypten über die Mumifizierung:

Es gibt besondere Leute, die dies berufsmäßig tun. Zu ihnen wird die Leiche gebracht … Zuerst wird mit einem gekrümmten Eisendraht das Gehirn durch die Nasenlöcher herausgezogen, teils auch mittels eingegossener Flüssigkeiten. Dann macht man mit einem scharfen Stein einen Schnitt in die Leiche und nimmt die Eingeweide heraus. Sie werden gereinigt, mit Palmwein und dann mit zerriebenen Gewürzen durchspült. Dann wird der Magen mit reiner geriebener Myrrhe, mit Zimt und mit anderen Gewürzen … gefüllt und der Bauch zugenäht. Nun legen sie die Leiche siebzig Tage ganz in eine Salzlösung … Sind sie vorüber, so wird die Leiche gewaschen, der ganze Körper mit Streifen von Leinwand umwickelt und mit Gummi bestrichen, was die Ägypter anstelle von Leim zu verwenden pflegen. Nun holen die Angehörigen die Leiche ab, machen einen hölzernen Sarg in Menschengestalt und legen die Leiche hinein.

Zit. nach Hans W. Haussig (Hg.), Herodot. Gesamtausgabe, Stuttgart (Kröner) 1955, 2. Buch, S. 86. Bearb. d. Verf.

1 Überlege, wie sich an der Art der Bestattung gesellschaftliche Unterschiede zeigten.
2 Beschreibe mithilfe von M1 und M2 die Schritte einer Mumifizierung.
3 Erkläre anhand des Darstellungstextes, warum die Mumifizierung für die Ägypter eine so große Bedeutung hatte. Ziehe auch die Darstellungstexte S. 64 heran.

Frühe Hochkulturen – ein Überblick

Ägypten – eine Hochkultur

Mit Beginn der jetzigen Warmzeit um 9000 v. Chr. hatten sich die Menschen aus der allmählich austrocknenden Wüste an die wasserreichen Ufer des Nils zurückgezogen. Um die Überschwemmungen des Nils in den Griff zu bekommen, schlossen sie sich in Dorfgemeinschaften zusammen. Sie bauten Deiche und Bewässerungsanlagen und nutzten das lebensspendende Wasser des Nils für die Landwirtschaft. Bald ernteten sie mehr, als sie zum Leben benötigten. Die Nahrungsüberschüsse legten sie in Vorräten an. Die Folge war, dass nicht mehr alle Bewohner eines Dorfes in der Landwirtschaft arbeiten mussten. Durch die Arbeitsteilung entstanden neben den Bauern neue Berufsgruppen wie Handwerker und Händler.

Seit dem Beginn des 3. Jahrtausends v. Chr. entstand in Ägypten eine der ersten bekannten Hochkulturen.

Ein Flächenstaat entsteht

Die immer größer werdenden Gemeinschaftsaufgaben und die Versorgung der Menschen mussten geregelt werden. In Ägypten entstand ein Staat, in dem jeder seinen Platz in einer festen Rangordnung einnahm. An der Spitze stand der Pharao. Er wurde wegen seiner großen Macht von den Ägyptern wie ein Gott verehrt. Der Wesir als Stellvertreter des Pharaos und schriftkundige Beamte verwalteten das Land. Sie herrschten über Bauern, Handwerker, Arbeiter und Sklaven. Als wichtiges Hilfsmittel für die Verwaltung ihres Staates erfanden die Ägypter um 3000 v. Chr. die Hieroglyphenschrift.

Allen Menschen gemeinsam war die Religion. Sie war geprägt von der Verehrung mehrerer Götter und von der Vorstellung, dass die Menschen nach dem Tod weiterleben.

Polytheismus – Monotheismus

In das Land der Ägypter, die zahlreiche Götter verehrten, wanderten um 1700 v. Chr. israelitische Stämme ein. Was dieses Volk von den Ägyptern unterschied, war der Eingottglaube (Monotheismus). Die Israeliten, nach dem Stamm Juda auch Juden genannt, gerieten dort in die Knechtschaft. Unter Moses flüchteten sie um 1200 v. Chr. aus Ägypten und siedelten in Palästina, wo sie vorübergehend ein mächtiges Königreich errichten konnten. Der Tempel wurde zum Symbol für den jüdischen Glauben.

Dieser Glaube an den einen Gott „Jahwe" führte zu einem besonderen Zusammenhalt des jüdischen Volkes. Noch heute gehen die gläubigen Juden in Israel an die Tempelmauer in Jerusalem, um zu Gott zu beten.

Das Christentum und den Islam verbindet der monotheistische Glaube mit dem Judentum.

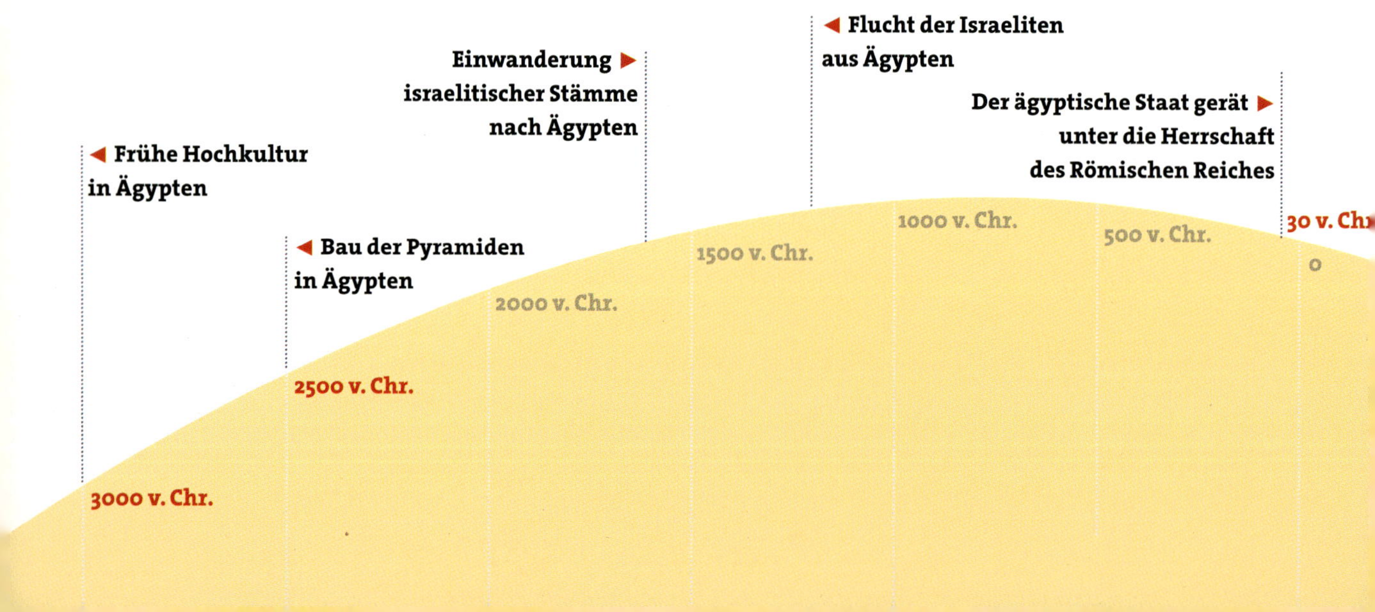

Wir wiederholen zentrale Begriffe und Methoden

Grundwissen	
Pharao	S. 55
Pyramide	S. 62
Ab 3000 v. Chr.: Hochkultur in Ägypten	S. 65
Polytheismus/Monotheismus – Judentum	S. 67
Hieroglyphen/Papyrus	S. 68

Methoden	
Ein Bild als Quelle	S. 60 f.

Bilderrätsel

Auf dieser Seite findest du Ausschnitte von Abbildungen, die alle vollständig in diesem Kapitel zu finden sind. Sie zeigen wichtige Merkmale einer Hochkultur. Finde heraus, welche es sind. Aufgepasst! Eine Abbildung ist versehentlich aus einem anderen Kapitel dazwischengeraten. Welche ist es?

1

2

4

6

5

3

4. Die griechisch-hellenistische Welt

Jeden Tag kommen heute viele tausend Besucher in die griechische Hauptstadt Athen und steigen auf die Akropolis. Das ist der Hügel, auf dem die Athener vor fast 2500 Jahren ihrer Schutzgöttin Athene einen großen Tempel, den Parthenon, errichtet haben.
Nicht nur in Athen finden wir heute noch die Überreste der griechischen Hochkultur. Im ganzen Mittelmeerraum zeugen Gebäudereste, Kunstwerke, Inschriften und Münzfunde vom Leben im antiken Griechenland. Eine wichtige Quelle sind Malereien auf griechischen Keramikgefäßen. Ein Beispiel findest du auf der abgebildeten Vase. Wir können nur vermuten, worüber sich die beiden Männer unterhalten haben. Erzählt der eine dem anderen von einem Sportwettkampf? Oder sind beide auf dem Weg nach Athen zum „Scherbengericht"? Wenn die Athener einen Politiker absetzen wollten, schrieben sie seinen Namen auf eine alte Tonscherbe und stimmten damit ab. So hatten sie den Wahlzettel erfunden. Viele andere Erfindungen, die uns heute noch vertraut sind, stammen auch von den Griechen.

1 Überlege, was den Besuchern der Akropolis vermutlich fremd und was ihnen vertraut vorkommt.

2 Der Name Europa kommt aus dem Griechischen. Schlage in einem Lexikon nach und berichte in der Klasse.

Begegnung mit den frühen Griechen

Hohe Berge – verstreute Inseln – Stadtstaaten

Eine Landschaft prägt die Menschen

Die höchste Erhebung Griechenlands befindet sich im Norden des Landes und ragt 2911 Meter in den Himmel: der Berg Olymp. Von hier bis zur Insel Kreta im südlichen Mittelmeer erstrecken sich unzählige Gebirgszüge und kleine Inseln. Die Berge und das Meer bestimmen das Leben der Griechen bis heute.

Als im 2. Jahrtausend v. Chr. kriegerische Völker nach Griechenland eindrangen, ließen sich die einzelnen Stämme bevorzugt an den Küsten oder in den nahe gelegenen Tälern nieder. Wollte man zueinander Kontakt aufnehmen oder miteinander Handel treiben, war der Seeweg der unbeschwerlichste und kürzeste.

Das Leben der bäuerlichen Familien in Dörfern und Siedlungen kann man sich nicht schwer genug vorstellen. Der Boden war meist sehr steinig, hart und trocken. Wasser und fruchtbare Landstreifen gab es nur in wenigen Tälern. Dort wurden Gerste, Obst, Wein und Oliven angebaut. Auch an Weideland für Viehherden mangelte es. An den steilen Berghängen fanden nur Ziegen- und Schafherden Nahrung.

Die Polis – ein Staat im Kleinen

Anders als in Ägypten lagen die griechischen Dörfer wegen der hohen Berge weit voneinander entfernt. Sie bildeten eigene kleine Staaten mit einer eigenen Ordnung. Deshalb gaben sie sich die Bezeichnung Stadtstaat (= griech. polis). An der Spitze vieler Poleis standen ein König oder einige reiche Familien. In größeren Stadtstaaten gab es einen befestigten Burgberg, den die Griechen Akropolis nannten. Auf der Akropolis lebte die Familie des Herrschers. Hier wurden auch Tempel für die Götter der Stadt gebaut.

Obwohl die Griechen in unterschiedlichen Poleis lebten, bewahrten sie sich eine gemeinsame Sprache und eine gemeinsame Schrift. Ein Handwerker aus Sparta sprach zwar einen anderen Dialekt als ein Bauer aus der Gegend von Athen, beide konnten sich aber ohne Probleme verständigen. Nach Ansicht der Griechen sprachen Völker, die das Griechische nicht beherrschten, ein unverständliches Kauderwelsch, das ihnen so klang wie „Bar – bar – bar". Diese Menschen nannten sie deshalb „Barbaren", das heißt Fremde.

M1 Griechische Landschaft auf der Halbinsel Peloponnes, Foto, 1993

Begegnung mit den frühen Griechen

M2 **Insel Delos,** Foto, 1997, Blick vom Berg Kynthos auf den Hafen

Grundwissen

Polis

Das griechische Wort Polis (Pl.: Poleis) heißt übersetzt „Stadtstaat". Im Gegensatz zu einem Flächenstaat (zum Beispiel dem alten Ägypten) bezeichnet die Polis einen Staat im Altertum, der auf eine Stadt und ihre nähere Umgebung begrenzt war. Ihre Einwohner verstanden sich als eine Gemeinschaft. Jede Polis war wirtschaftlich und politisch selbstständig. Eine übergeordnete Regierung gab es nicht.

1 Beschreibe anhand der Abbildungen M1 und M2 Merkmale der griechischen Landschaft.
2 Überlege, wie sich die Landschaft auf die Lebensweise der Griechen auswirkte.
3 Erkläre, warum sich die Staatsform der Polis gerade in Griechenland entwickelte.
4 Vergleiche den Staat in Ägypten (siehe S. 57) mit der griechischen Polis.
5 Erkläre, welche Bedeutung Schrift und Sprache für das Zusammenleben der Griechen hatten.

Schreiben auf Griechisch

Die Griechen übernahmen ihre Schrift ungefähr um 800 v. Chr. von den Phönikern. Da diese jedoch keine Vokale kannten, fügten die Griechen noch fünf Zeichen hinzu (a, e, i, o, u):

griechisch		deutsch	griechisch		deutsch
Α	alpha	a	Ν	ny n	
Β	beta	b	Ξ	xi x	
Γ	gamma	g	Ο	omikron	o
Δ	delta	d	Π	pi p	
Ε	epsilon	e	Ρ	rho r	
Ζ	zeta	z	Σ	sigma	s
Η	eta e		Τ	tau t	
Θ	theta	th	Υ	ypsilon	y
Ι	iotai		Φ	phi f	
Κ	kappa	k	Χ	chi ch	
Λ	lambda	l	Ψ	psi ps	
Μ	my m		Ω	omega	o

a) Schreibe deinen Vor- und Nachnamen mit griechischen Buchstaben.
b) Auf S. 75 findest du eine Abbildung mit griechischer Schrift. Was kannst du entziffern?

Die Arbeit mit einer Geschichtskarte

M1 Siedlungsraum der Griechen um 750 v. Chr.

- ⦿ Überregionale Herrschafts-, Handels- und Kulturzentren (Großstädte)
- ● Hauptorte (meist Poleis)
- Mykenische Herrenburgen
- ✶ Heiligtümer
- ○ Andere Orte
- ▲ Berg mit Höhenangabe in Meter
- Ebene (Tal- und Beckenlandschaften)
- Gebirge

0 50 100 150 200 km

Karten „lesen“

Du kennst schon eine Reihe von Karten: Wanderkarten, Stadtpläne und physikalische Karten von Ländern oder Kontinenten. Einige davon hast du im Erdkundeunterricht kennen gelernt. Historiker arbeiten oft mit speziellen Geschichtskarten. Geschichtskarten geben Auskunft darüber, wie ein Gebiet zu einem früheren Zeitpunkt ausgesehen oder sich entwickelt hat.
Auf dieser Doppelseite kannst du lernen, wie man eine Geschichtskarte richtig „liest“.

Lesetipp
www.griechenland.de
Unter dieser Internetadresse findest du Fotos und Informationen zu fast allen Städten und Landschaften in Griechenland.

Arbeitsschritte Auswertung einer Geschichtskarte

1. Schritt:
Das Thema einer Karte ermitteln
In der Regel haben Karten eine Überschrift, die das Thema der Karte angibt. Die Überschrift enthält fast immer eine Angabe über den dargestellten Zeitpunkt oder Zeitraum. Manche Karten zeigen zum Beispiel, wie die Landschaft ausgesehen hat, andere geben Auskunft über Städtegründungen, die Landwirtschaft oder die Bevölkerung eines Gebietes. Wenn du dich über das Thema und die Zeitangabe orientiert hast, stellst du eine Frage, die du mit der Karte beantworten möchtest. Zum Beispiel: Wie haben die Griechen in dieser Landschaft gelebt?

2. Schritt:
Die Kartenlegende deuten
In der Kartenlegende werden alle Farben, Schattierungen und Zeichen erklärt, die auf der Karte zu sehen sind. Kartenlegenden sind nicht immer gleich ausführlich. Einige erklären sämtliche Kartenelemente, andere nur die Besonderheiten der gerade abgebildeten Karte.

3. Schritt:
Den Maßstab feststellen
Wichtig für den Umgang mit Karten ist eine genaue Vorstellung von den dargestellten Entfernungen. Hier hilft die Maßstableiste weiter. Mit diesem Kartenelement kannst du zum Beispiel ermitteln, wie groß die Entfernung zwischen zwei Städten ist. Bei Geschichtskarten ist der Maßstab oft in Form einer Entfernungsleiste mit Kilometerangaben dargestellt.

4. Schritt:
Die Aussagen der Karte zusammenfassen
Beschreibe die Zeichen und die Farbgebung der Karte. Damit erhältst du eine Vorstellung von den Bedingungen in dem abgebildeten Gebiet. Überlege, wie die Geschichtskarte deine Frage aus dem 1. Schritt beantwortet. In unserem Beispiel kannst du Aussagen über die Wohnmöglichkeiten und Verkehrsverbindungen in Griechenland machen.

5. Schritt:
Weitere Informationen beschaffen
Am Ende der Kartenarbeit solltest du kritisch prüfen, ob deine Frage ausreichend beantwortet ist. Um beispielsweise genaueres Wissen über das Leben in der griechischen Landschaft zu erhalten, kannst du dich in Reiseführern aus deiner Stadtbibliothek und im Internet informieren.

1 Bearbeite die Karte M1 mithilfe der Arbeitsschritte 1 bis 5.

2 Auf Seite 82 findest du die Karte M1, Kolonisation der Griechen. Stelle sie der Klasse anhand der Arbeitsschritte dieser Methodenseite vor.

3 Du hast bereits auf den Seiten 76 f. Informationen über die Bedeutung der Landschaft für das Leben der frühen Griechen erhalten. Überlege, welche neuen Erkenntnisse dir die Karte vermittelt.

4 Die Griechen waren ein Seefahrervolk. Prüfe diese Aussage mithilfe der Karte M1 auf S. 78.

Das frühe Griechenland – Spurensuche

Grabung in Mykene

1874 erhielt der Archäologe Heinrich Schliemann die Erlaubnis, auf dem Gebiet der Stadt Mykene Grabungen durchzuführen. Schliemann stieß bei seinen Grabungen bald auf Zeugnisse vergangenen Lebens. In der Nähe der Burg befand sich ein Feld mit schachtförmigen Gräbern. Ähnlich wie in Ägypten waren die Toten mit reichen Grabbeigaben bestattet worden.

Zu den weiteren Funden aus der Zeit der mykenischen Herrschaft gehören Keramik, Schmuck und Waffen. Die einzige schriftliche Überlieferung findet sich auf Tontäfelchen, die in der Palastanlage gefunden wurden. In einer einfachen Schrift wurden darauf die Vorräte und Ausrüstungsgegenstände der Herrscher vermerkt.

M1 **Das Löwentor der Burg von Mykene,** Foto, um 1887. Über dieses Tor gelangte man in das Innere der Königsburg. Am rechten Pfeiler sind Heinrich und Sophie Schliemann zu sehen.

Einen Dichter beim Wort nehmen?

Auf der Suche nach Spuren vom Leben im frühen Griechenland finden wir ab ca. 800 v. Chr. schriftliche Zeugnisse, die uns über vergangene Zeiten erzählen. Die für uns wichtigsten Texte verfasste der Dichter Homer. Er schrieb in Versen auf, was sich die Griechen seit Jahrhunderten über ihre Vorfahren erzählten. Diese Werke nennt man Epen (Sg.: Epos*). In dem Epos „Ilias" schildert Homer die Belagerung der in Kleinasien gelegenen Stadt Troja. Hier hatten, so erzählt er, griechische und trojanische Helden in jahrelangen Kämpfen ihren Mut bewiesen, bis die Griechen die Stadt schließlich mithilfe einer List eroberten. Das Epos „Odyssee" berichtet vom Leben des Helden Odysseus, der erst nach langen Irrfahrten in seine Heimat zurückkehren konnte.

Aufgrund der genauen Ortsbeschreibungen Homers fand Schliemann den Ort, wo Troja lag. Bis heute haben Archäologen dort die aufeinander geschichteten Reste von mindestens neun Siedlungen ausgegraben. Die Überreste der sechsten Stadt geben die meisten Hinweise darauf, dass hier kriegerische Auseinandersetzungen stattgefunden haben. Diese Siedlung wird in die Zeit von 1700 bis 1300 v. Chr. datiert.

Leben im „Oikos"

Die Ausgrabungsfunde in Mykene und Troja, die Dichtungen Homers – aus diesen Quellen haben Wissenschaftler eine Vorstellung gewonnen, wie die frühen Griechen gelebt haben.

Ob Bauern oder reiche Landbesitzer – fast alle Griechen bildeten Hausgemeinschaften. Im Haushalt (= griech. Oikos*), der sich mit einem großen Bauernhof vergleichen lässt, lebten die Familie, die Bediensteten, die Sklaven und das Vieh. Hier fanden die Menschen Schutz und Sicherheit, Nahrung, Kleidung und Ansehen, zumindest dann, wenn der Haushalt ein starkes Oberhaupt hatte. Der Hausherr hatte große Macht in der Familie. Er bestimmte zum Beispiel über die Heirat seiner Kinder, denn Besitz, Reichtum und Ansehen sollten erhalten bleiben.

Wer nicht zu einem Oikos gehörte, hatte ein hartes Los. Das traf besonders die Theten*. Das waren Landarbeiter, die für wenig Lohn auf Gütern der Landbesitzer arbeiten mussten.

Adlige – die Besten der Griechen?

Das Leben der bäuerlichen Familien wurde von den schwierigen Bedingungen der griechischen Landschaft bestimmt. Ganz anders lebten die griechischen Adligen. Sie besaßen viel Land, auf dem Pächter, Knechte und Mägde, Sklavinnen und Sklaven den Boden bestellten. Aufgrund ihres Reichtums herrschten sie oft wie Könige über kleinere Gebiete. Über die Adligen wissen wir durch Funde am meisten. Auch die meisten Personen, die Homer beschrieb, gehörten zu dieser Gesellschaftsschicht. In der „Ilias" empfiehlt ein Adliger seinem Sohn, „immer Bester zu sein und überlegen zu sein den anderen".
Harte Arbeit wurde von den Adligen gering geschätzt; sie galt als unangemessen für einen Adligen. Odysseus rühmt sich in Homers Dichtung: „Die Arbeit war mir nie lieb, ... sondern mir waren immer beruderte Schiffe lieb und Kriege und wohl geglättete Wurfspieße."
Gegenüber dieser Lebensweise gab es auch kritische Stimmen: Der Dichter Hesiod verglich Adlige mit Drohnen, denen er das mühevolle Leben der Bauern gegenüberstellte.

Grundwissen

Ilias und Odyssee

Der Dichter Homer gilt als der älteste Dichter in Europa. Er lebte in der Zeit zwischen ca. 750 und 650 v. Chr. Als Geburtsort wird die Stadt Smyrna in Kleinasien vermutet. Seine bekanntesten Werke sind die beiden Epen „Ilias" und „Odyssee". Die darin beschriebenen Helden dienten besonders der griechischen Oberschicht als Vorbild.

Aristokratie

Nach dem griechischen Wort aristoi (= die Besten) und kratein (= herrschen) die Bezeichnung dafür, dass die Herrschaft in einem Staat von einer adligen Oberschicht ausgeübt wird.

1 Beschreibe die Abbildung M1 genau und notiere die Fragen, die du als Forscher stellen würdest.
2 Beschreibe das Vasenbild M3. Welche menschlichen Eigenschaften werden hervorgehoben?
3 Erarbeite aus M2, wie sich Andromache und Hektor zum bevorstehenden Kampf Hektors äußern. Beurteile die beiden Standpunkte.

M2 Hektor und Andromache

Homer beschrieb den Abschied des Trojaners Hektor von seiner Frau Andromache, bevor dieser in den Kampf mit dem griechischen Helden Achilleus zog. Ein Jugendbuchautor erzählt diese Geschichte nach (1982):

Als Hektor durch die Straßen zurückeilte, kam ihm ... die Gattin entgegen. Die Dienerin, die ihr folgte, trug das Knäblein Astyanax. Mit stillem Lächeln betrachtete der Vater das Kind; Andromache aber trat unter Tränen auf ihn zu und drückte ihm zärtlich die Hand: „Du böser Mann", rief sie, „gewisslich wird dein tollkühner Mut dir noch den Tod bringen! Hast du denn kein Erbarmen mit deinem unmündigen Kinde und mit deinem unglückseligen Weibe, das du bald zur Witwe machen wirst? Vater und Mutter habe ich verloren, meine sieben Brüder hat Achilleus ... erschlagen." Doch der tapfere Held ... schenkte solchen Bitten kein Gehör. „Ich müsste mich vor allen Männern und Frauen schämen", sagte er fest, „wollte ich nur aus der Ferne dem Streit zuschauen; auch mein eigenes Herz erlaubt es mir nicht, denn ich bin gewohnt, stets in der vordersten Reihe zu streiten."

Griechische Sagen, bearbeitet von Richard Carstensen, München (dtv) 1982, S. 185.

M3 Kampf des griechischen Helden Achill mit der Amazonenkönigin Penthesilea, Vasenmalerei, um 530 v. Chr.
Penthesilea kam mit einem Gefolge kriegerischer Frauen nach Troja, um gegen die Griechen zu kämpfen. Auf vielen Vasen wurden weibliche Figuren weiß, männliche schwarz dargestellt.

Die griechische Kolonisation

Warum gründeten die Griechen Kolonien?

Seit dem 8. Jahrhundert v. Chr. nahm die Bevölkerung in Griechenland stark zu. Die Ackerflächen, die die Poleis umgaben, reichten oft nicht aus, um die Ernährung der Menschen sicherzustellen. Verschlimmert wurde die Situation durch den hohen Holzbedarf für den Häuser- und Schiffsbau. Die Wälder wurden abgeholzt; der fruchtbare Boden, der durch die Wurzeln festgehalten worden war, konnte vom Regen weggespült werden. Viele Griechen sahen keinen anderen Ausweg, als ihre Heimat zu verlassen, um an einem anderen Ort neu anzufangen.

Die Siedlungen, die dort nach dem Vorbild der Heimatstädte neu gegründet wurden, hießen Kolonien*. Welchen Ort aber wählte man für eine Koloniegründung? Viele Kolonien entstanden in dünn besiedelten Gebieten, da hier weniger Widerstand von der einheimischen Bevölkerung zu erwarten war. Besonders günstige Bedingungen gab es zum Beispiel in Syrakus. Hier bildete eine vorgelagerte Insel natürliche Hafenanlagen und gute Verteidigungsmöglichkeiten. Das Umland der Stadt war dazu überaus fruchtbar.

Gemeinsamkeit trotz Trennung

Griechenland – das war nach der Kolonisation eine Ansammlung von Stadtstaaten, die nach den Worten des Griechen Sokrates „wie die Frösche um einen Teich saßen". Im 5. Jahrhundert v. Chr. lebten in den Kolonien etwa drei bis vier Millionen Griechen. Das waren genauso viele Menschen wie im Mutterland. Mehr als tausend Kilometer trennten Städte wie Tanais und Neapolis voneinander. Dennoch bewahrten sich die Griechen ihre Gemeinsamkeiten. Die Lebensweise in den zahlreichen Städten, besonders natürlich in den Mutter- und Tochterstädten, war ähnlich. Neben der gemeinsamen Sprache und dem Glauben an dieselben Götter verband die Griechen noch eine Anzahl kultischer Feste und Spiele. Sie fanden an vielen Orten statt, so in Delphi, Korinth, Athen und anderswo.

Zwei Stadtstaaten aus dem griechischen Mutterland spielten jahrhundertelang eine herausragende Rolle in Griechenland: die Polis Sparta und die Polis Athen.

M1 **Die Kolonisation der Griechen vom 8. bis zum 6. Jahrhundert v. Chr.**

Das Orakel von Delphi

Bei wichtigen Entscheidungen fragten die Griechen ein Orakel um Rat. Die größte Bedeutung hatte der Apollontempel in der Kultstätte Delphi. Dort gab die Priesterin Pythia im Auftrag des Gottes Apollon den Menschen einen klugen Rat. Pythia saß auf einem hohen Stuhl und war in Weihrauchdämpfe eingehüllt, die als Rauschmittel wirkten. Ihre Antworten waren nie eindeutig und mussten von den Priestern erklärt werden. Frauen durften das Orakel nicht befragen.

Grundwissen

Kolonisation

Mangel an fruchtbarem Boden und Übervölkerung in ihrer Heimat führten zur Ausbreitung der Griechen an den Küsten des Mittelmeeres und des Schwarzen Meeres. Dieser Vorgang begann bereits im 8. Jahrhundert v. Chr. und dauerte mehrere Jahrhunderte. Trotz der räumlichen Entfernung blieben die Kolonien durch Handelsbeziehungen und die gemeinsame Kultur mit ihrer Heimat verbunden.

1. Bearbeite die Karte M1 mithilfe der Methodenseite 78 f. Stelle fest, wo die Griechen Kolonien gründeten, und nenne Gründe, die für die Auswahl der Siedlungsplätze sprachen.
2. Begründe, warum sich die Theräer zur Auswanderung entschlossen (M2).
3. Betrachte M3 und versuche zu erklären, warum die Griechen dem Orakel so große Bedeutung beimaßen.
4. Versetze dich in die Rolle eines der Auswanderer. Seit einem Jahr wohnst du in Kyrene. Schreibe einen Brief an deine Verwandten in Thera, in dem du von deinen Erlebnissen berichtest.
5. Informiert euch bei Mitschülern, die selbst oder deren Eltern nach Deutschland eingewandert sind. Lassen sich ihre Erfahrungen mit den Erfahrungen der griechischen Auswanderer vergleichen?

M2 Griechen verlassen ihre Heimat

Der griechische Geschichtsschreiber Herodot (um 485–425 v. Chr.) berichtete, wie die Bewohner der griechischen Insel Thera (heute Santorin) im Jahr 631 v. Chr. die Kolonie Kyrene in Libyen gegründet hatten:

[Sieben Jahre lang blieb in Thera der Regen aus] … Auf ihre Anfrage beim Orakel erinnerte die Pythia die Theräer an die Kolonisation in Libyen … Die Theräer bestimmten, dass aus allen sieben Gemeinden der Insel immer je einer von zwei Brüdern um die Auswanderung losen sollte. Führer und König der Auswanderer sollte Battos sein. So schickten sie zwei Fünfzigruderer nach Platea [Insel vor der Kyrenaika]. … Hier wohnten sie zwei Jahre; aber es ging ihnen dort nicht gut. So ließen sie denn einen Einzigen aus ihrer Mitte zurück und alle Übrigen fuhren nach Delphi. Dort baten sie das Orakel um einen Spruch und erzählten, sie hätten sich in Libyen angesiedelt, aber es gehe ihnen trotzdem keineswegs besser, obwohl sie dort wohnten.
Darauf verkündete ihnen die Pythia Folgendes: „Kennst du besser als ich, der ich dort war, Libyens Herden: Dich, der du nicht dort warst, muss ich ob deiner Weisheit bewundern."
Als Battos und seine Leute dies hörten, segelten sie wieder zurück; denn offenbar ersparte ihnen der Gott die Ansiedlung nicht, bis sie nach Libyen selbst gekommen seien. Sie landeten auf der Insel, nahmen den Zurückgelassenen an Bord und siedelten sich auf dem Festland gegenüber der Insel an … Hier wohnten sie sechs Jahre. Im siebenten Jahr erboten sich die Libyer, sie an einen noch schöneren Platz zu führen. Sie entschlossen sich mitzugehen.

Herodot, Historien, IV 150–158, übers. von Josef Feix, München (Reclam) 1977, S. 613 ff. Vereinf. d. Verf.

M3 König Ägeus befragt das Orakel von Delphi, Trinkschale, um 440 v. Chr.

Entwicklungsbedingungen der Demokratie in Athen

Gesellschaft und Wirtschaft

Schlechte Zeiten in Attika

Für die Bauern in Athen herrschten im 7. Jahrhundert v. Chr. schlechte Zeiten. Sie litten unter der Herrschaft des Adels. Schiedssprüche wurden von Adligen nach Belieben gefällt. Zwar stellte der Politiker Drakon um 624 v. Chr. eine größere Rechtssicherheit her, indem er Gesetze aufschreiben ließ, aber die Macht lag weiterhin bei den Adligen. Denn sie allein waren Mitglieder im Adelsrat, dem Areopag*, wo die wichtigen Entscheidungen für die Polis getroffen wurden.

Außerdem machte den Bauern ihre wirtschaftliche Lage schwer zu schaffen: Seitdem es Kolonien im ganzen Mittelmeerraum gab, war die Nachfrage nach Produkten aus Attika stark angestiegen. Davon hatten aber nur die Adligen Nutzen. Oliven und Wein, den Ertrag ihrer riesigen Landgüter, konnten sie im Athener Hafen Piräus mit Gewinn verkaufen. Vielen Bauernfamilien blieb nichts anderes übrig, als sich zu verschulden. Sie verloren ihr Land und arbeiteten fortan als so genannte Schuldknechte auf den Feldern der adligen Landbesitzer.

Bürgerkrieg oder Reformen?

Dem Athener Adel war daran gelegen, dass die Armut der Bauern nicht weiter zunahm. Denn mit einer neuen Schlachtordnung, in der die Krieger dem Gegner nicht mehr im Einzelkampf, sondern in Gruppen begegneten (Phalanx), gewannen die Bauern als Soldaten an Bedeutung. Solange die Bauern Attikas als Schuldknechte arbeiteten, waren sie nicht in der Lage, für ihre Polis in den Krieg zu ziehen, weil sie sich keine Ausrüstung leisten konnten.

Um 600 v. Chr. hatte sich die Lage so zugespitzt, dass ein Kompromiss zwischen den Bauern und den Adligen gefunden werden musste. Die Athener einigten sich darauf, einen „Schiedsrichter" einzusetzen. Ihre Wahl fiel auf den Athener Solon. Er stammte aus einer angesehenen Adelsfamilie in Athen, die allerdings nur wenige Landgüter besaß. Solon schrieb Gedichte, in denen er zu Fragen der Politik Stellung nahm. 594 v. Chr. wurde er zum Gesetzgeber mit außerordentlichen Vollmachten ernannt.

M1 Die Halbinsel Attika im 5. Jahrhundert v. Chr.

M2 **Bauernversammlung in Attika**

Die folgende Begebenheit ist erfunden, sie könnte sich aber um das Jahr 600 v. Chr. tatsächlich so abgespielt haben:

In der Nacht versammelten sich 40 Bauern aus Kedoi in der Scheune des Lykos. Die Stimmung war schlecht. Nach der Missernte im letzten Jahr litten fast alle Familien Hunger. Schließlich trat Kleophon nach vorn: „Freunde! Wir alle leiden unter der Herrschaft der reichen Landbesitzer. Viele unserer Verwandten wurden ohne Grund von ihrem Land vertrieben oder als Sklaven verkauft. Ihr wisst, welches Schicksal meinen Bruder getroffen hat. Er ist von dem adligen Gration als Sklave in das Bergwerk von Laureon verkauft worden. Warum wurde er verkauft? Weil er Schulden bei Gration hatte. Er konnte das Korn nicht bezahlen, das er bei ihm gekauft hatte. Er hatte es in den Boden gesät und auf eine gute Ernte gehofft. Dann kam die Dürre und hat alles vernichtet. Ihre eigenen Felder haben die Landbesitzer bewässert, unsere nicht. Die Adligen tun, was sie wollen. Wir brauchen ein Gesetz, das uns schützt! Wir müssen für unsere Rechte als freie Bauern kämpfen!"

Zusammengestellt nach Hans Heumann, Problemorientierter Geschichtsunterricht, Bd. 1, Frankfurt/M. (Cornelsen) 1989, S. 115.

M3 Die Reformen Solons

Durch Solon wurden folgende in den Quellen überlieferte Reformen durchgeführt:

1. Aufhebung der Schuldknechtschaft: Die Bauern erhalten ihr Land zurück, das sie den Adligen für ihre Schulden überlassen haben. Alle Schulden der Bauern werden gestrichen. In Zukunft darf kein Bürger mehr in Schuldknechtschaft* fallen.
2. Die Bauern, die als Sklaven verkauft worden sind, konnten als athenische Bürger zurückkehren.
3. Beteiligung der Bürger an öffentlichen Angelegenheiten: Die Athener Bürgerschaft wird in vier Vermögensklassen eingeteilt. Die Klassenzugehörigkeit richtet sich nach dem jährlichen Ertrag an Getreide, Wein und Oliven. Alle nehmen an der Volksversammlung teil und leisten Militärdienst.
4. Einführung eines Volksgerichts*: Jeder Bürger hat Anspruch auf ein Gerichtsverfahren, wenn ihm selbst oder einem anderen Bürger Unrecht geschehen ist.

Verfassertext

Mehr Rechte für die Volksversammlung

Die Ordnung Solons bestand nicht lange. 561 v. Chr. eroberte der Adlige Peisistratos mit Waffengewalt die Athener Akropolis. Er wurde zum Tyrannen*, dem alleinigen Herrscher im Stadtstaat. Doch die Alleinherrschaft währte nicht lange. Den Athenern gelang es 508 v. Chr., mit Unterstützung der Spartaner die Söhne des Peisistratos zu entmachten.

Als der Athener Kleisthenes das athenische Volk hinter sich gebracht hatte, führte er eine Reform durch, die verhindern sollte, dass Adlige mit ihrer Anhängerschaft eine Tyrannis errichteten.

Um für alle Zeiten eine weitere Tyrannenherrschaft zu verhindern, führte Kleisthenes das „Scherbengericht" ein. Wenn die Gefahr bestand, dass ein Bürger zu viel Macht erlangte, konnte er für zehn Jahre aus Athen verbannt werden. Notwendig war, dass mindestens 6000 Bürger seinen Namen bei einer Abstimmung auf Tonscherben schrieben (siehe S. 74 f.).

1 Stelle mithilfe von M1 fest, wie groß die Polis Athen war. Wo lagen wohl die besten Landgüter?

2 Lies M2 und verfasse ein Flugblatt, das auf die Situation der attischen Bauern hinweist und Forderungen enthält.

3 Erarbeite aus M3, mit welchen Maßnahmen Solon auf welchen Missstand reagierte. Notiere deine Ergebnisse in zwei Spalten.

4 Unter Solon haben viele Athener begonnen, sich für ihren Stadtstaat verantwortlich zu fühlen. Überlege, wie Solon das wohl erreicht hat.

5 Erarbeite aus dem Darstellungstext die Ziele, die Kleisthenes verfolgte.

6 Betrachtet M4 und diskutiert darüber, welche Bedeutung eine Veröffentlichung der Gesetze hatte.

M4 **Gesetze werden veröffentlicht,** Rekonstruktionszeichnung, 1999. Ähnlich einer heutigen Litfaßsäule wurden die solonischen Gesetze auf drehbare Holztafeln geschrieben und an öffentlichen Plätzen aufgestellt.

Krieg gegen das Großreich Persien

Das Persische Reich

Im Norden und Osten grenzte Griechenland an einen Staat, der sich in fast allem von der Poliswelt unterschied: das Persische Reich. Dieses Land, dessen Zentrum am Ostufer des Persischen Golfs lag, hatte seit 550 v. Chr. zahlreiche kleinere Königreiche erobert und sich weiter nach Westen ausgedehnt. Die griechischen Städte Kleinasiens, die im Osten des Mittelmeers lagen, befanden sich unter persischer Herrschaft und waren dem Großkönig zu hohen Tributzahlungen verpflichtet.

In den Grenzen des Persischen Reichs lebte eine Vielzahl von Völkern. Der Großkönig Dareios I. (522–486 v. Chr.) gab dem Reich eine straffe Verwaltung. Dareios ließ große Fernstraßen bauen, schuf ein Postsystem und führte eine einheitliche Währung für das ganze Land ein. Um sein riesiges Reich kontrollieren zu können, verwendete der Großkönig die meisten seiner Einkünfte für die königliche Verwaltung und sein Heer. Auch in den einzelnen Satrapien (Reichsteilen) wurden eigene Truppen aufgestellt.

Ein starker und ein schwacher Nachbar?

Gerade zu der Zeit, als die Athener nach Unruhen und Tyrannis ihre Polisordnung erneuert hatten, kam es zu dem ersten Konflikt zwischen Dareios und den Griechen: 494 v. Chr. wagten die griechischen Städte Kleinasiens mit Unterstützung Athens einen Aufstand. Die Perser zerstörten daraufhin Milet und schlugen die Aufständischen nieder. 490 gelang es den Griechen unter der Führung des Feldherrn Miltiades die Perser bei Marathon zurückzuschlagen. Unmittelbar nach der Schlacht lief ein Bote nach Athen, um die Nachricht vom Sieg zu überbringen.

Als Rache beschloss der persische Herrscher, ganz Griechenland zu unterwerfen. Am Ende einer Reihe von grausamen Kriegen, die auf griechischer wie persischer Seite viele Opfer forderten, konnte schließlich die Athener Flotte das persische Heer besiegen.

Wie gelang es den Athenern, sich und die anderen Poleis gegen das persische Großreich zu verteidigen? Welche Folgen hatte der griechische Sieg für die Polis Athen?

1 Bestimme mithilfe der Karte M1 die Ausdehnung des Persischen Reichs. Welche Staaten befinden sich heute auf diesem Gebiet?

M1 Das Persische Reich um 500 v. Chr.

Die Schlacht bei Salamis

Als das persische Heer 480 v. Chr. gegen Griechenland zog, befand sich Xerxes, der Sohn des Dareios, auf dem Höhepunkt seiner Macht. Er hatte den Feldzug sorgfältig vorbereitet. Den Hellespont überschritt der Großkönig auf einer speziell konstruierten Schiffsbrücke und ließ am Berg Athos einen Kanal anlegen. Flotte und Landheer gingen gemeinsam vor. Den ersten Widerstand fanden sie an den Thermopylen. Dort hatten die Griechen den Landweg an einem schmalen Bergpass abgeriegelt. Die Schlacht, die dort stattfand, ist sehr berühmt geworden, denn das kleine griechische Heer unter Führung des Spartaners Leonidas verteidigte sich zunächst erfolgreich gegen die Übermacht. Erst nach einem Verrat wurde es eingekreist und besiegt. Auf dem Land marschierten persische Soldaten nun ungehindert nach Attika. Die Bevölkerung Athens wurde angesichts dieser Gefahr evakuiert. Die Perser zerstörten die ganze Stadt mit der Akropolis.

Doch nicht zu Lande, sondern zur See in der Meerenge bei Salamis fand 480 v. Chr. die Entscheidungsschlacht statt. Wie der Führer der attischen Flotte, Themistokles, vorausgesehen hatte, behinderten sich die großen persischen Schiffe in der Meerenge gegenseitig und wurden von der beweglicheren Flotte der Griechen geschlagen.

Die Folgen der Perserkriege

Nach der Niederlage bei Salamis floh das persische Heer nach Kleinasien. Wenig später zerstörten die Athener in Mykale die persische Flotte und befreiten die griechischen Städte Kleinasiens. Athen schloss sich mit den Küstenstädten und Inseln der Ägäis zum Delisch-Attischen Seebund zusammen. Die Einheit der Griechen sollte gestärkt werden, um in Zukunft einer persischen Bedrohung besser standzuhalten. Dafür, dass Athen den größten Teil der gemeinsamen Flotte stellte, verlangte es eine Kostenbeteiligung in Form von Schiffen mit Mannschaften oder von Geld. Die Bündnisbeiträge wurden in die Bundeskasse gezahlt, die auf neutralem Boden, auf der Insel Delos, aufbewahrt wurde. Athen gewann immer mehr Einfluss auf die Verwendung des Geldes. Schließlich wurde die Bundeskasse nach Athen gebracht.

Sparta hatte bereits 550 v. Chr. ein ähnliches Bündnis auf dem Peloponnes gegründet, den Peloponnesischen Bund. Beide Bündnisse konkurrierten nun um die Vorherrschaft.

2 Informiere dich mithilfe der Karte M2 über den Feldzug der Perser 480/79 v. Chr.:
a) Welchen Weg nahmen die Flotte und das Heer des Xerxes?
b) An welchen Orten fanden Schlachten statt und wie gingen sie aus?

M2 Griechenland und der persische Feldzug 480–479 v. Chr.

Entwicklungsbedingungen der Demokratie in Athen

Triere, Nachbau, Foto, 1989. **M3**
Vorne ist der Rammsporn sichtbar, mit dem das gegnerische Schiff von der Seite gerammt und versenkt wurde. Die Ruderer saßen in drei Reihen übereinander.

Die Athener Flotte

Die Flotte Athens wurde von dem Feldherrn Themistokles während der Bedrohung durch die Perserkriege ausgebaut. Im Jahr 480 v.Chr. verfügte sie über 200 Kriegsschiffe, so genannte Trieren. Eine Triere war ein Segelboot, das im Gefecht auch von bis zu 180 Ruderern fortbewegt werden konnte. Die Ruderer der griechischen Flotte waren landlose Athener (= Theten) oder Sklaven. Sie bewegten das Schiff mit einer Geschwindigkeit von bis zu 30 Stundenkilometern vorwärts. Bei längeren Fahrten mussten sie täglich bis zu 17 Stunden rudern.

In den Kriegen gegen die Perser hatte die Flotte den Ausschlag zu Gunsten der Athener gegeben. Eine Folge davon war, dass in Athen künftig das Ziel verfolgt wurde, innerhalb der griechischen Staatenwelt eine Vormacht (Hegemonie*) aufzubauen. Diese Hegemonialpolitik führte zu einem erbitterten Kampf gegen die Spartaner (Peloponnesischer Krieg), der von 431 bis 404 v.Chr. dauerte und schließlich mit einem Sieg Spartas endete.

3 Sammle Gründe, warum es den Griechen gelang, das persische Heer zu schlagen (Darstellungstext, M3).

4 Kläre, welche Voraussetzungen gegeben sein mussten, um die Trieren erfolgreich einzusetzen. Ziehe M3 heran.

5 Stelle dir folgende Situation vor: Der Thete Glaukos kehrt nach der Schlacht bei Salamis nach Athen zurück. Entwirf in Partnerarbeit ein Interview, das ein griechischer Reporter mit Glaukos geführt haben könnte. Die Überschrift lautet „Kampf gegen die Perser".

6 Informiere dich über den Ursprung des Marathonlaufes und berichte in deiner Klasse darüber.

Schriftliche Quellen entschlüsseln

Fragen stellen ...

In den bisherigen Kapiteln hast du bereits mit schriftlichen Quellen gearbeitet. Deine Aufgabe ist es, die Quellen weiter zu entschlüsseln. Eine Textquelle kannst du auswerten, indem du Fragen an sie stellst.

Arbeitsschritte

1. Schritt:
Aufbau und Inhalt des Textes

a) Wovon berichtet der Text? Stelle „W-Fragen": Wer? Wo? Wann? Was?
b) Gibt es unbekannte Wörter? Schlage im Lexikon nach.
c) Wie ist der Text gegliedert? Finde Überschriften für die einzelnen Abschnitte.

2. Schritt: Verfasser/Verfasserin

d) Welche Informationen besitzen wir über den Verfasser?
e) Hat der Verfasser selbst erlebt, was er aufgeschrieben hat?
f) Wird erkennbar, welche Einstellung der Verfasser zum Geschehen hat?
g) Ergreift der Verfasser Partei?
h) Welche Absicht verfolgte der Verfasser mit dem Text? Wollte er etwas bewusst für die Nachwelt festhalten?

M1 Die Perserkriege aus der Sicht des Herodot

Herodot (484–425 v.Chr.) entstammte einer adligen Familie aus Halikarnassos (Kleinasien). 457 wurde er wegen der Beteiligung an einer Verschwörung gegen die persische Tyrannenherrschaft verbannt und musste ins Exil auf die Insel Samos. Später unternahm er viele Reisen durch Griechenland, nach Kleinasien, Babylon und Ägypten, bevor er sich 447 in Athen niederließ. Zu seinen Freunden zählten der Dramatiker Sophokles und der Staatsmann Perikles (S. 98). Seine Darstellung geschichtlicher Ereignisse machte ihn berühmt. Der römische Philosoph und Staatsmann Cicero nannte ihn „Vater der Geschichte". Über die Perserkriege schrieb Herodot:

Ich fühle mich veranlasst, meine Ansicht darzulegen, die freilich den meisten Menschen nicht gefallen wird; aber das, was mir die Wahrheit zu sein scheint, werde ich nicht zurückhalten. Wenn die Athener aus Furcht vor der nahenden Gefahr ihr Land verlassen oder auch geblieben wären und sich Xerxes ergeben hätten, hätte zur See niemand versucht, dem Perserkönig entgegenzutreten. Zu Lande wäre es aber so gekommen: Wenn die Peloponnesier auch noch so viele Mauergürtel über den Isthmos gezogen hätten, so wären die Spartaner doch alleine geblieben; denn die Bundesgenossen hätten sie im Stich gelassen, nicht aus eigenem Antriebe, sondern unter dem Zwang der Not, da ihre Städte der Reihe nach von der persischen Flotte eingenommen worden wären. Hätten sie dann allein auch noch so große Taten vollbracht, so wären sie höchstens den Heldentod gestorben oder sie hätten nach dem Beispiel anderer doch einen Vertrag geschlossen.
In beiden Fällen wäre Griechenland den Persern untertan geworden. Wenn man daher die Athener als die Retter Griechenlands bezeichnet, so entspricht das wohl der Wahrheit. Nach welcher Seite sich die Athener wandten, musste den Ausschlag geben. Da sie die Freiheit Griechenlands vorzogen, so waren sie es auch, die das ganze übrige griechische Volk – soweit es nicht persisch gesinnt war – aufrichteten. Sie allein haben – vom Beistand der Götter abgesehen – den persischen Großkönig zurückgewiesen.

Herodot. Übers. und bearb. d. Verf.

1 Erschließe die Quelle mithilfe der Arbeitsschritte 1 und 2 (oben).
2 Vergleiche deine Ergebnisse mit der Auswertung in Stichworten (unten).

Auswertung in Stichworten

1. Schritt:

a) Perserkriege: Die Perser führten gegen die Griechen einen Eroberungskrieg, in dem die Griechen nach einigen Kämpfen ihre Selbstständigkeit bewahren konnten.
b) Isthmos: Landenge, Gebiet
c)
- Bekenntnis zu historischer Wahrheit
- Mögliche Reaktionen der Athener
- Gefahren für die Spartaner
- Folgen für alle Griechen
- Tatsächliche Bedeutung der Athener

2. Schritt

d) Siehe Vorspann zur Quelle
e) Zeitgenosse mit Überblick und genauen Kenntnissen (viele Reisen und Bekanntschaft mit bedeutenden Athenern)
f) Hinweis auf die Gefahr und die Möglichkeiten eines persischen Sieges
g) Eindeutige Befürwortung des Vorgehens der Athener
h) Darstellung der Bedeutung der Athener in den Perserkriegen; Hervorheben der Rolle Athens im Vergleich zu den Spartanern

Kultur der griechischen Antike

Leben mit den Göttern

Die griechischen Götter – menschliche Wesen?

Während des Trojanischen Krieges, von dem Homer erzählt, hatten sich die Götter in die Kämpfe eingemischt und beide Kriegsparteien unterstützt. Sie kämpften mit vielfältigen Waffen. Sie verhüllten den Angreifern die Augen mit Nebel oder lenkten die Lanzen der Krieger in die Richtung, die sie wollten. Die Griechen glaubten, dass die Götter auf dem Olymp in einer großen familiären Hausgemeinschaft lebten. Der Hausherr war Zeus. Jeder Gott war für einen eigenen Bereich zuständig und wurde mit einem bestimmten Gegenstand dargestellt. Der Meeresgott Poseidon zum Beispiel hatte einen Dreizack, mit dem er das Meer aufwühlte. Apollon, der Gott der Wahrheit und der Kunst, trug eine Leier. Die Götter unterschieden sich aber auch von den Menschen: Sie blieben ewig jung, kein Alter trübte ihre Schönheit und sie galten als unsterblich.

Feste zu Ehren der Götter

Die Griechen begegneten ihren Göttern mit Respekt und Ehrfurcht. Vor wichtigen Entscheidungen fragten sie sie um Rat und versuchten sie günstig zu stimmen. Wenn sich eine griechische Familie zur Mahlzeit traf, wurde zuerst auf dem Hausaltar ein Teil der Speise und des Weins geopfert. In jeder Polis gab es Tempel zu Ehren des Zeus, der Athene oder des Apoll, wo man seine Opfer darbringen konnte.
Alle Griechen, ganz gleich, ob sie aus Samos, Milet, Athen, Sparta oder Korinth kamen, glaubten an dieselben Götter. Deshalb fühlten sie sich untereinander verbunden. Viele Städte veranstalteten große Feste zu Ehren der Götter und luden dazu die Menschen aus allen Kolonien ein. Das wichtigste Fest der Griechen waren die Olympischen Spiele (siehe S. 91 ff.).

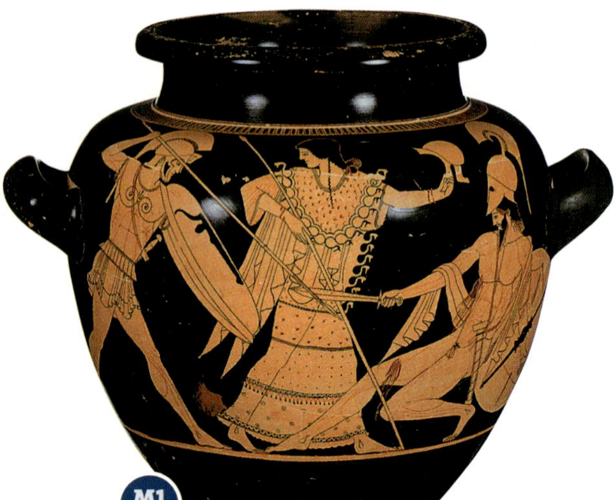

M1 Zweikampf im Trojanischen Krieg, Vasenmalerei, um 490 v. Chr. Zwischen dem Griechen Achilleus (links) und dem Trojaner Hektor (rechts) steht die Göttin Athene. Die Tochter des Zeus wird meist mit Helm, Schild oder Speer dargestelllt.

M2 Göttervater Zeus, Statuette, um 470 v. Chr. Nach der Vorstellung der Griechen schleuderte Zeus Blitze auf die Erde oder ließ Stürme entstehen, wenn er wütend war.

1 Beschreibe M1 und M2. Überlege, was die Darstellungen über das Verhältnis zwischen Göttern und Menschen aussagen.

2 Suche in der Schulbibliothek nach Sagen des griechischen Altertums. Stelle deine Lieblingssage in einem kurzen Referat der Klasse vor.

Bester sein in Olympia

Die Olympischen Spiele – nicht nur ein Sportfest

Die ersten Olympischen Spiele fanden im Jahr 776 v. Chr. statt. Alle vier Jahre veranstaltete die auf dem Peloponnes gelegene Stadt Elis sportliche Wettkämpfe zu Ehren des Göttervaters Zeus. Der Wettkampfort war das alte Heiligtum Olympia. Im Unterschied zu den heutigen Olympischen Spielen hatten die antiken Spiele einen streng religiösen Charakter. Aus allen griechischen Poleis reisten Sportler und Zuschauer dorthin und dabei erlebten die Griechen ihre Zusammengehörigkeit.

Aber längst nicht jeder konnte es sich leisten, nach Olympia zu fahren. Ein Handwerker z. B. konnte seine Werkstatt nicht wochenlang schließen. Außerdem war das Reisen beschwerlich und teuer. Frauen, Unfreien und Nichtgriechen war es streng verboten, den heiligen Bezirk von Olympia zu betreten.

Wie heute bei sportlichen Veranstaltungen gab es feste Regeln und Preise. Ein Verstoß gegen die Regeln wurde mit einem hohen Strafgeld belegt. Während der Olympischen Spiele musste in ganz Griechenland der Frieden eingehalten werden. Den Zeitraum zwischen den Spielen nannten die Griechen Olympiade. Er bildete die Grundlage der griechischen Zeiteinteilung.

Im 5. Jahrhundert n. Chr. wurden die Spiele vom christlichen Kaiser Theodosius I. abgeschafft, weil sie als heidnisch galten. Die ersten Olympischen Spiele der Neuzeit fanden 1896 in Athen statt. Auch heute noch legen die Sportlerinnen und Sportler zu Beginn der Spiele ein Gelöbnis ab. Sie versprechen, die Regeln zu achten, zum Ruhme des Sports und zur Ehre der Mannschaften zu kämpfen.

M1 **Olympiasieger,** Vasenmalerei, 6. Jh. v. Chr. Der Gewinner eines Wettkampfes bekam das Preisband und den Zweig eines wilden Ölbaums verliehen.

M2 **Allkampf,** Vasenmalerei, 332/331 v. Chr. Im Allkampf waren Ringergriffe und Faustschläge erlaubt. Rechts steht ein Kampfrichter, links ein zuschauender Athlet.

1 Beschreibe M1 und M2. Auf welche Weise verdeutlichten die Vasenmaler den Wettkampf und die Siegerehrung unter den Sportlern?

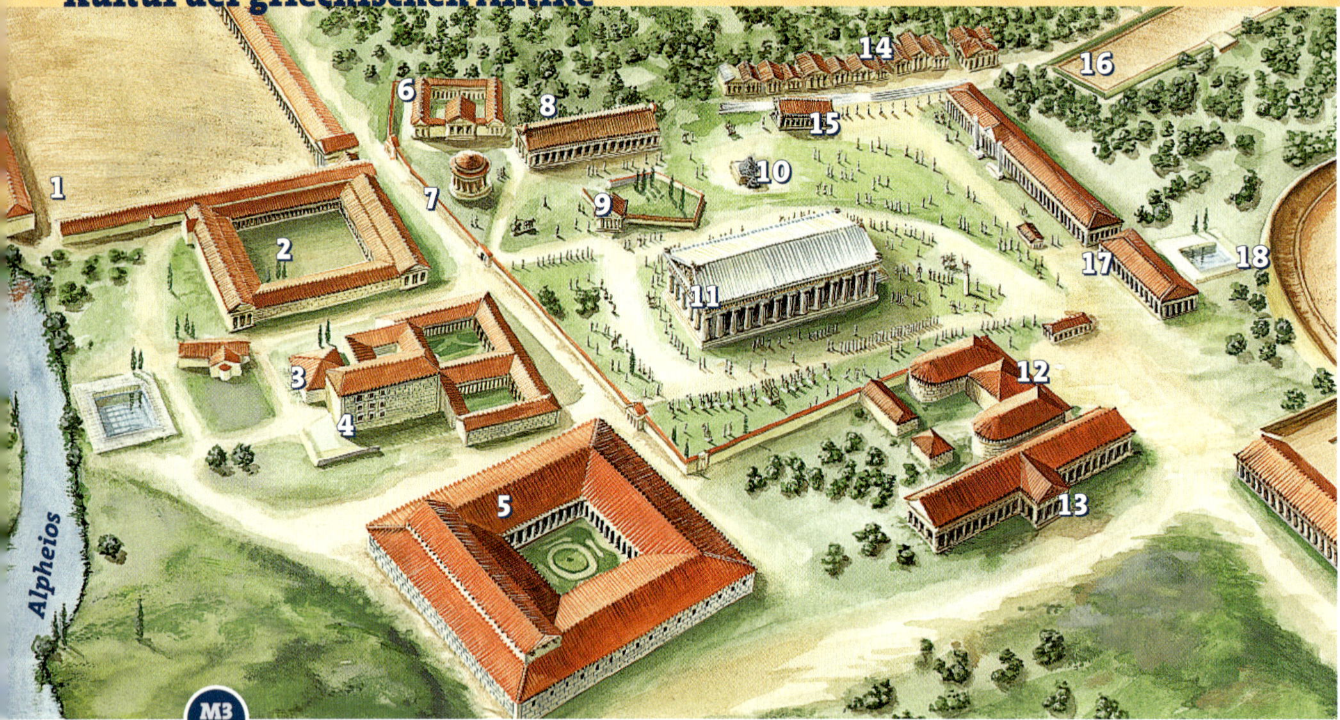

M3 **Die Anlage des heiligen Bezirks von Olympia,** Rekonstruktionszeichnung, 1995.
1 Gymnasion (Sportplatz), 2 Trainingsplatz für Ringer und Faustkämpfer, 3 Amtssitz der olympischen Priester, 4 Werkstatt des Bildhauers Phidias (hier wurde die Statue des Zeus hergestellt), 5 Gästehaus, 6 Amtssitz hoher Verwaltungsbeamter, 7 Grab des Königs Philipp, 8 Heratempel, 9 Grab des Königs Pelops (nach ihm wurde die griechische Halbinsel Peloponnes benannt), 10 Zeusaltar, 11 Zeustempel mit Zeusstatue, 12 Buleuterion (hier wurde der olympische Eid abgelegt), 13 Südhalle, 14 Schatzhäuser, 15 Tempel der Kybele, 16 Stadion (Bahn für Wettläufe), 17 Ostbäder, 18 Pferderennbahn.

M4 Der Ablauf der Olympischen Spiele

Nach diesem Programm liefen die Olympischen Spiele im 5. Jahrhundert v. Chr. ab:

1. Tag: feierliche Eröffnung der Spiele durch Opfer im heiligen Bezirk. Aufstellung der Kämpferlisten. Die Athleten leisten den olympischen Eid vor dem Standbild des Zeus.

2. Tag: Wagenrennen. Fünfkampf, bestehend aus Diskus, Weitsprung, Speerwurf, Stadionlauf (192 m), Ringen. Totenopfer für Pelops.

3. Tag: Festprozession zum heiligen Bezirk. Entzünden der Fackeln am Altar der Göttin Hestia. Teilnehmer an der Prozession sind: Herolde und Trompeter, Kampfrichter, Priester und Opfertiere, Vertreter der Behörden und „ausländische“ Gesandtschaften, die Wettkämpfer, Pferde und Wagen der Teilnehmer an den Wagenrennen. Am Altar vor dem Zeustempel wird das heilige Opfer dargebracht. Am Abend findet ein großes Festessen statt.

4. Tag: schwerathletische Kämpfe: Ringen, Faustkampf, Allkampf, Waffenlauf.

5. Tag: Siegerehrung im Zeustempel. Dankopfer zu Ehren des Zeus.

Zusammengestellt nach Heinz Dieter Schmid, Fragen an die Geschichte, Bd. 1, 6. Aufl., Berlin (Cornelsen) 1983, S. 46.

2 Erarbeite aus M3, welchen Verwendungszweck die einzelnen Gebäude hatten. Erkläre, warum das Olympiagelände „heiliger Bezirk“ genannt wurde.

3 Stelle zusammen, in welchen der in M4 aufgelisteten Sportarten auch heute noch Wettkämpfe ausgetragen werden.

M5 **Vasenmalereien,** 6. und 5. Jh. v. Chr.

Grundwissen

Olympische Spiele

Sportliche Wettkämpfe von griechischen Männern aus allen Landesteilen, die seit 776 v. Chr. alle vier Jahre zu Ehren des Göttervaters Zeus stattfanden und für das Zusammengehörigkeitsgefühl eine große Bedeutung hatten. Im 5. Jahrhundert n. Chr. wurden die „heidnischen“ Spiele abgeschafft; erst 1896 kam es zu den ersten Olympischen Spielen der Neuzeit.

M6 **Wettlauf der Frauen,** Vasenmalerei, 5. Jh. v. Chr.
Zu Ehren der Göttin Hera wurden alle vier Jahre zwischen den Olympischen Spielen Frauenwettkämpfe ausgetragen. Es gab nur eine einzige Übung: einen Lauf von ca. 160 Metern, der in drei Altersklassen ausgetragen wurde.

M7 **Olympische Sommerspiele in Sydney,** Foto, 2000

4 Beschreibe M5 und nenne die abgebildeten Sportarten.
5 Erläutere, welche Rolle Frauen bei Sportwettkämpfen in Griechenland spielten (M6). Was hat sich für sie in der Neuzeit verändert?
6 Vergleicht Abbildungen von Teilnehmerinnen der Olympischen Spiele 2004 (M7) in Athen mit M6.

Was sagen Kunstwerke aus?

Kunstwerke sind Quellen

Kunstwerke wie zum Beispiel Statuen, Bauwerke oder Gemälde vermitteln uns eine anschauliche Vorstellung vom Alltag, von der Wirtschaft oder der Politik in früheren Zeiten. Sie teilen uns auch viel über die Ideen und den Geschmack der Menschen mit, die die Kunstwerke damals schufen oder bewunderten.

Im Unterschied zu schriftlichen Quellen sind Kunstwerke oft schwerer zu entschlüsseln. Wie bei der Entschlüsselung eines Bildes (siehe S. 60) stellst du Fragen an das Kunstwerk.

Die Kunst der Griechen

Tempel und Statuen, bemalte Schalen und Vasen zeugen von dem großen handwerklichen und künstlerischen Können der Griechen. Heute noch beeindrucken uns die Genauigkeit und die Klarheit der Formen, mit denen die Griechen uns ihre Vorstellung von idealer Schönheit überliefert haben. Die Darstellungsweise der Kunstwerke veränderte sich im Laufe der Jahrhunderte. Kunsthistoriker teilen die griechische Kunst in folgende Epochen ein:

- Die geometrische Kunst (11.–8. Jahrhundert v. Chr.)
- Die archaische Kunst (8.–6. Jahrhundert v. Chr.)
- Die klassische Kunst (5.–4. Jahrhundert v. Chr.)
- Die hellenistische Kunst (4.–1. Jahrhundert v. Chr.)

M1 **Amphore (Aufbewahrungsgefäß).** Die Tonvase wurde 894 v. Chr. in einer Athener Werkstatt hergestellt.

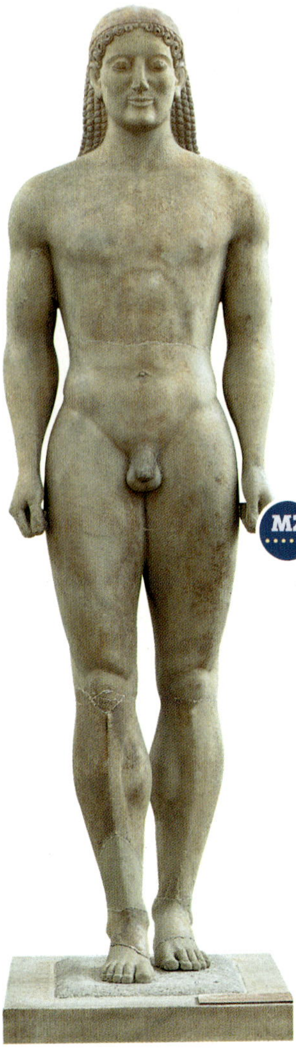

M2 **Attischer Jüngling („Kuros“),** Marmorstatue aus Attika, um 530 v. Chr. Mit diesen Statuen junger Männer („Kuroi“) schmückten die Griechen Heiligtümer und Tempel.

Auswertung von M1 in Stichworten

(Ziehe dabei die Arbeitsschritte S. 95 heran.)

a) Mit geometrischen Mustern verzierte Tonvase; im Bauchteil Darstellung von Soldaten auf Streitwagen, darunter Hopliten*.

b) Wirkt ruhig durch regelmäßiges Muster; warme Farben; Kriegsszene auf einer Vase ungewohnt.

c) Menschen und Pferde in einfachen Pinselstrichen gezeichnet, ungenaue Größenverhältnisse, Gesichter undeutlich; „Strichmännchen“.

d) 894 v. Chr., Töpferwerkstatt in Athen, Verzierung eines Gebrauchsgegenstandes.

e) Hopliten mit Schild, Speer, Helm, Beinschienen bewaffnet; im Kampf wurden Streitwagen eingesetzt.

Grabrelief einer Frau mit Dienerin, M3
Marmor, Athen, Anfang 4. Jh. v. Chr.
Die Verstorbene legt ihren Schmuck an, bevor sie sich auf den Weg in die Unterwelt („Hades") begibt. Weibliche Figuren wurden in der griechischen Kunst fast immer bekleidet dargestellt.

Arbeitsschritte **Entschlüsselung eines Kunstwerkes**

1. Schritt: Künstlerische Auswertung

a) Was ist dargestellt? Aus welchem Material wurde das Kunstwerk geschaffen?

b) Wie wirkt das Dargestellte auf mich? Warum gefällt es mir (nicht)? Was wirkt fremd, was kommt mir bekannt vor?

c) Wie bildet der Künstler die Personen ab? Achte auf Einzelheiten des menschlichen Körpers und der abgebildeten Gegenstände.

2. Schritt: Historische Auswertung

d) Wann, wo und für welchen Zweck ist das Kunstwerk entstanden? Beachte die Bildlegende.

e) Welche Informationen vermittelt das Dargestellte über den Alltag der damaligen Zeit? Beachte z. B. die Kleidung, Frisur und Einrichtungsgegenstände.

f) In welcher Beziehung stehen die dargestellten Personen zueinander? Durch die Anordnung (z. B. Streitwagen oben und Hopliten unten) könnte eine Rangordnung zum Ausdruck gebracht werden.

M4 **Faustkämpfer nach dem Sieg**, Bronzestatue, Rom, um 50 v. Chr.

1 Beschreibe die beiden Figuren M2 und M4 mithilfe der Arbeitsschritte (siehe oben). Erläutere die Unterschiede in der Darstellungsweise.

2 Prüfe bei allen Kunstwerken dieser Doppelseite, welche Informationen du über das Leben in Griechenland erhältst. Ordne sie anschließend den vier griechischen Kunstepochen zu.

3 Nicht nur Vasen und Statuen sind Kunstwerke. Suche in diesem Kapitel Abbildungen, von denen du meinst, dass sie Kunstwerke darstellen, und begründe deine Ansicht.

Lesetipp
Francesca Romei, Meisterwerke der Kunst. Bildhauerei, Nürnberg (Tessloff Verlag) 1998.
In diesem Bildband findest du Zeichnungen, Fotos und Texte über die Technik der Bildhauerei und die Kunststile von der Steinzeit bis heute.

Athen zur Zeit des Perikles

Demokratie in Athen

Athen verändert sich

Wir begleiten den 16-jährigen Kleon im Jahr 442 v. Chr. auf einem Spaziergang durch Athen: Von der Akropolis tönt Baulärm herüber. Am höchsten Ort der Stadt soll Athene ein prachtvoller Tempel errichtet werden. Denn ohne den Beistand der Schutzgöttin hätte der mutige Kampf der Griechen gegen die Perser keinen Erfolg gehabt. Kleon blickt über die Stadt: Unten auf der Agora herrscht geschäftiges Markttreiben. Seitdem Perikles in Athen das Sagen hat, verändert sich ständig etwas. Überall wird gebaut: Tempel, Wohnhäuser, Straßen ... Um Athens Zugang zum Meer zu schützen, ist die breite Straße zum Hafen Piräus gesichert worden. Die „Langen Mauern" sind jetzt schon berühmt in ganz Griechenland (siehe S. 102). Stolz hat Kleon neulich seinen Onkel aus Eretria dorthin geführt. Der hat aber nur laut geschimpft. Dass die Bauwerke Athens auf Kosten der Bundeskasse entstehen, findet er nicht in Ordnung. Die Polis Eretria zahle einen hohen Beitrag in die gemeinsame Kasse des Seebundes! Warum aber solle seine Heimatstadt für Athen in die Tasche greifen?

Die Pnyx

Im Südwesten liegt die Pnyx. Auf diesem in eine Felskuppe gehauenen Platz findet 40-mal im Jahr die Volksversammlung der Athener statt. Dicht gedrängt stehen dann die Männer zusammen. Gut, dass nie alle Mitglieder Zeit haben, an der Volksversammlung teilzunehmen. Denn über 20 000 Personen würden hier niemals Platz finden! Die Versammlung kann über alles abstimmen, auch über die kleinsten Dinge. Jeder Athener Bürger hat das Recht, auf der Pnyx zu reden. Tatsächlich aber gehört einiges dazu, eine Versammlung dieser Größe zu überzeugen. Nur die Männer mit genügend Bildung, Erfahrung und Redekunst bringen Anträge ein. Sie heißen Demagogen*. Perikles ist das beste Beispiel: Von seinen Auftritten auf der Pnyx spricht ganz Athen. Den armen Athenern, von denen viele als Ruderer den Sieg gegen die Perser errungen haben, hat er neulich noch mehr politische Rechte versprochen. Kein Wunder, dass gerade sie ihn zum Feldherrn gewählt haben.

Der Areopag

Nicht weit von der Pnyx liegt der Areopag*. Nach diesem Hügel wird auch der Rat genannt, der hier tagt. Früher war der Areopag das wichtigste Gericht und er kontrollierte die Beamten. Im Areopag saßen reiche Adlige, die vorher hohe Ämter in Athen innegehabt hatten. Seitdem haben sich die Zeiten aber geändert. Kleons Vater erzählt noch oft, welchen Aufruhr es 461 v. Chr. gab, als die Macht des Adelsrats endgültig gebrochen wurde. Damals war es Ephialtes und seinen Anhängern, den Theten, gelungen, die Volksversammlung auf ihre Seite zu bringen. Der Areopag hatte seitdem nur noch die Aufgabe, bei Mordfällen das Urteil über Leben und Tod zu sprechen (Blutgerichtsbarkeit). Sämtliche Regierungsaufgaben waren an den Rat der Fünfhundert und an die Volksversammlung gefallen. Seit dieser Zeit, so hatte der Vater erklärt, herrsche in Athen die Staatsform der Demokratie.

Der Rat der Fünfhundert

Am Rand der Agora kann Kleon die beiden viereckigen Gebäude erkennen, in denen die Ratsvorsitzenden tagen. Kleon erinnert sich noch gut an das Jahr, als sein Vater in den Rat der Fünfhundert gelost worden war. Er half dort, die Volksversammlungen vorzubereiten, und wachte mit anderen darüber, dass die Beamten Athens die Beschlüsse der Volksversammlung richtig ausführten. Für einen Monat führen 50 der Ratsmitglieder den Vorsitz im Rat der Fünfhundert*. Während dieser Zeit wohnen sie im Zentrum der Stadt. Kleon hatte nach der Schule immer den Umweg über die Agora gemacht, um einen Blick von seinem Vater zu erhaschen, wenn der zum Essen in den Rundbau hinüberging.

M1 **Die Agora**, Rekonstruktionszeichnung, 1999

Das Volksgericht

Voller Ehrfurcht blickt Kleon auf den ummauerten Platz, der neben der breiten Marktstraße liegt. Jeden Tag werden hier die Richter für die einzelnen Abteilungen des Volksgerichts ausgelost. So verhindern die Athener, dass Kläger oder Angeklagte die Richter vor dem Prozess bestechen können. Neuerdings werden die Richter und alle anderen Athener, die ein politisches Amt erhalten haben, aus der Staatskasse bezahlt. Schließlich sollen auch die ärmeren Bürger die Möglichkeit haben, ein politisches Amt zu übernehmen. Ohne die Bezahlung der so genannten Diäten könnten sie es sich nicht leisten, ihre Landwirtschaft oder ihren Handwerksbetrieb zu verlassen.

Politik kommt von Polis

Von dem Wort „Polis" ist das Wort „Politik" abgeleitet. Dieses Wort verwenden wir heute, wenn Menschen darüber verhandeln, welche Rechte und Pflichten sie als Bürger in ihrem Staat haben. Regierungen machen gemeinsam Politik, wenn ihre Staaten ein gutes Verhältnis zueinander haben. Das heißt, sie treffen gemeinsam Entscheidungen und beschließen Gesetze, an die sich alle halten sollen.

„Politik" kommt nicht ohne Grund von „Polis". In den Stadtstaaten Griechenlands stand immer eine Frage im Mittelpunkt: Wie kann das Zusammenleben der Bewohner am besten organisiert, die Macht am besten verteilt werden? Von den Athenern wissen wir, dass sie im Laufe der Jahrhunderte eine Ordnung fanden, in der viele der Polisbewohner zufrieden lebten. Das lag vor allem daran, dass sich die Athener, wenngleich nur die freien Männer, gleichberechtigt an den Entscheidungen der Polis beteiligen konnten und sich für die Geschicke ihres Stadtstaates verantwortlich fühlten. Diese Ordnung nannten die Griechen „Demokratie". Wenn heute viele Europäer behaupten, dass ihre Wurzeln im antiken Griechenland liegen, dann denken sie meistens an die demokratische Staatsform, die die Bürger der Polis Athen „erfunden" haben.

1 Kleon, der (erfundene) Jugendliche im Darstellungstext, spricht davon, dass sich in Athen viel verändert hat. Liste die Veränderungen auf.

Athen zur Zeit des Perikles

Perikles – eine Autorität im demokratischen Staat

Perikles (um 490–429 v. Chr.) war nach 460 v. Chr. ein führender Politiker in Athen. Von 443 bis 429 v. Chr. wurde er jedes Jahr erneut zum Strategen gewählt, also zu einem der zehn Beamten, die das Landheer und die Flotte Athens führten. Der attische Geschichtsschreiber Thukydides (um 460–400 v. Chr.) sagte, Athen sei in dieser Zeit nur dem Namen nach eine Demokratie gewesen, in Wirklichkeit habe der erste Mann (nämlich Perikles) geherrscht. Aber auch Perikles musste immer wieder die Volksversammlung für sich gewinnen.

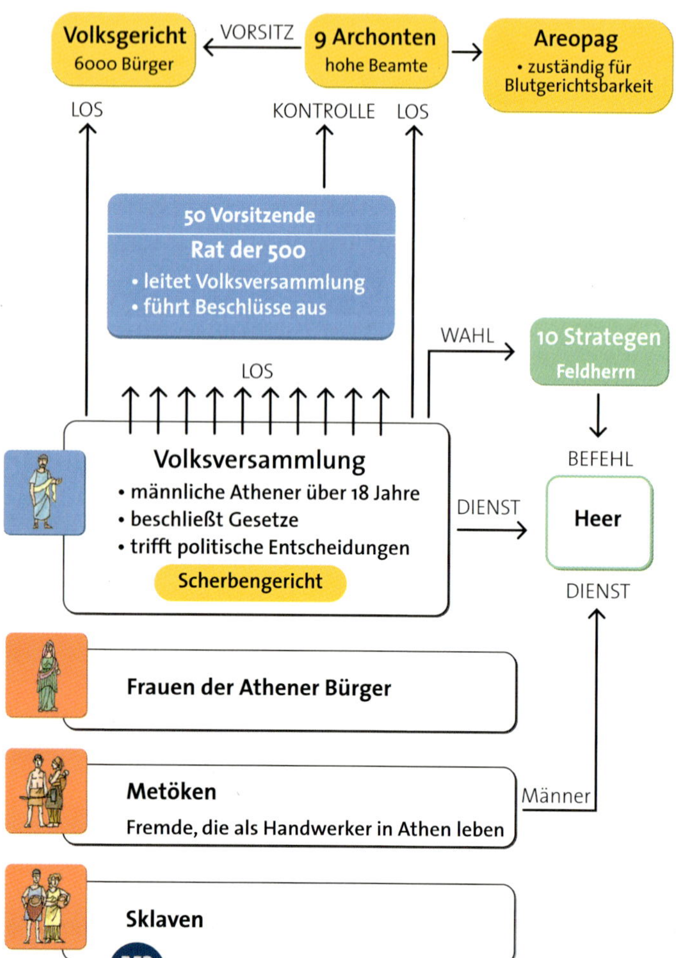

M3 Die Verfassung der attischen Demokratie nach 461 v. Chr.

M2 Ein Bauprogramm für Athen

Der griechische Schriftsteller Plutarch (um 45–120 n. Chr.) berichtete, dass der Politiker Perikles 450 v. Chr. ein großes Bauprogramm durchsetzte:

Perikles legte dem Volk großartige Pläne für Unternehmungen und Bauten vor, welche viele Handwerker für lange Zeit beschäftigen konnten. Auf diese Weise wollte er den Bürgern, die zu Hause blieben, genauso wie den Schiffsmannschaften ... und den Truppen im Felde die Möglichkeit bieten, aus dem Bundesschatz Nutzen und Vorteil zu ziehen. Vielerlei Materialien wurden benötigt, Steine, Erz, Elfenbein, Gold, Eben- und Zypressenholz, und zu ihrer Bearbeitung brauchte es mancherlei Handwerker, so Zimmerleute, Bildhauer, Kupferschmiede, Steinmetzen, Färber, Goldarbeiter, Elfenbeinschnitzer, Maler, Sticker, Graveure. Die Transporte zur See brachten den Reedern, den Matrosen und Steuerleuten Beschäftigung, diejenigen zu Lande den Wagenbauern, Pferdehaltern und Fuhrleuten, den Seilern, Leinewebern, Sattlern, Straßenbauern und Bergknappen.

Plutarch, Leben des Perikles, Kap. 12, übers. von Walter Wuhrmann, München (dtv) 1981, S. 310 f.

Grundwissen

Demokratie

Nach den griechischen Wörtern demos (= Volk) und kratein (= herrschen) Bezeichnung für eine Staatsform, in der das Volk über die Politik eines Staates entscheidet. In vielen griechischen Stadtstaaten nahmen alle männlichen Bürger an den Beratungen und Beschlüssen der Polis teil. In den meisten modernen demokratischen Staaten dagegen wählen alle erwachsenen Männer und Frauen ein Parlament, das ihre Interessen vertritt.

5. Jahrhundert v. Chr.: Blütezeit Athens

Die Ausformung der Demokratie machte Athen zu einem Staat, der auch für die modernen Staaten unserer Zeit als Vorbild dienen kann. Nicht umsonst stammen die Begriffe Politik (von Polis) und Demokratie aus dem Griechischen. Politik und Wirtschaft schufen beste Voraussetzungen für ein Staatswesen, das für viele Menschen beste Entfaltungsmöglichkeiten bot. In Kunst und Kultur, Staatslehre, Geschichtsschreibung und Philosophie wurden Werke hervorgebracht, die wir als „klassisch" bezeichnen.

M4 „Mit Recht hat das Volk mehr Macht“

Aus der Streitschrift eines Atheners, um 430 v. Chr.:

Mit Recht hat in Athen das Volk mehr Macht als die Adligen und mit Recht wird das Volk bevorzugt. Es sind nämlich die Steuerleute, die Kommandogeber der Ruderer auf den Schiffen, ihre Unterführer und die Schiffszimmerleute, die der Stadt ihre Machtstellung verschaffen, und weniger das schwer bewaffnete Fußvolk des Heeres und die Adligen. Deshalb ist es richtig, dass die Ämter allen offen stehen und dass jeder sich öffentlich zu Wort melden kann.

Pseudo-Xenophon, Vom Staat der Athener, 1–10. Übers. und bearb. d. Verf.

M5 Athen als Vorbild?

Es war in Athen üblich, die im Krieg Gefallenen öffentlich zu bestatten. Nach dem ersten Jahr des Peloponnesischen Krieges hielt Perikles die Lobrede auf die Toten, die Thukydides (um 460–400 v. Chr.) überlieferte:

Wer für sein Hauswesen sorgt, achtet auch auf das Wohl des Staates. Während er seiner eigenen Arbeit nachgeht, bedenkt er auch die öffentlichen Angelegenheiten. Wir nennen einen Bürger, der sich darum nicht kümmert, zwar nicht faul, aber unnütz. So erreichen wir die Fertigkeit, die Dinge zu beurteilen und durchzuführen. Die Aussprache darüber halten wir keineswegs für hinderlich oder unnötig; im Gegenteil: Es bringt Schaden, wenn man sich über Geplantes nicht unterhält und es nicht berät.

Thukydides, Geschichte des Peloponnesischen Krieges II 40, übertr. und überarb. von Josef Feix, München 1959, S. 45.

Politik in der Schule

Wesentliche Grundbedingungen der schulischen Arbeit sind in einem Gesetz geregelt, das von den gewählten Abgeordneten des Landtags beschlossen wurde (BayEUG: Bayerisches Erziehungs- und Unterrichtsgesetz). Daneben gibt es Schulordnungen.

Nicht alle Fragen werden durch diese Vorgaben geklärt; wichtige Angelegenheiten für die einzelne Schule können vor Ort entschieden werden, so z. B. die Frage von Klassenfahrten oder die Durchführung von Schulveranstaltungen.

Mehrere Gremien beraten und entscheiden darüber: das Schulforum, die Lehrerkonferenz, der Elternbeirat und die Schülermitverantwortung (SMV).

- Informiert euch, wie die einzelnen Gremien zusammengesetzt sind.
- Fragt bei der SMV nach, worin ihre Aufgaben bestehen.
- Diskutiert, warum eine aktive Mitarbeit in den einzelnen Gremien sinnvoll und notwendig ist.

2 Über die Baupolitik des Perikles waren sich die Zeitgenossen uneins. Stelle fest und begründe, welche Gruppe seine Politik unterstützte und wer dagegen war (Darstellungstext S. 96 f., M2).

3 Beschreibe das Schaubild M3:
a) Stelle fest, welche politischen Ämter es gab und wer sie erlangen konnte. Wo lag die eigentliche Macht?
b) Überlege, warum die Strategen gewählt und nicht ausgelost wurden.

4 Nimm zu der Behauptung in M4 Stellung, die Verfassung Athens würde die Armen und das Volk den Vornehmen und Reichen vorziehen.

5 Informiere dich anhand des Kastens S. 98 über Perikles' politische Stellung in Athen:
a) Erkläre mithilfe des Schaubildes M3, wie ein einzelner Politiker große Macht erringen konnte.
b) Auf welche Weise hätte die Athener Volksversammlung Perikles leicht entmachten können?

6 Gib den Inhalt von M5 mit deinen Worten wieder: Wie haben in den Augen von Perikles die Athener eine gute Staatsordnung gefunden?

7 Erkläre mit deinen Worten, was das Wort „Politik“ bedeutet. Nenne Beispiele für Politik aus deiner Umgebung (Schule, Gemeinde, Stadt).

Die Griechen deuten ihre Welt

Theater in Athen – eine spielerische Welterfahrung

Athen ist der Geburtsort des Theaters. Jedes Jahr im Frühling fanden Theateraufführungen statt zu Ehren von Dionysos, dem Gott des Weines und der Lebensfreude. Es war Fest und Wettkampf zugleich.
Die Bühnenschriftsteller wetteiferten um die Ehre des Gottes. Die extra für dieses Fest geschriebenen Stücke wurden von Preisrichtern und dem Publikum bewertet. Der siegreiche Schriftsteller bekam den Ehrenkranz aus Efeu und wurde in ganz Griechenland berühmt.
Tragödien* handeln davon, dass die Menschen gegen ihre eigenen und gegen göttliche Gesetze verstoßen. Das endet mit furchtbaren Strafen. Die Zuschauer fühlten Furcht und Mitleid. Sie sollten aus dem Stück lernen und gute Menschen werden. Die bekanntesten Tragödien stammen von Aischylos, Sophokles und Euripides.
Komödien* sind lustige Stücke. Meistens greift der Dichter ein aktuelles Problem aus dem Alltag der Zuschauer auf. In lustiger Weise werden die Mächtigen kritisiert und auch lächerlich gemacht. Im demokratischen Athen war das erlaubt. Die bekanntesten Komödien hat Aristophanes geschrieben.
Die Schauspieler trugen Masken. Sie drückten die verschiedenen „Seelenzustände" in ihrer Rolle aus. Übrigens: Die Schauspieler waren ausschließlich Männer, auch für die Frauenrollen. Fast immer fand sich ein reicher Bürger, der die Kosten für die Schauspieler und die Kostüme übernahm. Die Zuschauer kamen aus allen Bevölkerungsgruppen.

Wer findet die Weisheit und die Wahrheit?

Das griechische Theater sollte den Menschen helfen, sich selbst und die Welt besser zu verstehen. Auf andere Weise versuchten auch die Philosophen das menschliche Leben und die Beschaffenheit der Welt zu ergründen. Sie gaben sich nicht mehr mit den Göttern als „Ursprung" der Menschen und Dinge zufrieden, sondern suchten nach Erklärungen, Regeln und Gesetzen. Der Grieche Anaxagoras zum Beispiel erklärte Naturerscheinungen wie Gewitter oder Erdbeben nicht mehr durch die Taten von Göttern, sondern er suchte die Begründung in der Natur selbst. Viele unserer Wissenschaftler greifen auf Erkenntnisse zurück, die von den griechischen Philosophen stammen.

Philosophie – Streben nach Weisheit

Griechische Philosophen (= griech. Weisheitsliebende oder Weisheitssuchende) versuchten seit dem 6. Jahrhundert v. Chr. die Entstehung der Welt und die Ursachen der Naturerscheinungen mit der Vernunft und nicht länger mit dem Willen der Götter zu erklären. Seit dem 5. Jahrhundert v. Chr. rückte der Mensch zunehmend in den Mittelpunkt der Philosophie*. Berühmte Philosophen wie Sokrates, Platon und Aristoteles stellten Fragen nach dem Sinn des Lebens, nach Gut und Böse und nach der Wahrheit. Sie stellten praktische Regeln auf, nach denen die Menschen am besten leben sollten.

M1 **Das Dionysostheater** (vom Südabhang der Athener Akropolis aus gesehen), Foto, 1979. Die ersten Teile des Gebäudes entstanden 400 v. Chr. Vollendet wurde es um 330 v. Chr. Es fasste 17 000 Zuschauer.

M2 Wie sich drei griechische Philosophen vielleicht vorgestellt hätten

Sokrates (470–399 v. Chr.):

2A „Ich weiß, dass ich nichts weiß." Das ist mein Leitgedanke für meine philosophische Arbeit. Ich beschäftige mich vor allem mit der Frage, was „richtiges" und was „falsches" Handeln ist.
Mit meinen Reden errege ich in der Öffentlichkeit viel Aufmerksamkeit. Man wirft mir vor, die Jugend verführt und zum Aufruhr überredet zu haben. Nun bin ich deshalb zum Tode verurteilt worden. Obwohl ich fliehen könnte, werde ich den Becher mit dem Gift der Schierlingspflanze trinken.

Verfassertext

Platon (427–347 v. Chr.):

2B Ich war einer der Schüler von Sokrates und habe die Gespräche und Gedanken meines Lehrers aufgezeichnet. Ich reise gerne. Außerdem befasse ich mich mit der Frage, welcher Staat für die Menschen am besten ist. Ich bin überzeugt, dass es irgendwann einmal die ideale Polis geben wird.

Verfassertext

Aristoteles (384–322 v. Chr.):

2C Ich war Platons Schüler und habe nach seinem Tod in Athen eine Schule und eine Bibliothek gegründet. Nach meiner Auffassung brauchen wir einen Ort, wo das ganze Wissen unserer Zeit zusammengefasst wird. Alle Dinge müssen wir genau beobachten, wenn wir herausfinden wollen, wie sie funktionieren. Außerdem beschäftige ich mich mit den Gesetzen, nach denen unser Denken funktioniert.

Verfassertext

M3 Griechische Theaterszene, Vasenmalerei, 4. Jh. v. Chr.

Grundwissen

Antike

Mit dem Ausdruck Antike bezeichnet man allgemein die politische Geschichte des klassischen Altertums. Damit werden aber nicht nur die besonderen Ereignisse der griechischen (und römischen) Geschichte angesprochen, sondern auch die hervorragenden kulturellen Leistungen dieser Völker, wie z. B. deren Literatur und Philosophie, die bis in unsere Gegenwart herein wirken.

1 Stelle zusammen, was im Darstellungstext über Ursprung und Bedeutung des Theaters sowie über die Gattungen Tragödie und Komödie ausgesagt wird.

2 Beschreibe Abbildung M1 und vergleiche das Dionysostheater mit einem modernen Theaterbau.

3 Erkläre, was auf der Abbildung M3 zu sehen ist. Nimm den Darstellungstext zu Hilfe.

4 Notiere die „Leitgedanken" der Philosophen (M2).

5 Informiere dich in Lexika über weitere griechische Dichter, z. B. über Aischylos, Sophokles und Euripides, und berichte in deiner Klasse darüber.

Wirtschaft und Arbeit in Athen

Attika – ein neues Handelszentrum

„Brauchen wir in Athen so viele ausländische Waren?" So könnte ein Gespräch zwischen zwei Athenern beginnen, die sich den Hafenbetrieb in Piräus anschauen. Wir befinden uns etwa im Jahre 430 v. Chr. In Attika leben zirka 300 000 Menschen. Sie müssen versorgt werden – vor allem mit Getreide, denn das in Attika angebaute Getreide reicht bei weitem nicht mehr für die ganze Bevölkerung aus. Das Gleiche gilt auch für andere Waren, die in Athen begehrt sind. So treffen im Hafen von Piräus täglich Handelsschiffe ein, die mit Waren angefüllt sind. Diese Segelschiffe können 30 bis 100 Tonnen Ladung transportieren. Bevor die Ware in Athen verkauft wird, stellen athenische Beamte fest, wie viel Zoll die Händler in die Stadtkasse zahlen müssen. Schon bald verlassen die Schiffe Athen wieder, um nach einigen Tagen andere Städte zu erreichen. Von Piräus nach Rhodos zum Beispiel brauchen sie etwa 3 1/2 Tage, zur Küste Nordafrikas über 7 Tage. Die entleerten Schiffsbäuche wurden vorher gut mit Waren gefüllt, denn die Handwerker Athens produzieren viele Produkte für den Export*, das heißt, ihre Produkte werden in andere Städte und Länder verkauft. Für die Athener sind die Exportwaren lebenswichtig – schließlich braucht die Bevölkerung das Geld, um den Import*, die eingeführten Waren, zu bezahlen.

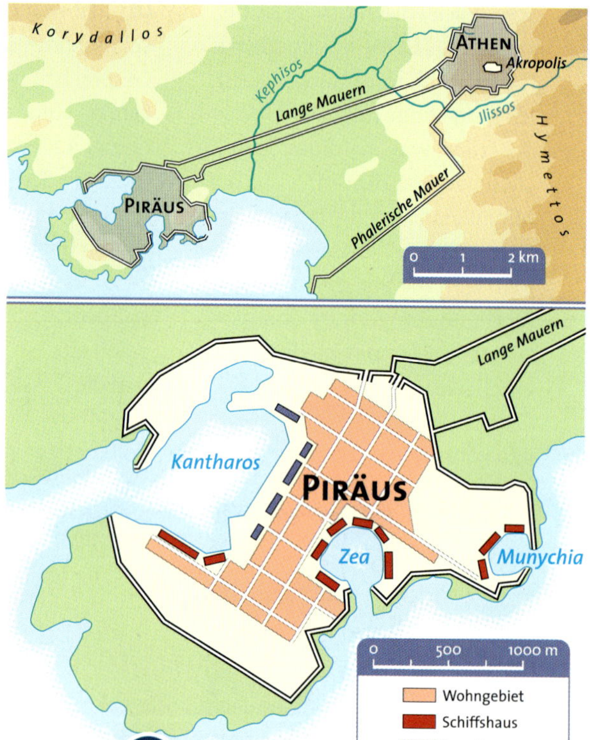

M1 Athen und Piräus im 5. Jh. v. Chr.
Insgesamt konnten im Hafen von Piräus etwa 400 Schiffe liegen. Er war ummauert und durch die „Langen Mauern" mit der Stadt Athen verbunden.

M2 Händler beim Abwiegen von Ware, Vasenmalerei, um 550 v. Chr. Helfer unterstützen den Händler.

M3 Importhandel Athens im 5. Jahrhundert v. Chr.

Griechische Produkte – eine Erkundung

Erkunde, welche Produkte aus Griechenland bei uns im Handel sind. Frage zu Hause nach oder achte beim Einkauf im Supermarkt darauf. Finde auch heraus, ob es ein griechisches Geschäft in deiner Nähe gibt, und besuche es. Lege eine Liste der Produkte an und berichte in der Klasse.

M4 Athen – nur eine Handelsmacht?

Ein Athener Gelehrter schrieb um 430 v. Chr.:

Nur die Athener können über die Erzeugnisse aller Griechen und Barbaren verfügen. Wie will eine andere Stadt ihre Überschüsse an Schiffsholz, Eisen, Kupfer und Flachs ausführen, ohne dass das seebeherrschende Athen zustimmt oder die Waren abnimmt? Würde sie gegen den Willen Athens Waren verfrachten, würde ihr die herrschende Seemacht die Handelswege abschneiden. Außerdem trifft eine Missernte die Seemacht weniger als die Landmacht. Denn da Missernten nicht überall gleichzeitig auftreten, kann die herrschende Seemacht immer noch Ernteerzeugnisse aus Überschussländern einführen.

Pseudo-Xenophon 1, 11–14. Übers. und bearb. d. Verf.

1 Begründe, warum Athen auf Importe angewiesen war. Denke auch an die Landschaft Attikas.

2 Beschreibe die Lage von Athen und Piräus. Erläutere anhand von M1, wie Stadt und Hafen gesichert waren.

3 Zeichne eine Tabelle mit den Spalten „Ware“ und „Herkunftsland“ und fülle sie mithilfe von M3 aus. Erläutere die Verwendung der Produkte.

4 Erarbeite anhand von M4 die Bedeutung Athens als Handels- und Seemacht.

5 Begründe, wie Handel und militärische Macht zusammenhingen.

Handwerker in Athen

Handwerker – am Rande der Gesellschaft?

Die Waren, die die Athener für sich selbst und den Export benötigten, stellten die Handwerker aus Attika her. Besonders bekannt waren die Athener Töpfer aus dem Handwerkerviertel Kerameikos. Sie lieferten ihre Tongefäße in alle griechischen Kolonien.

Die meisten Handwerker gehörten zu der Bevölkerungsgruppe der Metöken*. Metöken waren zugezogene Griechen. Sie leisteten Militärdienst, hatten aber keine politischen Rechte wie die Bürger (siehe S. 98). Im Gegensatz zu den Bürgern Athens mussten sie Steuern zahlen. Da Metöken kein Land besitzen durften, wohnten sie in der Stadt in einfachen Häusern. Ein Metöke, der eine Werkstatt leitete, stellte in der Regel mehrere Sklaven ein, die für ihn die Arbeit erledigten. In größeren Werkstätten konnten über 100 Sklaven beschäftigt sein. Im griechischen Handwerk gab es bereits eine ausgeprägte Arbeitsteilung.

M2 **Werkstatt eines Schuhmachers,** Vasenmalerei, um 640 v. Chr.

M3 **Töpferwerkstatt,** Vasenmalerei, 5. Jh. v. Chr.

M1 Das Ansehen der Handwerker

Über die handwerkliche Arbeit schrieb der athenische Bürger Xenophon (um 425–355 v. Chr.):

Die so genannten Handwerke … genießen mit Recht in den Städten keine besondere Achtung. Denn sie zerrütten den Arbeitern … die Körper, indem sie dieselben zum Sitzen und zum Stubenluftschlucken nötigen. Wenn aber die Körper gebrechlich werden, erleiden auch die Seelen eine bedeutende Abschwächung. Auch gewähren die so genannten Handwerke meistenteils keine Muße, … [so]dass Menschen aus solchen Schichten teils für den geselligen Umgang, teils als Kämpfer fürs Vaterland untauglich erscheinen.

Xenophon, Ökonomikus 4, 2–3. Zit. nach Rolf Rilinger (Hg.), Leben im antiken Griechenland, 1. Aufl., München (Piper) 1990, S. 449.

M4 **In einer Waffenschmiede,** Vasenmalerei, 5. Jh. v. Chr.

1 Beschreibe anhand von M2, M3 und M4 die Arbeit in den Werkstätten (Werkzeuge, Personen, Tätigkeiten).

2 Erarbeite anhand von M1, wie der Autor die Handwerksarbeit beschreibt. Überlege: Welche Einstellung zu den Metöken und Sklaven wird daraus erkennbar?

3 Erläutere, welche Bedeutung den Handwerkern für die gesamte Wirtschaft und die Handelsbeziehungen zukam. Berücksichtige dabei M3, S. 103.

Sklaven in Athen

Der Alltag der Sklaven

Neben den attischen Bürgern hatten die Sklaven den zahlenmäßig größten Anteil an der Gesamtbevölkerung. Zur Zeit des Perikles lebten ungefähr 100 000 Sklavinnen und Sklaven mit ihren Kindern in Attika. Die Sklaven waren Kriegsgefangene oder wurden von fremden Herrschern als Handelsware aus Syrien, Lydien oder Thrakien an Athen verkauft. Die meisten Athener Familien besaßen Sklaven. Sie wurden fast überall zur Arbeit eingesetzt: in der Landwirtschaft, auf Baustellen, im Haus als Erzieher oder Köchinnen. Einige von ihnen hatten auch öffentliche Aufgaben. Aus Quellen wissen wir, dass Sklaven zum Beispiel als Polizisten tätig waren. Ein hartes Los hatten die Sklaven, die in den Silberbergwerken von Laurion arbeiten mussten. Für Athen war der Silberabbau eine wichtige Einnahmequelle. Daher arbeiteten teilweise bis zu 30 000 Sklaven in den engen Bergwerksschächten, unter ihnen waren viele Kinder. Die Bergarbeiter wühlten sich durch die oft nur 90 cm hohen Gänge tief in die Berge hinein.

M1 **Abbau von Tonerde,** Tontäfelchen aus Korinth, 6. Jh. v. Chr. Der Ton für die zahlreichen Vasen, Amphoren, Krüge oder Teller Attikas wurde von Sklaven in Tongruben abgebaut.

M2 Sklavenmarkt in Piräus

So könnte, nach den Quellen, für den Verkauf von Sklavinnen und Sklaven geworben worden sein:

- Gesunder junger Mann, um 20, für Schwerarbeit geeignet, 160 Drachmen
- Junge Frau, gute Weberin, 30 Jahre, 120 Drachmen
- Hausdiener, 35, sehr erfahren, schreib- und rechenkundig, 200 Drachmen
- Bergbaufachmann, Spezialist, 6000 Drachmen

[Zum Vergleich: Der Handwerkerlohn betrug im Durchschnitt 15 Drachmen pro Monat.]

Verfassertext

M3 Ein Gesetz über Sklavinnen und Sklaven

Der Athener Platon (427–347 v. Chr.) schrieb:

Wenn ein Sklave oder eine Sklavin irgendetwas von fremdem Eigentum beschädigt, ohne dass der Geschädigte … daran mitschuldig geworden ist, so soll der Herr des Schädigers entweder den Schaden ohne Rest ersetzen oder den Schädiger selbst ausliefern … Und wenn ein Zugtier oder ein Pferd oder ein Hund oder sonst ein Haustier etwas vom Besitz des Nachbarn beschädigt, soll der Besitzer in gleicher Weise den Schaden ersetzen.

Platon, Gesetze XI 936 c–e. Zit. nach Rolf Rilinger (Hg.), Leben im antiken Griechenland, 1. Aufl., München (Piper) 1990, S. 290.

Grundwissen

Sklaventum

Nach griechischem Recht waren Sklaven eine „Sache", über die ihr Besitzer frei verfügen konnte. Sie wurden als Kriegsgefangene in das Land gebracht und konnten gekauft werden (Sklavenmarkt). Meist wurden sie in besonders belastenden Arbeitsbereichen eingesetzt. Ihre Kinder erwartete dasselbe Schicksal.

1 Trage zusammen, was du in diesem Kapitel über die Sklaven in Griechenland erfahren hast.

2 Nenne mithilfe von M1, M2 und M4 die Tätigkeitsfelder, in denen Sklaven arbeiteten.

3 Erarbeite aus M2 und M3 Merkmale der rechtlichen Stellung und des Alltagslebens der Sklaven.

M4 **Sklaven bei der Olivenernte,** attischer Krug, 6. Jh. v. Chr.

Männer, Frauen und Kinder in Athen

Was heißt hier „gleichberechtigt“?

„Männer und Frauen sind gleichberechtigt.“ So heißt es im Grundgesetz der Bundesrepublik Deutschland. Wie stand es damit im antiken Athen? Die Athener hatten die Demokratie eingeführt, weil möglichst viele Bürger gleiche politische Rechte haben sollten. Dennoch hatten sie die Frauen aus der Volksversammlung und von Ämtern ausgeschlossen. Demokratie bedeutete also für die Athener eine Gleichstellung aller Bürger, die Herren in einem eigenen Hausstand waren.

Frauen in der Öffentlichkeit

Selbstverständlich gab es in Athen auch Frauen, die außerhalb des Hauses arbeiteten und anzutreffen waren. Dies war zwar nicht sehr geachtet, weil – so ist aus der zeitgenössischen Literatur zu erkennen – Frauen allgemein als sittlich und politisch gefährlich für die Gemeinschaft galten, aber viele Frauen waren darauf angewiesen: Sklavinnen beispielsweise führten Dienste für ihre Herrinnen aus, Metökenfrauen arbeiteten als Bäuerinnen, Marktfrauen, Wäscherinnen usw., um ihre Familien zu ernähren, Hetären* bestritten ihren Lebensunterhalt dadurch, dass sie bei Festen, Gelagen und auf der Agora ihre Dienste anboten.

Die Ausbildung der Jungen und Mädchen

Die Ausbildung von Mädchen und Jungen unterschied sich zumindest ab dem Alter von 6 Jahren erheblich: Die Söhne der Athener Bürger wurden bis zum Alter von 13 Jahren von Pädagogen in Lesen, Schreiben, Musik und Sport unterrichtet. Sie begleiteten außerdem den Vater zu den öffentlichen Plätzen der Stadt und trieben viel Sport. Mit 18 Jahren erhielten die Athener Männer das Recht, an der Volksversammlung teilzunehmen. Zwischen 18 und 20 Jahren absolvierten sie als „Epheben“ ihren militärischen Dienst, der auch Aufgaben bei religiösen Festen einschloss. Dieser Weg führte sie in die Gesellschaft der erwachsenen Männer, deren oberstes Ziel es war, für den Schutz, das Ansehen und Fortbestehen Athens und seiner Familien zu sorgen.

Die Mädchen erfuhren keine öffentliche Ausbildung. Ihnen wurden einige grundlegende Kenntnisse im Lesen und Schreiben vermittelt, ansonsten wurden sie von der Mutter bzw. den im Haus tätigen Frauen auf die Aufgaben im eigenen Haushalt vorbereitet: Gebären, Erziehen der Kinder und Hauswirtschaften. Rechtlich blieben sie auch als Erwachsene unter der Vormundschaft des Vaters oder des Ehemanns. Allerdings heißt das nicht, dass es Mädchen und Frauen prinzipiell untersagt war, sich außerhalb des Hauses zu bewegen. So waren gerade die zahlreichen religiösen Feste weiblicher Gottheiten beliebte Gelegenheiten, sich zu treffen.

M1 **Frauen zu Hause beim Spinnen,** Vasenmalerei, um 500 v. Chr.

M2 Der Ehevertrag

Die Historikerin Ruth Röwer-Döhl erläuterte 1989 die rechtlichen Grundlagen einer Ehe in Athen:

Entscheidende Gesichtspunkte bei der Brautwahl waren der gesellschaftliche Stand der Familie und die Vermögensverhältnisse der Brauteltern. Gesetzlich geregelt war, dass nur eine Ehe zwischen attischen Vollbürgern legitim[1] war, nur deren Kinder wieder legitime Vollbürger werden konnten. Die rechtsgültige Ehe setzte die feierliche Absprache zwischen dem Bräutigam und den männlichen Rechtsvertretern der Braut voraus. Bestandteil des Ehevertrages war auch die Festsetzung der Mitgift. Sollte die Ehe später einmal geschieden werden, musste der Ehemann die Frau mit ihrer Aussteuer wieder in ihre alte Familie entlassen ... Für die Auflösung des Zusammenlebens gab es vornehmlich drei Gründe:
– wenn die Frau das Haus ihres Mannes verließ mit der Absicht, es nie wieder zu betreten;
– wenn der Mann seine Frau in ihr Elternhaus zurückschickte (Kinder blieben in beiden Fällen beim Vater, nur zu dessen Familie gehörten sie!);
– wenn der Vater oder eine andere vom Gesetz ermächtigte Person die Frau zwang, sich von ihrem gegenwärtigen Gatten zu trennen[2] ...
Das Gericht sprach die Frau demjenigen Anwärter zu, der ihr nächster Verwandter war (also auch dem Onkel).

Ruth Röwer-Döhl, Die Frau im antiken Griechenland. In: Waren sie nur schön?, hg. v. Bettina Schmitz und Ute Steffgen, Mainz (Philipp von Zabern) 1989, S. 190f.

1 nach dem Gesetz gültig, anerkannt
2 Das war z. B. der Fall, wenn der Vater keinen Sohn hatte und dadurch der Erhalt des Familienvermögens gefährdet war, weil Töchter kein Testament machen durften.

1 Erschließe – ausgehend von M1 und dem Darstellungstext –, welche Arbeiten von den Frauen im antiken Athen zu erledigen waren.
2 Zeige anhand von M2, dass die Hochzeit einer Tochter eine Familienangelegenheit war, die zum Vorteil der Familie geplant und verhandelt wurde.
3 Beschreibe genau die Szene, die in M3 dargestellt wird. Überlege, was die einzelnen Motive und der gesamte Vorgang bedeuten könnten.
4 Der griechische Geschichtsschreiber Herodot urteilte nach seiner Reise durch Ägypten, wo er Frauen Handel treiben und Männer zu Hause weben gesehen hatte, die Welt stehe hier auf dem Kopf. Welche Haltung wollte er damit zum Ausdruck bringen?

M3 **Hochzeitsszene**, Vasenmalerei, um 425 v. Chr.
Der Bräutigam führt die Braut in das Haus seiner Eltern. Seine Mutter (rechts) erwartet das Paar mit Fackeln. Links ist eine Begleiterin der Braut zu sehen.

Sparta – eine Polis, anders als die anderen?

Eroberung statt Kolonisation

Im Süden der Halbinsel Peloponnes lag die Landschaft Lakonien. Dort hatte um 900 v. Chr. der griechische Stamm der Dorier das Land unterworfen und die verstreuten Siedlungen zur Polis Sparta zusammengefasst. Sparta war im Westen und Osten von hohen Gebirgsketten umschlossen, aus denen zahlreiche Flüsse und Bäche herabflossen und die Ebene zu einem fruchtbaren Landstrich machten. Die Bevölkerung Spartas wuchs schnell und Lakonien wurde zu klein für alle. Im Gegensatz zu anderen Stadtstaaten entschlossen sich die Spartaner aber nicht dazu, Kolonien zu gründen. Sie dehnten ihren Machtbereich durch kriegerische Eroberungszüge auf der Halbinsel aus.

M1 **Die Landschaft Lakonien,** Foto, 1990.
Im Vordergrund sind Reste eines Apollotempels zu sehen.

Spartiaten, Heloten und Periöken

Die Bürger der Polis Sparta nannten sich Spartiaten*. Sie hatten nach der Eroberung Lakoniens und der sich im Westen anschließenden Landschaft Messenien zusätzliche Gebiete erhalten. Obwohl die Spartiaten einen großen Teil des Bodens besaßen, arbeiteten sie nicht in der Landwirtschaft. Auch Handel zu treiben war ihnen verboten. Sie sollten sich ganz und gar dem Kriegsdienst widmen.

Das Schicksal der Menschen in den eroberten Gebieten war hart: Sie verloren ihr Land und ihre Freiheit. Sie wurden zu Heloten*, das heißt Sklaven, die von den spartanischen Eroberern zur Feld- und Hausarbeit gezwungen wurden.

Die Menschen, die das Umland Spartas in der Ebene Lakonien und dem eroberten Messenien bewohnten, hießen Periöken*. Das bedeutet auf Griechisch „Umwohnende". Sie siedelten als freie Bauern auf dem geringerwertigen Land oder arbeiteten als Handwerker und Händler für die Spartiaten.

Bereits die Kinder der Spartiaten wurden einer strengen körperlichen Ausbildung unterzogen. Die Männer lebten in Zeltlagern und bildeten Gruppen, die ihre Zeit mit sportlichem und militärischem Training verbrachten. Erst ab dem 30. Lebensjahr durften die Spartiaten wieder in ihren Häusern wohnen. Sie nahmen jedoch weiterhin ihre Mahlzeiten außerhalb des Hauses in Tischgemeinschaften ein. Die Gruppen, die in Friedenszeiten zusammen trainierten und aßen, stellten im Krieg gemeinsam eine Phalanx.

M2 **Die Bevölkerung Spartas**
Ungefähre Angaben für das frühe 5. Jahrhundert v. Chr.:

Spartiaten (Bürger)	ca. 9000
Periöken	ca. 40 000 – 60 000
Heloten	ca. 140 000 – 200 000

Zusammengestellt nach Jochen Martin/Norbert Zwölfer (Hg.), Geschichtsbuch N. A., Bd. 1, Berlin (Cornelsen) 1992, S. 79.

M3 Der Lebensweg der Jungen in Sparta

Der folgende Text stammt aus einer Lebensbeschreibung über den spartanischen König Lykurgos (7. Jh. v. Chr.), die der griechische Schriftsteller Plutarch (um 45–120 n. Chr.) verfasst hat.

Das zur Welt Gekommene aufzuziehen unterlag nicht der Entscheidung des Erzeugers, sondern er hatte es an einen Ort zu bringen, wo die Ältesten … das Kind untersuchten und, wenn es wohl gebaut und kräftig war, seine Aufzucht anordneten …; war es aber schwächlich und missgestaltet, so ließen sie es zu … einem Felsabgrund am [Gebirge] Taygetos [bringen]. Denn sie meinten, für ein Wesen, das von Anfang an nicht fähig sei, gesund und kräftig heranzuwachsen, sei es besser, nicht zu leben, sowohl um seiner selbst wie um des Staates willen … Die Knaben der Spartaner aber [nahm] Lykurgos … selbst alle, sobald sie sieben Jahre alt waren, zu sich und teilte sie in „Horden", in denen sie miteinander aufwuchsen, erzogen und gewöhnt wurden, beim Spiel wie bei ernster Beschäftigung immer beisammen zu sein. Als Führer der „Horde" wählten sie sich denjenigen, der sich durch Klugheit und Kampfesmut auszeichnete. Auf ihn blickten sie, hörten auf seine Befehle und unterwarfen sich seinen Strafen, so dass die Erziehung wesentlich in der Übung im Gehorsam bestand … Lesen und Schreiben lernten sie nur so viel, wie sie brauchten; die ganze übrige Erziehung war darauf gerichtet, dass sie pünktlich gehorchen, Strapazen ertragen und im Kampfe siegen lernten … Sobald sie zwölf Jahre alt waren, gingen sie stets ohne Unterkleidung, bekamen nur einen Mantel aufs Jahr … und durften weder baden noch sich salben … Sie schliefen zusammen in Gruppen …

Die Zucht erstreckte sich bis auf die Erwachsenen. Keinem stand es frei, zu leben, wie er wollte, sondern sie lebten … nach strengen Vorschriften für all ihr Verhalten und ihre Beschäftigung in der Öffentlichkeit, und überhaupt glaubten sie, nicht sich, sondern dem Vaterlande zu gehören.

Plutarch, Lykurgos 15–24. Zit. nach Geschichte in Quellen, bearb. von Walter Arend, Bd. 1, 3. Aufl., München (bsv), S. 143 f.

1 Beschreibe M1 und erläutere, welche Siedlungsbedingungen die lakonische Landschaft bot.

2 Erarbeite, wie Sparta auf den Bevölkerungsanstieg reagierte. Vergleiche mit anderen Poleis.

3 Werte M2 aus und ziehe Rückschlüsse auf das Zusammenleben der Bevölkerungsgruppen. Ziehe den Darstellungstext heran.

4 Beschreibe die Ausrüstung der Hopliten (M4) und begründe den Erfolg dieser Anordnung.

5 Fasse die Gründe zusammen, die den Kriegsdienst für Sparta unentbehrlich machten. Ziehe M1 heran.

6 Lies dir M3 aufmerksam durch und fasse die Erziehungsziele in einer Tabelle zusammen.

7 „Sie gehörten dem Vaterlande und nicht sich selbst", schrieb Plutarch. Diskutiert, welche Folgen sich für den Einzelnen daraus ergaben.

8 Wiederhole: Spartiaten, Heloten, Periöken.

M4 Eine Phalanx spartanischer Hopliten, Vasenmalerei, um 640 v. Chr. Flötenspiel und Schlachtgesang begleiteten die Soldaten in den Kampf.

Hellenismus – die Welt wird griechisch

Alexander – ein Weltherrscher?

Alexander wird König, Pharao

Die Makedonier waren ein kleiner Volksstamm im Norden Griechenlands. Ihr König Philipp II. (359–336 v. Chr.) hatte nach mehreren Kriegszügen die griechischen Stadtstaaten 338 v. Chr. unterworfen und Griechenland unter seiner Führung neu geordnet. Athen, Sparta und alle anderen Poleis waren nun Teil einer Monarchie geworden und hatten ihre politische Unabhängigkeit verloren. Seinen Sohn Alexander ließ Philipp von dem griechischen Philosophen Aristoteles erziehen. Aristoteles weckte in Alexander eine große Bewunderung für die griechischen Helden Achilleus und Herakles. Diesen wollte der Königssohn es gleichtun. Nachdem Philipp 336 v. Chr. bei einem Attentat getötet worden war, bestieg der 20-jährige Alexander den Königsthron. Zwei Jahre später begann Alexander einen Feldzug gegen das Perserreich. Viele griechische Städte sandten Soldaten zu seiner Unterstützung. Mit 32 000 Fußsoldaten und 15 500 Reitern setzte er nach Asien über. In zwei großen Schlachten am Fluss Granikos und bei Issos (333 v. Chr.) siegte Alexander über das zahlenmäßig überlegene Heer der Perser. Danach besetzte Alexander Ägypten. Die Ägypter begrüßten ihn als Befreier von der persischen Herrschaft und krönten ihn zum Pharao.

... und persischer Großkönig

Im Kampf gegen den Perserkönig Dareios fiel die Entscheidung bei Gaugamela 331 v. Chr. Babylon unterwarf sich ihm ohne Widerstand und in der Hauptstadt des Persischen Reiches, in Susa, bestieg Alexander den Thron der persischen Großkönige. Obwohl Alexander – angeblich aus Rache für die Zerstörung der Akropolis 480 v. Chr. durch die Perser – den Palast des Xerxes in Persepolis niederbrennen ließ, ging es ihm nicht um die Zerstörung des Persischen Reiches. Im Gegenteil: Da Alexander fast die gesamte damals bekannte Welt beherrschte, fühlte er sich als Nachfolger des persischen Königshauses und erwartete die gleiche Verehrung, die die Völker des Persischen Reiches ihrem Großkönig entgegengebracht hatten.

Er kleidete sich jetzt häufig wie ein persischer Großkönig und trug dessen Kopfbedeckung, eine mit Edelsteinen besetzte „Tiara". Am königlichen Hof führte Alexander die persische Art der Verbeugung („Proskynese") ein.

Die Soldaten, die in die persische Hauptstadt eingezogen waren, reagierten auf das Verhalten Alexanders unterschiedlich. Während den asiatischen Völkern dieses Ritual vertraut war, fanden es die Griechen und Makedonier erniedrigend.

M1 **Alexandermosaik**, Pompeji, um 70 v. Chr. Das Fußbodenmosaik ist die Kopie eines hellenistischen Gemäldes. Es zeigt den entscheidenden Moment einer Schlacht zwischen Alexander (links) und Dareios (rechts). Alexander trifft auf das Zentrum des Perserheeres, Dareios auf dem Streitwagen beginnt seine Flucht.

Herrschen bis an das Ende der Welt?

Alexander wusste aus Berichten, dass hinter den Grenzen seines Reiches, am Fluss Ganges, der indische König Poros herrschte. Auch dieses Gebiet, das sich am Rande der den Griechen bekannten Welt befand, wollte Alexander erobern. Obwohl sie ihren König wie einen Gott verehrten, verweigerten seine Soldaten ihm jetzt den Gehorsam. Sie lebten seit Jahren fern von ihrer Heimat und hatten alle Kämpfe und Strapazen auf sich genommen. Alexander musste umkehren. Auf neu gebauten Schiffen fuhr er den Indus hinab bis zum Indischen Ozean. Die Flotte gelangte dort unter dem Admiral Nearchos in den Persischen Golf.

Alexander selbst marschierte mit seinem Heer durch die Gedrosische Wüste zurück. Ein großer Teil seiner Armee verdurstete. Von seinen 60 000 Soldaten kehrten nur 15 000 nach Hause zurück.

Die Eroberung Asiens war nun abgeschlossen, aber wie konnte ein Reich dieser Größe beherrscht werden? Alexander nahm immer mehr persische Statthalter, Offiziere und Soldaten in seine Dienste und nutzte die Verkehrswege und die Verwaltung, die die persischen Großkönige aufgebaut hatten. Die Verbindung zwischen Makedoniern und Persern sollte durch eine Massenhochzeit in Susa gefestigt werden. 10 000 makedonische und griechische Soldaten vermählten sich mit Perserinnen, Alexander selber nahm eine Tochter des Dareios zu seiner zweiten Frau. Doch die Regierungszeit des Königs endete unerwartet: Alexander erkrankte an einem schweren Fieber und starb 323 v. Chr. in Babylon.

M2 Eine Legende über Alexander

Im Laufe der Zeit sind viele Legenden um die Person Alexanders entstanden, aus denen der „wahre Kern“ sorgfältig herausgefiltert werden muss. Der Journalist Sven Loerzer erzählt eine Legende nach (1988):

Bevor er Asien eroberte, wollte Alexander wie immer den Rat der Götter berücksichtigen. Da traf es sich, dass im Burgtempel von Gordion der alte Streitwagen der Könige stand, mit dem es Besonderes auf sich hatte: Das Joch war mithilfe eines sehr langen Bastriemens durch einen kunstvollen Knoten an der Deichsel befestigt. Der riesige Knoten hatte keine sichtbaren losen Enden. Ein alter Orakelspruch verhieß: Derjenige, der den Knoten löste, sollte König von Asien werden. Trotz großer Mühe konnte auch Alexander den Gordischen Knoten nicht entwirren – ein böses Vorzeichen. Doch dann griff Alexander zu seinem Schwert und durchschlug damit den Knoten!

Zit. nach Sven Loerzer, Die Großen der Antike, Bindlach (Loewes) 1988, S.18.

1 Stelle anhand von M1 und M2 zusammen, welche Eigenschaften und Fähigkeiten Alexanders überliefert wurden. Welchen Zweck verfolgte wohl die in M2 wiedergegebene Legende?

2 Ermittle anhand von M3 die ungefähre Wegstrecke, die das Heer Alexanders zurücklegte. Überlege, was Alexander mit der Gründung und Umbenennung von Siedlungen bezweckte.

M3 Der Zug Alexanders des Großen und die Ausdehnung seines Reiches

Hellenismus – die Welt wird griechisch

M4 Wie ehrt man einen Weltherrscher?

Im 2. Jh. v. Chr. berichtete der griechischer Historiker Polybios:

Timaios lobte den Demosthenes und die anderen Redner, die damals [zu der Zeit Alexanders] sehr angesehen waren, und er behauptete, sie hätten sich Griechenlands würdig gezeigt, weil sie der göttlichen Verehrung Alexanders widersprochen hätten.

Polybios, Historien 12, 12b, 21. Übers. d. Verf.

M5 Alexandermünze, 3. Jh. v. Chr. Abgebildet ist das Gesicht Alexanders. Die Widderhörner sind das Zeichen des ägyptischen Gottes Ammon. Alexander ließ Münzen mit seinem Porträt in großer Zahl prägen.

M6 Ein Urteil über Alexander

Im 1. Jahrhundert n. Chr. schrieb der römische Philosoph Seneca an seinen Freund Lucilius über Alexander:

Den unglückseligen Alexander trieb seine Wut, Fremdes zu zerstören, in unbekannte Gegenden. Oder hältst du jemanden für geistig gesund, der von der Unterwerfung Griechenlands ausging, wo er erzogen worden war? ... Nicht zufrieden mit dem Zusammenbruch so vieler Städte, die Philipp besiegt oder gekauft hatte, vernichtete er diese, dort jene, und er trägt seine Waffen in der ganzen Welt herum. Nirgends macht seine Grausamkeit erschöpft Halt wie bei wilden Tieren, die mehr zerfleischen, als ihr Hunger verlangt. Schon hat er viele Reiche in einem vereinigt, schon fürchten ihn zugleich Griechen und Perser, schon empfangen selbst von Dareios unabhängige Völker sein Joch. Dennoch dringt er über den Ozean und den Sonnenaufgang hinaus, ist entrüstet, dass er mit seinem Sieg hinter Herakles und Dionysos[1] zurückbleibt, und nimmt es selbst mit der Natur auf.

Seneca, Briefe 94, 62f. Übers. d. Verf.

1 griechischer Gott

Eine Lebensbeschreibung verfassen

Bedeutende Persönlichkeiten schreiben häufig ihre „Autobiografie". Das Wort stammt aus dem Griechischen und heißt „selbst verfasste Lebensbeschreibung". Die Verfasser oder Verfasserinnen meinen, dass sie mit ihren Lebenserinnerungen anderen Menschen Ratschläge geben können. Oft erklären sie darin auch, mit welcher Absicht sie bestimmte Entscheidungen getroffen haben.

a) Alexander starb unerwartet und konnte keine Autobiografie verfassen. Dennoch hätte er sicher viel zu sagen gehabt! Versetze dich in die Person Alexanders und schreibe auf, wie er sein Leben beschrieben hätte.

b) Ein griechischer Soldat, der in Susa eine Perserin geheiratet hat, ist inzwischen ein alter Mann. Verfasse seine Lebensbeschreibung, die er an seine Enkelkinder richtet.

3 Beschreibe die Münze M5 und erläutere, welche Absicht der Herrscher mit ihrer Prägung verfolgte.

4 Stelle aus den Materialien der Seiten 110 bis 112 zusammen, mit welchen Maßnahmen Alexander seine Macht im Weltreich zu sichern versuchte. Beurteile sein Vorgehen.

5 Bearbeite die Quelle M6 mithilfe der Arbeitsschritte auf der Methodenseite 89.

6 Alexander erhielt den Beinamen „der Große". Erläutere, was damit ausgedrückt werden soll, und entscheide, ob du die Bezeichnung für angemessen hältst. Ziehe M4 mit heran.

M7 Alexander der Große, Nachbildung einer Statue aus der Zeit Alexanders

Leben nach Art der Griechen?

Das Ende der Poliswelt

Nach Alexanders Tod entbrannte unter den hohen Offizieren aus den Familien des makedonischen Adels der Kampf darüber, wer der Nachfolger (= griech. Diadoche) des Herrschers werden sollte. Am Ende langer Diadochenkämpfe wurde das Reich Alexanders zwischen drei Herrscherfamilien aufgeteilt: Die Seleukiden erhielten Kleinasien, Syrien, Mesopotamien und das Kernland Persiens. Die Ptolemäer beherrschten Nordafrika und Palästina. Die Antigoniden wurden Könige von Makedonien und Teilen von Griechenland, darunter Attika.

In Athen brachen nun neue Zeiten an. Bürger, die den neuen Gebietern nicht genehm waren, mussten fliehen oder wurden hingerichtet. Den politischen Gewohnheiten der Griechen widersprach dies zutiefst, waren sie doch gewohnt, als freie Bürger die Angelegenheiten ihrer Stadt selbst in die Hand zu nehmen. Die meisten Menschen hörten auf, sich für Politik zu interessieren, und nur noch wenige reiche Bürger nahmen Einfluss auf die Entscheidungen, die in der Stadt getroffen wurden. Dennoch begann sich gerade jetzt die griechische Kultur, das heißt die Lebensweise, wie sie sich in den Stadtstaaten entwickelt hatte, überall auszubreiten. Diese Zeit heißt Epoche des Hellenismus.

Griechen in Ägypten und Asien?

Im 4. Jahrhundert v. Chr. waren viele Griechen nach Ägypten und Asien gelangt und hatten sich auf Dauer in den eroberten Gebieten niedergelassen. Die griechischen Bewohner brachten ihre Lebensweise mit, aber sie übernahmen auch viele Dinge von der einheimischen Bevölkerung. Besonders die reicheren Schichten in den Städten bewahrten ihre griechischen Sitten. Sie bauten Häuser und Tempel, wie man sie zum Beispiel in Athen fand, und förderten die Wissenschaften und die Kunst. Viele Städte entwickelten sich zu bedeutenden Zentren für den Handel und die Wissenschaft.

Alexandria – eine Stadt für die Wissenschaft

Die ägyptische Hauptstadt Alexandria wurde zum Anziehungspunkt für viele griechische Forscher. Die ptolemäischen Könige hatten hier ein Gebäude errichten lassen, das Museion genannt wurde. Hier trafen sich Wissenschaftler aus der ganzen Welt. Sie beschäftigten sich mit philosophischen Fragen, übersetzten Bücher aus vielen Sprachen und befassten sich mit technischen Experimenten. Das neue Wissen breitete sich in der ganzen griechischen Welt aus, denn viele Herrscher wollten es den Ptolemäern gleichtun und errichteten Bildungsstätten („Gymnasien") und Bibliotheken.

M1 **Tempel der Stadt Petra** im heutigen Jordanien, Foto, 1991. Die Säulen wurden aus dem Fels gehauen.

1 Beschreibe das Foto M1. Erläutere mithilfe des Darstellungstextes und des Grundwissenkastens S. 115 die Umstände, unter denen der Tempel vermutlich entstanden ist (Ort, Zeitraum, Grund).

2 Erarbeite aus der Karte S. 111, in welchen Gegenden zur Zeit Alexanders nach ihm benannte Städte entstanden. Welche Staaten befinden sich dort heute?

Hellenismus – die Welt wird griechisch

M2 Ein Brief von Nikephóros

Im 3. Jahrhundert v. Chr. schickten viele Athener ihre Kinder zur Ausbildung in die ägyptische Hauptstadt Alexandria. Stellen wir uns vor, einer dieser jungen Griechen hätte nach Hause geschrieben:

Liebe Eltern,
Poseidon sei Dank, ich bin heil in Alexandria angekommen! Diese Stadt ist voller Wunder. Schon bei der Einfahrt in den Hafen bin ich aus dem Staunen nicht herausgekommen. Auf der Insel Pharos steht ein gigantischer Leuchtturm: Er ist unglaubliche 120 Meter hoch und seine Feuer sind 50 Kilometer weit zu sehen! Ein künstlicher Damm, der 1500 Meter lang ist, verbindet die Insel mit der Stadt. Stellt euch vor: Täglich legen in den beiden Häfen 400 Schiffe an!
Ich glaube, in Alexandria kommen alle Völker der Welt zusammen: Griechen, Ägypter und Juden machen den größten Anteil der über 500 000 Bewohner der Stadt aus. Man sagt, Alexandria sei die größte Stadt der Welt. Und stellt euch vor: Alle sprechen griechisch!
Vieles in Alexandria erinnert mich an Athen: Es gibt hier ein Theater, ein Stadion und ein Gymnasion wie das, das ich in Athen besucht habe.
Alexandria ist nach einem Plan erbaut. Zwei große Prachtstraßen führen durch die Stadt. Sie sind 30 Meter breit! Was hier alles auf sechs Kilometern Länge zwischen dem Mond- und dem Sonnentor an buntem Leben geboten wird, ist fantastisch. Dagegen ist die Agora in Athen langweilig! Allein die Königsstadt nimmt schon ein Drittel des gesamten Stadtgebietes ein. Da ihr mich so großzügig mit Geld ausgestattet habt, werde ich bestimmt Gelehrte finden, die mich unterrichten. Am hiesigen Museion sind die gelehrtesten Wissenschaftler der ganzen Welt versammelt. Ich kann mich in Anatomie, Medizin, Physiologie, Astronomie, Zoologie, Botanik, Philologie, Mathematik, Technik und Mechanik unterrichten lassen. Zum Museion gehören auch ein Tiergarten und die größte Bibliothek der Welt. Die große Alexander-Bibliothek umfasst über 700 000, die kleine über 40 000 Buchrollen! Könnt ihr euch das vorstellen? Hier ist alles Wissen der Welt versammelt!
Liebe Eltern, ich bin ganz erschlagen von den Eindrücken. Beim nächsten Mal kann ich euch vielleicht schon berichten, dass ich einen Lehrer gefunden habe.
Athene beschütze euch! Euer Nikephóros.

Verfassertext

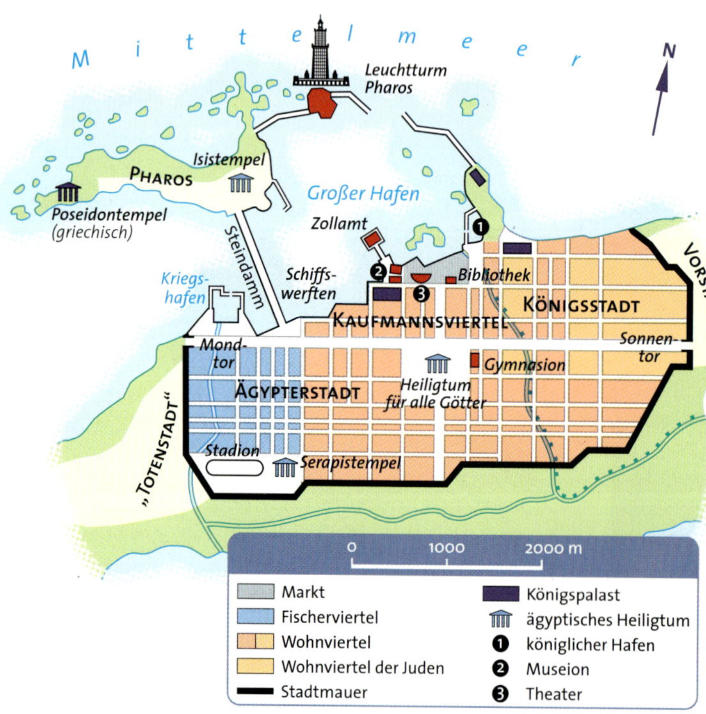

M3 Plan der ägyptischen Stadt Alexandria im 3. Jahrhundert v. Chr.

Hellenismus – die Welt wird griechisch

Die Weltkarte des Eratosthenes von Kyrene, 3. Jh. v. Chr. **M4**
Eratosthenes (280–200 v. Chr.) fand heraus, dass die Erde eine Kugelgestalt haben müsse. Er berechnete den Erdumfang auf 40 000 km. Seine Weltkarte enthielt als erste ein Gradnetz, um Entfernungen bestimmen zu können.

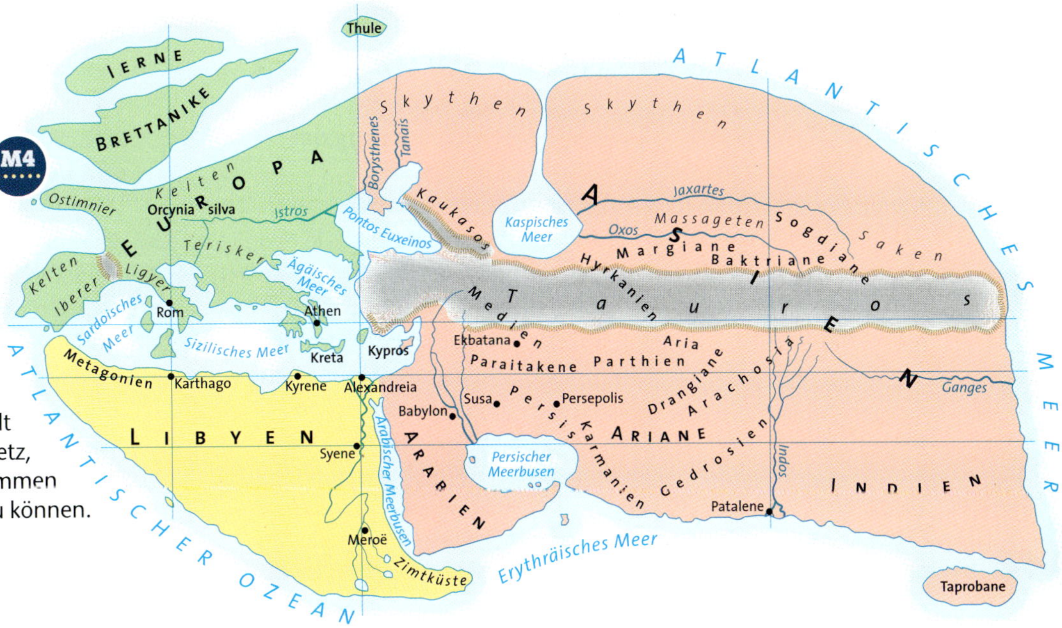

Klub der Erfinder – eine Gruppenarbeit

Auf dieser Seite findet ihr die Abbildungen von zwei berühmten Erfindungen, die in der Stadt Alexandria entstanden sind (M4, M5). Bildet Gruppen und beschäftigt euch mit jeweils einer Erfindung:

a) Stellt fest, mithilfe welcher Wissenschaften die Erfindungen zu Stande kamen.
b) Beschreibt die Erfindungen und ihren praktischen Nutzen.
c) Sammelt mehr Informationen über die Erfinder (Lexika, Bücherei) und ihre Erfindungen.
d) Tragt eure Ergebnisse in der Klasse vor.

Grundwissen

Hellenismus

Der Begriff Hellenismus (griech. Hellas = Griechenland) bezeichnet eine Epoche der griechischen Geschichte. Sie begann mit der Regierung Alexanders des Großen und dauerte bis zur Eroberung der Diadochenreiche durch die Römer (1. Jh. v. Chr.). In einigen Bereichen beeinflusste die griechische Kultur das Leben in den Städten von Ägypten bis zur Grenze Indiens und vermischte sich mit der Lebensweise der einheimischen Bevölkerung. Diese Mischkultur wird als hellenistische Kultur bezeichnet. Weil die Griechen auf teilweise wesentlich ältere Kulturen trafen, die sehr eigenständig waren, setzten sie sich nicht völlig durch.

Ein Münzautomat für Weihwasser, 1. Jh. n. Chr., Rekonstruktionszeichnung, 1999. Der Erfinder Heron von Alexandria lebte um 50 n. Chr. **M5**

3 Stelle aus M2 und M3 zusammen, was Griechen in Alexandria fremd und was ihnen vertraut war.

4 Überlege, warum sich nur in größeren Städten die hellenistische Lebensweise entwickelte, während das Leben in den Dörfern davon unberührt blieb.

Das antike Griechenland – ein Überblick

Die frühen Griechen

Wie im alten Ägypten und in Mesopotamien waren auch im frühen Griechenland die Lebensweise und die politische Entwicklung stark von den geografischen Lebensbedingungen bestimmt.

Durch die vielen Gebirge zerfiel Griechenland in kleine selbstständige Herrschaftsgebiete, die Stadtstaaten. Damit unterschied sich Griechenland von dem Flächenstaat Ägypten.

Obwohl sich die Stadtstaaten getrennt voneinander entwickelten, entstand im Laufe der Zeit ein starkes Zusammengehörigkeitsgefühl unter den Griechen. Ihre Einheit stützten sie auf eine gemeinsame Sprache und seit dem 8. Jahrhundert v. Chr. auf eine gemeinsame Schrift. Sie fühlten sich außerdem durch ihren Glauben an dieselben Götter verbunden. Wichtig waren den Griechen besonders ihre gemeinsamen religiösen Feste und Wettkämpfe, wie zum Beispiel die Olympischen Spiele.

Vom 8. bis zum 6. Jahrhundert v. Chr. gründeten viele Stadtstaaten im Mittelmeergebiet Kolonien, die sich nach dem Vorbild ihrer Mutterstädte entwickelten.

Die Entwicklung der Stadtstaaten

Die bekanntesten Stadtstaaten waren Sparta und Athen. In Sparta war das ganze Leben der Bevölkerung durch den Staat geregelt. Die Spartiaten, Männer und Frauen, erhielten von Kindheit an eine militärische Ausbildung. Die Bewohner eroberter Gebiete mussten als rechtlose Heloten für die Spartiaten arbeiten.

In Athen herrschte bis zum 7. Jahrhundert v. Chr. der Adel. 594 v. Chr. begann mit den Gesetzen des Politikers Solon in Athen die Entwicklung zur Staatsform der Demokratie. Alle Bürger wurden zur Volksversammlung zugelassen. Nach weiteren Reformen durch den Politiker Kleisthenes 508 v. Chr. wurde schließlich um 450 v. Chr. die demokratische Verfassung Athens vollendet: Der Politiker Perikles sicherte allen männlichen Bürgern politische Mitsprache zu. Alle Männer konnten sich an den Beschlüssen der Polis beteiligen und hatten durch Los Zugang zu allen Ämtern. Frauen aber waren in Athen von der Politik ausgeschlossen.

Sicherung der Demokratie und kulturelle Blüte in Athen

Von 490 bis 479 v. Chr. führten die griechischen Stadtstaaten gemeinsam Krieg gegen das Persische Reich. Durch einen Sieg der Athener Flotte konnten sie am Ende ihre Freiheit behaupten. Danach wurde Athen zur wichtigsten See- und Handelsmacht Griechenlands. Durch die Bundeskasse des Delisch-Attischen Seebundes und den blühenden Seehandel mit allen griechischen Kolonien floss viel Geld in die Stadt. Die Waren, die Athen für den Export brauchte, wurden von der großen Bevölkerungsgruppe der Metöken und Sklaven hergestellt.

In Athen entstanden große Bauwerke und bedeutende Kunstwerke. Die Athener erfanden das Theater und verfassten die ersten Tragödien und Komödien. Philosophen legten mit ihren Ideen über die Welt und das menschliche Handeln die Grundlage für die modernen Wissenschaften.

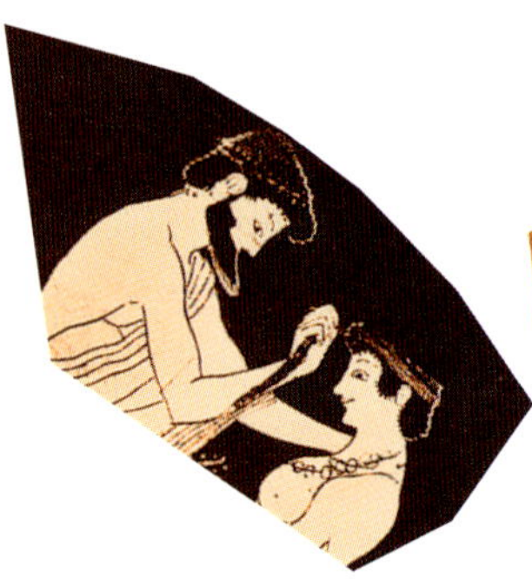

Wir wiederholen zentrale Begriffe und Methoden

Die Epoche des Hellenismus

Das Zeitalter des Hellenismus begann mit der Herrschaft Alexanders des Großen. Seit 334 v. Chr. führte er einen Feldzug gegen die Perser, der ihn innerhalb von zehn Jahren zum Herrscher über ein großes Weltreich machte. Als Gebieter über viele Völker wurde Alexander wie ein Gott verehrt. Nach seinem frühen Tod zerfiel sein Reich. In zahlreichen Kämpfen zwischen seinen Nachfolgern bildeten sich schließlich drei große Diadochenreiche heraus. Die Städte wurden zu bedeutenden Handels-, Wirtschafts- und Wissenschaftszentren. Dort breitete sich griechische Lebensweise aus und beeinflusste andere Kulturen.

Die hellenistischen Reiche wurden im 1. Jh. v. Chr. von den Römern erobert. Dennoch sind die Ideen der Griechen durch viele Jahrhunderte überliefert worden und beeinflussen unser Leben bis heute.

Grundwissen	
Polis	S. 77
Ilias und Odyssee	S. 81
Aristokratie	S. 81
Kolonisation	S. 83
Olympische Spiele	S. 93
Demokratie	S. 98
5. Jh. v. Chr.: Blütezeit Athens	S. 98
Antike	S. 101
Sklaventum	S. 105
Hellenismus	S. 115

Methoden	
Die Arbeit mit einer Geschichtskarte	S. 78 f.
Schriftliche Quellen entschlüsseln	S. 89
Was sagen Kunstwerke aus?	S. 94 f.

Ein Scherbenhaufen?

Hier sind den Archäologen einige Scherben durcheinander geraten. Wenn du das Kapitel aufmerksam gelesen hast, kannst du helfen. Finde die Vasen, zu denen die Scherben auf dieser Doppelseite gehören.

490–479 v. Chr.
Perserkriege

477 v. Chr.
Delisch-Attischer Seebund

431–404 v. Chr.
Peloponnesischer Krieg

336–323 v. Chr.
Alexander der Große

500 400 300 200 100 0 100 200 300 400

emokratie in Athen

Ausbreitung der hellenistischen Kultur

5. Das Imperium Romanum

Als sich vor rund 3000 Jahren die ersten Hirten und Bauernvölker auf dem Gebiet des heutigen Roms niederließen, konnten sie nicht voraussehen, dass aus ihren Siedlungen einmal die Hauptstadt des Römischen Weltreiches werden würde. Wie war es möglich, dass eine einzelne Stadt eine so große Bedeutung erlangen konnte? Wie haben die Römer ihre Herrschaft über ein Gebiet ausgeweitet, das sich von Afrika bis nach England, von Spanien bis in den Orient erstreckte und als Imperium Romanum (Römisches Reich) bezeichnet wird? Welche Auswirkungen hatte die Ausdehnung des Landes auf das Leben der Menschen?
Das Gemälde von 1901 zeigt das Leben auf dem „Forum Romanum", dem Zentrum Roms, um 300 n. Chr. Gerade wird die Eroberung eines fremden Landes mit einem Triumphzug gefeiert.

1 Tragt zusammen, welche Informationen ihr der Abbildung entnehmen könnt.

Die Anfänge Roms

Rom wird besiedelt

Rom – ein günstiger Standort?

Ein Ort, der sich gut entwickeln will, braucht eine günstige Lage. Was machte die Gegend des heutigen Roms so anziehend, dass sie im Gegensatz zu anderen Gegenden Italiens schon früh besiedelt und zum Zentrum einer Weltmacht wurde? Was könnte die ersten Siedler, die Latiner und Etrusker, bewogen haben, sich dort niederzulassen?

Hirten und Bauern besiedeln Rom

Um 1000 v. Chr. zogen indoeuropäische* Völkergruppen nicht nur nach Griechenland, sondern auch in das heutige Italien. Am unteren Lauf des Tiber, wo der Fluss wegen einer Insel in seiner Mitte leicht durchquert werden konnte und wo die Landschaft fruchtbar war, ließen sich die Sabiner und Latiner nieder: Dort liegt Rom. Die Sabiner siedelten auf dem Hügel Palatin, die Latiner auf dem nahe gelegenen Hügel Quirinal.

Sabiner und Latiner waren wie alle indoeuropäischen Einwanderer Hirten- und Bauernvölker, die in strohgedeckten Hütten lebten. Dennoch haben zumindest die Latiner ihre Spuren in der Geschichte Roms hinterlassen:

Die alte Völkerstraße, die sie nach Süden gewandert sind, trägt ihren Namen: die Via Latina. Auch der Name der Landschaft am unteren Tiberlauf – Latium – und die Sprache der Bewohner – Latein – kommen von den Latinern.

Die Ankunft der Etrusker: Rom wird Stadt

Um 700 v. Chr. kamen neue Einwanderer, deren Herkunft nicht ganz geklärt ist. Sie ließen sich zunächst nördlich von Rom nieder und brachten eine neue Lebensweise mit. Sie bauten Städte mit Häusern aus Stein und Ziegeln, waren Fachleute für Wassertechnik, importierten Kunst aus Griechenland und Ägypten, kannten neue Verfahren zur Metallverarbeitung und sprachen eine nicht-indoeuropäische Sprache: das Etruskische.

Als die Etrusker um 600 v. Chr. schließlich das heutige Rom besiedelten, betätigten sie sich auch dort als Handwerker, Kaufleute, Baumeister und Ärzte. Und sie kamen als Herrscher, die die bäuerlich lebenden Latiner und Sabiner zur Gründung einer Stadt bewogen. Um die Stadt weiterentwickeln zu können, legten sie zunächst tief liegende Gebiete trocken und gestalteten das Forum zum Stadtmittelpunkt aus.

Die Griechen nannten die Etrusker „Tyrrhenoi"; das westlich von Rom gelegene Tyrrhenische Meer hat daher seinen Namen. Die Latiner bezeichneten sie hingegen als „Tusci"; der Landschaftsname Toskana erinnert noch heute daran.

Rom und sein Umland M1 im 7./6. Jahrhundert v. Chr.

1 Erarbeite, ausgehend von M1, die Siedlungsbedingungen in Rom.
2 Vergleiche mit Athen und arbeite Gemeinsamkeiten und Unterschiede heraus.
3 Die Etrusker hatten andere Interessen als die Latiner. Was mag sie veranlasst haben, die Hüttensiedlung Rom in eine Stadt umzuwandeln?

Rom – Mythos einer Stadtgründung

Was soll ein Gründungsmythos bewirken?

In einer Gruppe von Menschen, die in einer Stadt oder einem Staat zusammenleben, gibt es meistens ein Gefühl der Gemeinsamkeit. Dieses Gefühl kann verstärkt werden, zum Beispiel durch Fahnen oder gemeinsame Lieder wie Nationalhymnen. Bei den Römern wie bei vielen anderen Völkern gehörten dazu auch Geschichten über die eigene Herkunft, in denen sich Glauben und Wissen, Erfundenes und Wahres mischten.

In Rom konnten nur Personen oder Familien Bedeutung erlangen, die über einen „Stammbaum" nachwiesen, dass sie zu alteingesessenen Familien, zu berühmten Helden (meist Feldherren) oder Göttern bzw. Halbgöttern Verbindungen hatten. Dies erscheint uns heute vielleicht merkwürdig – aber die Menschen in der Antike stellten die Möglichkeit keineswegs infrage, dass in einem Familienstammbaum ein Gott oder Halbgott auftauchte. So kann es auch nicht verwundern, dass die Römer den Ursprung ihrer Stadt in eine Gründungsgeschichte kleideten, in der Götter, Menschen und Tiere vorkommen, in der Unglück und Glück, Liebe und Hass, Neid und Mitleid aufeinander treffen – und in der schließlich doch die „guten Kräfte" siegen – zugunsten der künftigen Weltmacht Rom.

1 Erschließe mithilfe von M1 und dem Darstellungstext, warum zur Regierungszeit der Etrusker die Wölfin auf dem Kapitol aufgestellt wurde.

Wann die Sage um die Gründung Roms, wie sie auf der nächsten Seite vorgestellt wird, entstanden ist, lässt sich schwer sagen, denn sie wurde mündlich überliefert und immer wieder verändert. Bis heute ist man sich nicht sicher, ob es sich um eine römische Sage handelt oder um eine Sammlung von Motiven verschiedener Sagen der Volksgruppen, die in der Frühzeit Roms Einfluss bzw. Macht besaßen.

Aber bekannt ist, dass Personen im Mittelpunkt des Gründungsmythos stehen, denen in der römischen Mythologie eine enge Verbindung zu den Göttern nachgesagt wurde: nämlich der Trojaner Äneas, der mit Vater, Sohn und den Hausgöttern aus dem brennenden Troja floh, und die Zwillinge Romulus und Remus, die auf Befehl des unrechtmäßigen Königs ausgesetzt und durch eine Wölfin vor dem Tod gerettet wurden.

Grundwissen

753 v. Chr.: der Sage nach Gründung Roms

Nach der Überlieferung der alten römischen Geschichtsschreiber wird die Gründung Roms auf das Jahr 753 v. Chr. datiert. In diesem Jahr soll die Stadt der Sage nach durch Romulus, der als erster König Roms gilt, gegründet worden sein. Da die Stadtgründung nicht wissenschaftlich exakt nachweisbar ist, sondern auf einer Mischung von Wahrem und Erfundenem beruht, spricht die Geschichtsforschung von einem Gründungsmythos.

M1 **Die römische Wölfin**, etruskische Bronzeplastik, um 500 v. Chr. Sie stand auf dem wichtigsten Hügel der Stadt, dem Kapitol (und ist heute im Museo Palazzo dei Conservatorii in Rom zu besichtigen). Die Zwillinge Romulus und Remus wurden um 1500 n. Chr. hinzugefügt.

M2 „Sieben-fünf-drei – Rom kroch aus dem Ei“?

Die alten römischen Geschichtsschreiber datierten die Gründung der Stadt Rom nach unserer heutigen Zählung auf das Jahr 753 v. Chr. Dabei rankten sich um dieses Datum zunächst zwei unabhängig voneinander existierende Sagen, die sich später zu einem Gründungsmythos verbanden: die Sage von Romulus, Remus und der Wölfin sowie die Sage von dem Helden Äneas. Julius, eine (erfundene) Figur aus der altrömischen Gesellschaft, erzählt:

Unser Stammvater ist Äneas, einer der großen Helden der Trojaner. Sein Vater war Anchises, seine Mutter war die Göttin Aphrodite; sie wird von uns Venus genannt. Als Troja dem Untergang nahe war, befahl die besorgte Mutter dem Sohn, mit dem altersschwachen Vater zu fliehen. Also machten sich Äneas und Anchises auf den Weg, der sie nach einer göttlichen Vorsehung nach Italien führen sollte.
Nach langen Irrfahrten gelangten sie zunächst zur Königin Dido von Karthago. Dido verliebte sich in Äneas und wollte ihn immer bei sich behalten. Äneas aber folgte seiner Bestimmung und fuhr weiter. Aus lauter Verzweiflung tötete sich Dido. Das nehmen uns die Karthager bis heute übel.
Schließlich gelangten Äneas und sein Vater, wie vorhergesagt, nach Italien und Äneas heiratete dort die Tochter des latinischen Königs. Aus ihren Nachkommen gingen die Könige Latiums hervor.
Eines Tages gerieten zwei Königssöhne in Streit um den Thron. Der unrechtmäßige Erbe vertrieb dabei den rechtmäßigen Nachfolger und bestimmte, dass dessen Tochter Rea Silvia Priesterin werden, unverheiratet und kinderlos bleiben sollte. Da schritt Gott Mars[1] ein und zeugte mit Rea Zwillinge: Romulus und Remus. Als der unrechtmäßige König von diesem unerwünschten Nachwuchs hörte, ließ er die Zwillinge in einem Korb auf dem Tiber aussetzen. Doch der Korb wurde in Rom am Fuße des Hügels Palatin angeschwemmt, wo eine Wölfin von dem jämmerlichen Geschrei angelockt wurde. Aber die Wölfin tat den beiden nichts, sondern säugte sie, bis ein Hirte die Jungen bei sich aufnahm und aufzog.
Jahre später, als Romulus und Remus von ihrer Herkunft erfuhren, töteten sie den unrechtmäßigen König von Latium und gründeten auf dem Palatin, dem Ort ihrer Rettung, eine Stadt. Die Frage, wer Herrscher werden sollte, ließen sie durch Vogelflug entscheiden: Sieger und Herrscher sollte der sein, der in seinem Bereich des Himmels die meisten Adler vorbeifliegen sah. Romulus zählte zwölf Adler, Remus nur sechs. Aber Remus hatten sich die Vögel zuerst gezeigt und so wollte er nicht nachgeben. Da begann Romulus um das künftige Stadtgebiet eine Mauer zu errichten. Remus verspottete den Bruder, indem er über die noch niedrige Mauer sprang. Voller Zorn tötete daraufhin Romulus den Bruder und schrie: „So soll es jedem ergehen, der über die Mauern dieser Stadt steigt!“ Auf diese Weise wurde Romulus zum Gründer der Stadt und gab ihr den Namen „Roma“.

Verfassertext

1 Gott der Landwirtschaft, später Kriegsgott

M3 **Äneas** aus Troja trägt seinen Vater Anchises, römische Votivgabe (ein den Göttern geweihtes Geschenk) aus Terrakotta, um 500 v. Chr.

2 Lies die Gründungssage Roms (M2) und fasse sie in einem mündlichen Vortrag vor der Klasse zusammen.
3 Beschreibe die Rolle der Frauen in dieser Sage.
4 Erkläre, welche Wirkungen der Mythos auf mögliche Rivalen Roms haben sollte.
5 Vergleiche den Inhalt der Sage mit den historischen Befunden über die Entstehung Roms (siehe S. 120).
6 Beschreibe M3. Welche Beziehung der dargestellten Gestalten kann man ableiten?

„Familia“ und Religion in der altrömischen Gesellschaft

Die „familia“ der Römer

Unter Familie stellen wir uns meistens Mutter, Vater und Kinder vor, die als Kleinfamilie in einer Wohnung zusammenleben. Auch in der altrömischen Gesellschaft lebten Eltern und Kinder unter einem Dach zusammen.

Aber bei den Römern gab es weitere Personen innerhalb und außerhalb des Hausverbandes, die zur „familia“ zählten: die Sklaven und die Klientel*. Klienten waren Abhängige der Familie (z. B. Handwerker), die außerhalb des Hauses lebten und arbeiteten.

Eine besondere Stellung hatte der Vater einer adligen (= patrizischen) Familie. Als Hausvater (= lat. pater familias) herrschte er über alle Güter und Personen, und es gab kein Gesetz, das seine Gewalt einschränkte. Er war Herrscher über die Familienmitglieder und Sklaven, er war Gutsbesitzer, Opferherr* und Beschützer (= Patron) seiner Klientel. Die Macht des „pater familias“ war entstanden, als es noch keine staatliche Macht gab.

Bei der Heirat ging es dem freien römischen Mann weniger um Liebe als darum, Nachkommen zu zeugen und sich eine Mitgift zu sichern. Sklaven durften nicht heiraten.

Die Kinder unterstanden ebenso wie die Ehefrau und andere Familienangehörige der Hausgewalt des „pater familias“. Er bestimmte über die Erziehung, die Berufswahl und die Eheschließung – ohne Einschränkungen und lebenslänglich. Im Gegenzug musste er für die Ernährung und den Schutz der Kinder sorgen. Angehörige der „familia“ konnte er auch mit dem Tode bestrafen. Er musste dies allerdings im „Hausgericht“ gegenüber den Verwandten rechtfertigen. Aus der „familia“ ausscheiden konnten Söhne und Töchter nur, wenn sie der Vater durch eine Rechtshandlung, die „emancipatio“, entließ (lat. = aus der väterlichen „Hand“ entlassen).

Die Bedeutung der Religion für Familie und Staat

Die Religion spielte im Leben der Römer eine wichtige Rolle. Ausgeübt wurde sie zunächst in der Familie und später vom Staat in Form öffentlicher Kulte*.

Die Stätte der täglichen Kultausübung in der Familie war das Lararium, eine Art Hausaltar, der die Form eines Wandbildes oder eines Steinsockels haben konnte. Unter Aufsicht des „pater familias“ wurden hier das häusliche Herdfeuer oder die Hausgötter verehrt. Auch die Büsten verstorbener Vorfahren erfuhren religiöse Verehrung.

Vor einem Kriegszug befragten die Römer die Götter. Durch Deuten von Zeichen, zum Beispiel des Vogelflugs, suchten sie den Willen der Götter zu erfassen und durch kultische Handlungen (Gebete, Opfer) Unheil zu bannen. Öffentliche Kulte lagen in der Hand von Priestern. Die Vestalinnen zum Beispiel wachten über das öffentliche Herdfeuer auf dem Forum Romanum, das als Zentrum des Staates galt. Alle Priester waren Beamte (= Magistrate) und der oberste Priester hieß „pontifex maximus“.

Im Staat wie in der Familie ging es immer darum, Gefahren abzuwehren und Schuld wieder gutzumachen. Die Götter sollten gnädig gestimmt werden, aber nicht zur Erlösung des einzelnen Menschen. Die Religion diente vielmehr der Stärkung des römischen Staates und der Ordnung der Familie.

M1 **Grabstein einer vornehmen römischen Familie**
aus Köln, ca. 2. Jh. n. Chr.

M2 **Szenen aus dem Leben eines römischen Kindes,** Relief, 3. Jh. n. Chr.

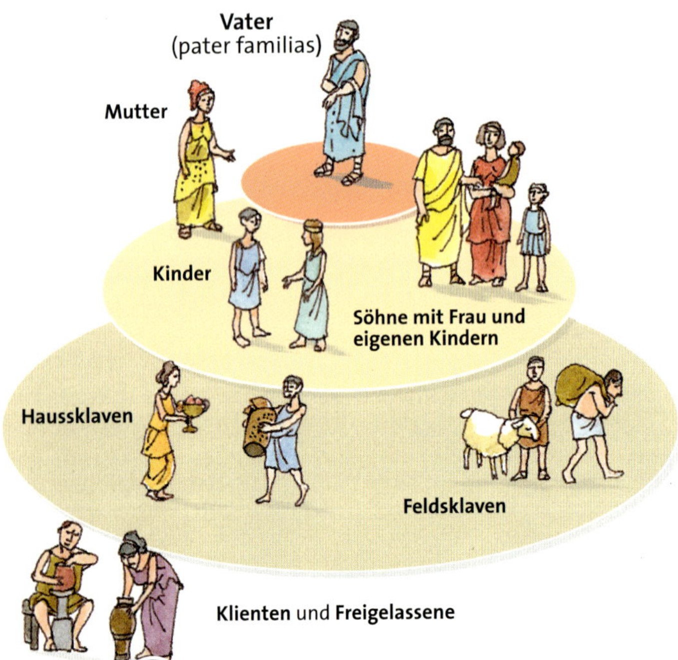

M3 **Der Aufbau der römischen „familia"**

M4 Quintus – Sohn des Marcus Romilius

Quintus, ein (erfundener) römischer Junge, stellt sich vor:

Ich bin Quintus. Ich bin schon zwölf Jahre alt! Leider sind meine Geschwister schon aus dem Haus. Mein Bruder Lucius ist 17. Lucius war ein Jahr bei meinem Großvater Gaius Aemilius, das ist der Vater meiner Mutter. Der war früher einmal Konsul. Großvater hat Lucius in die Politik Roms eingeführt. Nun wird Lucius seinen Wehrdienst beginnen. Seit einigen Tagen plagt Vater ihn mit dem Olivenanbau.
Wenn Großvater etwas von den Taten unserer Vorfahren erzählt, höre ich gerne zu. Auch mit meinem Hauslehrer würde ich gerne solche Erzählungen lesen. Aber der hat mir Texte über Viehzucht vorgelegt, ausgesucht vom Vater. So etwas Langweiliges! Aber gegen Vaters Hausgewalt kommt halt keiner an. Wenn ich doch bloß erst so alt wäre wie Lucius. Vor zwei Jahren durfte er am Altar, der unseren Familiengottheiten geweiht ist, seine Kindertoga ablegen. Meine Schwestern Romilia und Claudia sind schon verheiratet. Meine dritte Schwester Caecilia ist Priesterin im Vestatempel[1] und darf daher nicht heiraten. Aber alle sind stolz auf sie, auch unsere Sklaven und Klienten.

Verfassertext

1 Vesta ist eine alte italische Göttin des Herdfeuers. Sechs Priesterinnen, die Vestalinnen, hüteten in Rom das ewig brennende Feuer im Tempel der Vesta auf dem Forum. Schon als Mädchen wurden sie dafür ausgewählt.

M5 **Der „lustrum"-Kult, ein Staatskult,** Marmorrelief, um 15 n. Chr. Der Kult war der Abschluss einer alle fünf Jahre stattfindenden Steuereinschätzung der Bürger und Musterung des Heeres. Rechts: Der römische Kaiser bringt als Opferherr auf dem linken der beiden Altäre das Voropfer dar (Weihrauch, Wein); eine Tafel zeigt den Gebetstext; Fehler beim Lesen wurden als Unheil gedeutet. Links: Opfertiere; Männer mit Stecken (Ordnungshüter).

M6 Segnung der Felder im Mai

Der Feldherr und Geschichtsschreiber Marcus Porcius Cato verfasste im 2. Jh. v. Chr. für seinen Sohn ein Buch über die Landwirtschaft und schrieb über die Segnung der Felder Folgendes:

Sprich zunächst feierlich mit einer Weinspende Janus[1] und Jupiter[2] an, dann bete so: Vater Mars[3], dich bitte ich flehentlich, dass du wohlwollend und gnädig seiest mir, meinem Haus und meiner „familia"; deshalb habe ich angeordnet, um meine Felder und mein Landgut das Schwein-, Schaf- und Stieropfer herumtreiben zu lassen, damit du sichtbare und unsichtbare Krankheiten, Verwaisung und Zerstörung, Misswuchs und Unwetter fern hältst, abwehrst und abwendest, damit du Feldfrüchte, Getreide, Weingärten und Jungpflanzen wachsen und gut gedeihen lässt, Hirten und Herden unverletzt hältst und mir, meinem Haus und meiner „familia" Glück und Gesundheit gibst. Deshalb ... sei geehrt durch dieses Opfer eines säugenden Schweins, eines Schafs und eines Stiers.

Cato, Vom Landbau, Kap. CL. Übers. d. Verf.

1 Gott des Beginns; schützt den Eingang nach außen und innen (daher doppelköpfig dargestellt)
2 höchster römischer Gott
3 Gott der Landwirtschaft, später Kriegsgott

1 Erarbeite mithilfe des Darstellungstextes die Stellung des „pater familias", der Ehefrau und der Kinder in der römischen „familia". Ziehe M1 mit heran.

2 Erläutere, wie die Aufgaben des „pater familias" entstanden sein könnten. Denk an die Phase der Besiedlung und Gründung Roms.

3 Vergleiche die Aufgaben des „pater familias" mit heutigen Familien.

4 Ein junger Mann ist gestorben: Marcus Cornelius. Die Eltern haben vier Szenen aus seinem Leben darstellen lassen (M2). Beschreibe die Szenen und die Art der Darstellung. Gib den einzelnen Szenen Überschriften und vergleiche die Lebensabschnitte des Marcus Cornelius mit denen heutiger Jungen und Mädchen.

5 Beurteile die Stellung des Quintus (M4) aus deiner heutigen Sicht.

6 Zeichne ein Schema mit einem „pater familias" in der Mitte und Mitgliedern der „familia". Zeichne Pfeile und Stichworte ein, die Rechte und Pflichten des „pater familias" zeigen. Gehe von M3 aus.

7 Lies dir M6 durch und erarbeite,
a) welche Sorgen genannt werden,
b) wie eine Entsühnung erreicht werden soll,
c) warum Kulte für Bauern wichtig waren.

8 Erarbeite anhand von M5 und des Darstellungstextes S. 123 die Bedeutung der Religion für Familie und Staat.

9 Vergleiche die römische mit einer heutigen Religion.

Rom wird Republik

Die Gesellschaft der Republik

Das Ende der etruskischen Königsherrschaft

Die Etrusker hatten in Rom seit spätestens 600 v. Chr. geherrscht. Wie die Könige an die Macht gekommen waren, ist in der Wissenschaft ebenso umstritten wie die Frage, warum ihre Herrschaft um 510 v. Chr. zu Ende ging. Mit Gewissheit kann man nur sagen, dass einflussreiche Römer (Patrizier), die über Pferde und Waffen verfügten, gegen Ende des 6. Jahrhunderts militärisch immer wichtiger geworden waren, weil die Etrusker sie zur Kriegsführung benötigten. Ebenso steht fest, dass Patrizier nicht nur in Rom, sondern auch in anderen Städten Mittelitaliens um diese Zeit ihre Königsherrscher ablösten.

Das Ende der Königsherrschaft in Rom bedeutete allerdings nicht, dass es fortan keine Etrusker mehr in Rom gab. Etruskische Geschlechter lebten auch nach 510 v. Chr. in der Stadt, ja, es sind sogar zahlreiche Herrschaftszeichen und Herrschaftsbräuche auf die Republik übergegangen: Ein Elfenbeinstuhl ohne Rückenlehne wurde unter dem Namen „sella curulis" von Beamten benutzt, wenn sie Recht sprachen. „Trabea" und „Tunica" (siehe M1) trugen in ähnlicher Form auch die römischen Feldherren, wenn sie im Triumphzug durch Rom fuhren. Äxte und Rutenbündel wurden als Zeichen der Macht über Leben und Tod nicht nur den etruskischen Königen, sondern auch den höchsten römischen Beamten der Republik, den beiden Konsuln, vorangetragen.

Der Sturz der Monarchie warf auch eine neue Frage auf: Wie würden Patrizier und Plebejer, das war die Masse des Volkes, miteinander umgehen?

M1 **Ein etruskischer König** aus der Stadt Cerveteri (Etrurien) im 6. Jh. v. Chr., Rekonstruktionszeichnung, 1999. Die etruskischen Könige in Rom und die Zeichen ihrer Macht können wir uns wie in Cerveteri vorstellen: elfenbeinbeschlagener Klappstuhl, Schuhe mit hochgezogenen Spitzen, Zepter, Trabea (= kurzes Obergewand) und Tunica (= kurzärmeliges Untergewand).

Von den Ständekämpfen zur Republik

Die Patrizier hatten auf dem Hügel Kapitol, der der Sage nach zuerst besiedelt worden war, ihren Jupitertempel errichtet. Sie bildeten den Senat (Ältestenrat), der die höchste Autorität im Staat darstellte und den Magistraten (Beamten) Weisungen erteilte. Die Plebejer bauten auf dem Aventin einen Tempel, der der von ihnen verehrten Göttin Ceres geweiht war und der ihre Gemeinschaftskasse beherbergte. Wer sich im Tempel aufhielt, dem durfte niemand die Freiheit oder das Eigentum stehlen (= Asylrecht). Die Furcht vor der Gottheit und ihrer Rache stellte sicher, dass das Asylrecht beachtet wurde. Die Plebejer hatten sich nach der Vertreibung des letzten etruskischen Königs zunächst ihre eigene „Volksversammlung" geschaffen und Vertreter gewählt, so genannte Volkstribunen*, die diese Versammlungen leiteten und im Notfall militärisch schützten. Mit einem heiligen Eid beschloss die Versammlung, dass Volkstribune unverletzlich sein sollten. Handelten die patrizischen Amtsträger unrechtmäßig gegen einen Plebejer, sollten die Volkstribune dazwischentreten und ein „Veto" (lat. = ich verbiete) einlegen können, um die Amtshandlung zu unterbinden.

Das Asylrecht, die plebejische Versammlung und die Volkstribunen wurden im Laufe des 5. Jahrhunderts politisch immer wichtiger, weil immer mehr Plebejer in Armut gerieten und von der Schuldknechtschaft* bedroht waren.

Die Ständekämpfe

Im Konflikt zwischen den Patriziern und den Plebejern haben die Patrizier schrittweise Zugeständnisse gemacht. Was haben die Plebejer erreicht?

Um 450 v. Chr. Nach der Weigerung der Plebejer, die Heeresfolge* zu leisten, werden bestehende und neue Gesetze (zum Beispiel über Schulden, Diebstahl, Erbschaftsfragen) erstmals schriftlich in den so genannten „Zwölf-Tafel-Gesetzen" festgehalten. Das bedeutet Rechtssicherheit.

445 v. Chr. Das Heiratsverbot zwischen Patriziern und Plebejern fällt.

387 v. Chr. Die Eroberung der etruskischen Stadt Veji hat Rom großen Gebietszuwachs gebracht. Auch den Plebejern wird jetzt Land zugeteilt.

367 v. Chr. Von den zwei höchsten Beamten, den Konsuln, ist erstmals einer Plebejer.

287 v. Chr. Ein Beschluss der Plebejerversammlung hat ab sofort die gleiche Gültigkeit wie ein Gesetz der allgemeinen Volksversammlung.

Um 250 v. Chr. Die Ständekämpfe haben die Zusammensetzung der Oberschicht verändert. Die Plebejerfamilien bilden mit den Patriziern eine neue Oberschicht: die Nobilität* (lat. nobiles = die Vornehmen, die Adligen).

M2 **Der Jupitertempel auf dem Capitol,** nachgebautes Modell, 1970er-Jahre. Der Tempel wurde um 500 v. Chr. von den Patriziern als Haupttempel Roms errichtet. Hier wurden die Opferkulte der Stadt abgehalten.

Grundwissen

Republik

In der Geschichte Roms wurde die etruskische Königsherrschaft um 510 v. Chr. durch die Herrschaft des Adels abgelöst. Rom wurde zu einer Republik (lat. res publica = öffentliche Sache, im Gegensatz zur res privata = Sache des Einzelnen). Der Begriff „Republik" bezeichnet eine Staatsform, in der kein König herrscht. Die Macht wird vom Volk oder von einem Teil des Volkes, zum Beispiel von Adligen, ausgeübt.

Patrizier

Die Patrizier bildeten wie die Plebejer einen eigenen Stand, eine gesellschaftliche Gruppe, die durch rechtliche Bestimmungen klar von anderen Gruppen getrennt war. Die Patrizier gehörten dem Geburtsadel an und besaßen nach dem Sturz des Königs zunächst die alleinige Macht.

1 Beschreibe anhand von M1 Zeichen etruskischer Königsherrschaft.
2 Erläutere mithilfe des Darstellungstextes und des Grundwissenkastens, wieso das Jahr 510 v. Chr. einen wichtigen Einschnitt in der römischen Geschichte darstellt.
3 Untersuche, was von der etruskischen Herrschaft nach 510 v. Chr. blieb (Darstellungstext).
4 Erläutere, wie die Plebejer im 6. und 5. Jahrhundert ihre Interessen schützten (Darstellungstext).
5 Erarbeite anhand von M2, M3 und des Darstellungstextes, warum die Patrizier dem Gott Jupiter und die Plebejer der Göttin Ceres einen Tempel errichteten.
6 Beschreibe anhand des Faktenkastens den Konflikt zwischen Patriziern und Plebejern. Fasse die Ergebnisse der Ständekämpfe zusammen:
a) Zugeständnisse an die reichen Plebejer,
b) an die armen Plebejer,
c) an alle Plebejer.

M3 **Ceres, altitalische Göttin der Feldfrüchte,** römische Münze, undatiert. Die Göttin war der kultische Mittelpunkt im plebejischen Tempel auf dem Aventin.

Die politische Ordnung in der Römischen Republik

Politik in der Römischen Republik

In der Römischen Republik gab es keine geschriebene Verfassung wie unser Grundgesetz. Die Römer haben vielmehr ihre politische Ordnung jeweils aktuellen Erfordernissen angepasst. Das Volkstribunat war eingerichtet worden, um die Plebejer zu schützen. Es wurde jedoch durch das Vetorecht schnell zu einem Machtinstrument gegen politische Entscheidungen des Senats und zu einem begehrten Amt, denn es ermöglichte reichen und angesehenen Plebejern, Mitglied im Senat zu werden.

Die Staatsaufgaben wurden von Beamten (= Magistraten) wahrgenommen. Für alle Magistrate galt das Prinzip der Annuität* und der Kollegialität*. Von besonderer Bedeutung waren die Konsuln, die das höchste Amt bekleideten, nämlich die Lenkung des Staates. Weil römische Magistrate nicht bezahlt wurden, konnten nur Reiche diese Ämter ausüben.

Zentrum der Politik war der Senat. Hier saßen Angehörige der alteingesessenen Familien. Ihre Autorität war allgemein anerkannt. Ob jemand einen Sitz im Senat erhielt, entschieden die Zensoren*: Aus dem Kreis ehemaliger Magistrate wählten sie neue Senatsmitglieder aus.

Neben den Senatoren und den Magistraten war die Volksversammlung der dritte Ort, wo in der Republik Politik gemacht wurde – allerdings hier wie anderswo ohne die Frauen. In allen römischen Volksversammlungen wurde nicht nach Personen, sondern nach Stimmeinheiten abgestimmt. Die Zenturiatskomitien, die die Zensoren, Konsuln und Prätoren wählten, waren nach Vermögensklassen (= Zenturien) unterteilt. Jede Zenturie wurde als eine Stimme gezählt, egal, ob 50 oder 500 Menschen zu einer Zenturie gehörten. Die reichen, angesehenen Familien hatten dadurch einen großen Einfluss, denn die Masse der Armen und Besitzlosen konnte in nur ganz wenigen Zenturien jeweils gemeinsam eine Stimme abgeben.

Die Tributkomitien waren nach Wohnbezirken unterteilt. Es gab 31 ländliche und vier städtische Bezirke (= Tribus). Jeder Wohnbezirk hatte eine Stimme. Trotz des Mehrheitsprinzips war es für die reichen Römer auch in dieser Volksversammlung leicht, großen Einfluss zu nehmen: Der größte Teil der armen Bevölkerung wohnte nämlich in der Stadt, konnte also nur in vier städtischen Bezirken mitbestimmen. Die ärmeren Römer aus den ländlichen Bezirken konnten es sich nicht leisten, Haus und Hof für mehrere Tage für die Versammlungen zu verlassen. So wurden die 31 ländlichen Bezirke ausnahmslos von reichen Römern bestimmt.

Tempel der Eintracht M1 (= lat. concordia), römische Münze, 1. Jh. n. Chr. Der Tempel wurde 367/366 v. Chr. am Abhang des Kapitols zu Ehren der Göttin Concordia errichtet. Senat und Volk sollen den Bau beschlossen haben. Im Innern sieht man die Statue der Concordia mit Füllhorn (für den Segen), links Herkules (für die Sicherheit), rechts Merkur (für den Frieden); oben: weitere Götterfiguren. Die Münze zeigt einen Neubau des Tempels aus dem 1. Jh. n. Chr.

Grundwissen

Senat
Der Begriff ist von lat. „senex“ = Greis abgeleitet und bedeutet „Rat der Alten“. Er hatte in der römischen Republik praktisch die Leitung des Staates in der Hand, obwohl er rechtlich kaum Befugnisse ausüben konnte.

Konsul
Die Konsuln waren die obersten Beamten. Sie führten die Regierungsgeschäfte und hatten im Krieg den Oberbefehl. Konsul konnte nur werden, wer über lange politische Erfahrung verfügte.

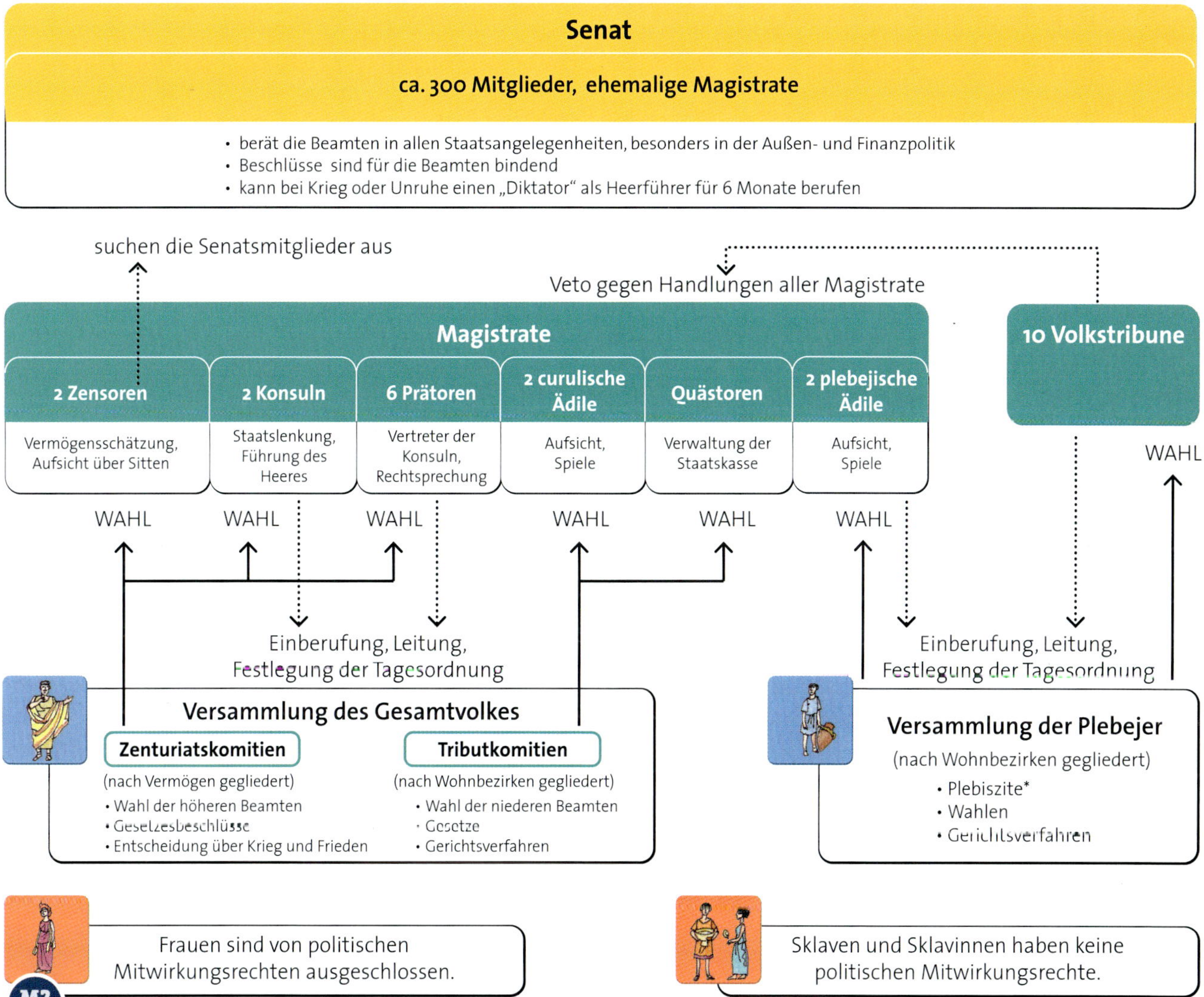

M2 **Die Verfassung der Römischen Republik** nach Abschluss der Ständekämpfe (nach 287 v. Chr.)

1 Vergleiche die Figuren und Absichten, die zum Bau des Tempels (M1) führten, mit den in M2 und M3 (S. 127) dargestellten bzw. genannten Tempeln.

2 Ordne die Errichtung des Concordiatempels (M1) in den Verlauf der Ständekämpfe ein.

3 Beschreibe anhand von M2 die wichtigsten politischen Einrichtungen in der Römischen Republik. Nimm den Darstellungstext und den Grundwissenkasten Seite 128 zu Hilfe.

4 Überprüfe die folgenden Aussagen. Schreibe sie richtig auf und erläutere sie:
a) Der Senat ist dem Magistrat unterstellt.
b) Die zwei Zensoren suchen die Magistrate aus.
c) Ein Diktator wird vom Senat ernannt und übt sein Amt zwölf Monate aus.
d) In den Volksversammlungen der Römer haben alle das gleiche Stimmrecht.
e) Frauen und Sklaven konnten in der Versammlung der Plebejer mitwirken.
f) Das Prinzip der Kollegialität sollte dazu beitragen, Entscheidungen schneller zu treffen.

Ein Stadtstaat wird Weltmacht

Die römische Vorherrschaft in Italien

Rom breitet seine Herrschaft über Italien aus

Um 500 v. Chr. war Rom ein kleiner Bauernstaat am Tiber – im Jahr 272 v. Chr. hingegen stand ganz Italien unter römischer Herrschaft! Hervorgegangen war diese Gebietserweiterung aus vielen Kriegen, die die Römer mit ihren benachbarten Völkern in Mittel- und Süditalien geführt hatten und aus denen sie in der Regel als Sieger hervorgegangen waren.

Ein Krieg zwischen den Römern und den Städten des Latinerbundes* endete in den 490er-Jahren mit einem Sieg Roms und führte zum Abschluss eines „Nachbarschaftsvertrages". Fast das ganze 5. Jahrhundert v. Chr. hindurch kämpften die Römer dann mit der benachbarten Etruskerstadt Veji. Nachdem es ihnen 396 v. Chr. gelungen war, die Stadt einzunehmen, zerstörten sie sie und verteilten das Land an römische Bauern.

Nach dem Sieg über Veji gerieten sie in weitere Kämpfe mit Nachbarstämmen, die sie aber ebenfalls zu ihren Gunsten entscheiden konnten. Nur einmal wäre Rom beinahe untergegangen: Als die keltischen Gallier in Norditalien einfielen, plünderten sie 387 v. Chr. die Stadt Rom und waren nur durch ein Lösegeld zum Abzug zu bewegen.

Strategien der Römer in Italien

Die Strategien der Römer in Italien waren nicht einheitlich: Wurden sie in die Kriege hineingezogen oder gingen sie planmäßig vor? Roms Lage war relativ unbefestigt, die Sicherheit immer wieder bedroht. Aufgrund einer überlegenen politischen Organisation und wegen der militärischen Erfolge wuchs das Ansehen der Römer. Bedrängte Staaten in Süditalien haben daher Rom häufig um Hilfe angerufen, andere freiwillige Bündnisse geschlossen.

Der Umgang mit den Eroberten war unterschiedlich:

- Einige Gebiete eigneten sich die Römer gewaltsam an und machten sie zu Staatsland.
- Manche Städte behielten ihre Selbstständigkeit. Die Bürger erhielten das römische Bürgerrecht.
- In unsicheren Gebieten gründeten die Römer selbstständige Kolonien, siedelten Römer und Nichtrömer an und ordneten die Verwaltung nach römischen Grundsätzen.
- Manche ihrer ehemaligen Gegner erklärten die Römer zu Bundesgenossen*.

In vielen Fällen haben die Römer den Unterworfenen ein Stück Selbstständigkeit belassen. So wurden aus ehemaligen Feinden oftmals Verbündete.

M1 Die Ausdehnung Roms in Italien bis 200 v. Chr.

M2 Ein Vertrag Roms mit seinen Nachbarn

Um 493 v. Chr. schlossen die Römer mit dem Latinischen Städtebund einen „Nachbarschaftsvertrag", den der griechische Geschichtsschreiber Dionysios von Halikarnassos (1. Jh. v. Chr.) überliefert hat. Ähnliche Verträge schlossen die Römer auch mit anderen Städten oder Völkern, die sie besiegt hatten oder die sich ihnen freiwillig unterwarfen:

Es soll Friede herrschen zwischen den Römern und allen Latinerstädten, solange Himmel und Erde die gleiche Stellung haben. Und sie sollen weder selbst gegeneinander Krieg führen noch von anderswo Feinde heranführen noch denen, die Krieg beginnen, sicheren Durchzug gewähren; sondern sie sollen dem, der mit Krieg überzogen wird, mit aller Macht zu Hilfe kommen und beide sollen gleichen Anteil haben an der Beute jeder Art aus der gemeinsamen Kriegsführung … Und es soll nicht erlaubt sein, diesen Verträgen etwas hinzuzufügen oder etwas davon zu streichen, es sei denn auf gemeinsamen Beschluss aller Römer und Latiner.

Dionysios von Halikarnassos 6, 95, 1 ff. Zit. nach Walter Arend (Hg.), Geschichte in Quellen, Bd. 1, 3. Aufl., München (bsv) 1978, S. 413.

M3 **Samnitische Krieger,** Malerei aus einem Grab bei Paestum, 4. Jh. v. Chr. Die Samniten schlossen 354 v. Chr. ein Bündnis mit Rom. Aufstände der Samniten schlugen die Römer in langjährigen Kriegen (343–290 v. Chr.) nieder.

M4 Das Schicksal der Besiegten

Um 340 v. Chr. erhoben sich die Latiner erneut gegen die Römer. Der Schriftsteller Livius (59 v. Chr. – 17. n. Chr.) berichtet über die Senatssitzung, in der über das Schicksal der besiegten Latiner beratschlagt wurde:

[Der Konsul Camillus äußerte sich folgendermaßen:] Was durch Krieg und Waffengewalt in Latium zu tun war, das ist bereits durch die Gnade der Götter und die Tapferkeit der Soldaten bis zum Ende durchgeführt. Erschlagen sind … die Heere der Feinde; alle latinischen Städte … sind entweder im Sturm erobert oder ihre Unterwerfung auf Gnade und Ungnade angenommen worden … Wir müssen nun beschließen, auf welche Weise wir sie denn, da sie uns öfter durch Wiederaufnahme des Krieges zu schaffen machen, in ständigem Frieden ruhig halten können. [Der Senat kam zu folgendem Beschluss:] Den Tusculanern[1] wurde das Bürgerrecht, welches sie [bereits] hatten, gelassen und die Anklage wegen Empörung von staatlichen Umtrieben auf wenige Anstifter abgewälzt. Gegen die Veliterner[1], alte römische Bürger, wurde, weil sie sich so oft empört hatten, mit Härte verfahren … ihre Mauern wurden niedergerissen. Nach Antium[1] wurde eine Ansiedlung von Kolonisten beordert mit der Bestimmung, es sollte den Antiaten erlaubt werden, sich diesen Siedlern anzuschließen. Die Kriegsschiffe wurden von dort weggebracht und der Bevölkerung von Antium der Seeverkehr untersagt und das Bürgerrecht verliehen … Die Tiburter[1] wurden mit Landabtretung bestraft … Den übrigen latinischen Völkerschaften nahm man das Recht auf Verehelichung, Kaufgeschäfte und Versammlungen untereinander.

Livius 8, 13/14. Zit. nach Volkmar Wittmütz, Das Römische Reich, 3. Aufl., Berlin (Cornelsen) 1996, S. 9 f.

1 Mitglieder des Latinischen Städtebundes

1 Beschreibe die Ausbreitung Roms (M1).
2 Kläre mithilfe von M2 und M4, wie die Römer bei der Sicherung der eroberten Gebiete vorgingen.
3 Überlege, welche Vor- und welche Nachteile die Herrschaftsmethoden für Römer und Nichtrömer hatten. Ziehe M3 mit heran.
4 Beurteile die folgende Aussage: Nach den Eroberungen vernichteten die Römer ihre Gegner und ließen keinerlei Eigenständigkeit zu.

Expansion im Mittelmeerraum

Rom gegen Karthago – ein Konflikt

Karthago war eine Stadt in Nordafrika, die 814 v. Chr. von Kolonisten aus der phönizischen Stadt Tyros bevölkert worden war. Von Karthago aus gründeten die Phönizier viele weitere Kolonien. Die Beziehungen zwischen den Römern und den Puniern – so wurden die Karthager von den Römern genannt – waren lange Zeit friedlich gewesen. Nachdem Rom aber die griechischen Städte in Süditalien erobert hatte, gerieten Römer und Punier in einen Konflikt. 264 v. Chr. kam es zum Krieg.

Die sizilianische Stadt Messana bat die Karthager und die Römer um militärische Hilfe gegen die Truppen ihrer Nachbarstadt Syrakus. Karthager wie Römer hofften nun ihren Einfluss in Sizilien ausbauen zu können und kämpften erbittert gegeneinander. Die Römer, die nur über ein Landheer verfügten, ließen erstmals Kriegsschiffe bauen. Als diese von der Kriegsflotte der Karthager zerstört wurden und das Geld für eine neue Flotte fehlte, übernahmen Patrizier deren Finanzierung. 241 v. Chr. wurde der Erste Punische Krieg zugunsten der Römer entschieden. Im Friedensvertrag verlangten sie die Herausgabe Siziliens und 80 Tonnen Silber.

Von nun an reichte das Herrschaftsgebiet Roms über Italien hinaus. Dabei verfuhr man in Sizilien anders als in den italischen Gebieten: Ein römischer Beamter, ein Prätor, verwaltete das Gebiet und zog von den Bewohnern Tribute* (= Steuern) ein. Die erste römische Provinz – Sizilien – wurde 227 v. Chr. eingerichtet.

Provinzen waren römische Besitzungen, die außerhalb Italiens lagen. Sie wurden von einem Statthalter* verwaltet. Die Bewohner einer Provinz (Provinzialen) waren römische Untertanen ohne Bürgerrecht. Sie leisteten Tribute, die entweder aus festen Abgaben oder aus einem Anteil am Ernteertrag bestanden; in Sizilien war das zum Beispiel ein Zehntel der Ernte.

Vorschlag für eine Gruppenarbeit: Konflikte untersuchen

Die Konflikte der Römer mit den Karthagern könnt ihr in folgenden Schritten untersuchen. Teilt euch dazu in drei Gruppen:
Gruppe A: Erster Punischer Krieg (S. 132),
Gruppe B: Zweiter Punischer Krieg (S. 133),
Gruppe C: Dritter Punischer Krieg und die spätere Ausbreitung der Römer (S. 134).
Tragt eure Ergebnisse vor und vergleicht sie.

1. Nach Anlass und Ursache eines Krieges fragen
Klärt zunächst, ob es einen bestimmten Anlass für einen Krieg gab: Ein Krieg kann zum Beispiel durch ein bestimmtes Ereignis ausgelöst werden. Der Anlass für einen Krieg erwächst oft aus weiter zurückliegenden Ursachen. Diese können darin bestehen, dass eine der Kriegsparteien nach größerer Macht strebt und den Herrschaftsbereich ausdehnen will. Ursache kann auch ein Mangel an fruchtbaren Böden im eigenen Land sein oder die Suche nach Rohstoffen.

2. Den Verlauf des Krieges klären
Stellt den zeitlichen Ablauf eines Krieges fest: Wann hat er begonnen, wann war er zu Ende? Gab es verschärfende oder hemmende Einflüsse?

3. Das Ende untersuchen
Untersucht das Ergebnis des Krieges: Wer war der Sieger, wer der Unterlegene? Gab es einen Friedensvertrag? Wie sahen die Friedensregelungen aus?

4. Eine eigene Stellungnahme formulieren
Bewertet die Rolle der beteiligten Parteien: Überlegt, wer Schuld an dem Konflikt hatte. Beurteilt die Folgen des Krieges für die Sieger und die Besiegten.

M1 **Römisches Kriegsschiff**, Marmor, um 35 v. Chr.
Die Kampfbesatzung auf einem Kriegsschiff betrug bis zu 120 Legionssoldaten. Dazu kam auf großen Penteren, die im Ersten Punischen Krieg eingesetzt wurden, eine Bedienungsmannschaft von 300 Mann.

M2 Rom und Karthago zur Zeit des Zweiten Punischen Krieges 218–202 v. Chr.

Der Zweite Punische Krieg

Nach dem Verlust von Sizilien eroberten die Karthager weite Teile Spaniens und erschlossen dort reiche Silbergruben. Um zu verhindern, dass sich die Karthager weiter in Spanien ausbreiteten, schlossen die Römer einen Vertrag mit ihnen. Der karthagische Feldherr Hannibal verletzte diesen Vertrag, indem er die mit Rom verbündete Stadt Sagunt zerstörte und mit seinen Truppen den Ebro überschritt. Daraufhin erklärten die Römer Karthago den Krieg. Dieser Zweite Punische Krieg (218–202 v. Chr.) brachte Rom fast den Untergang. Die Römer wollten die Karthager in Spanien bekämpfen, wurden aber durch das plötzliche Erscheinen Hannibals in Norditalien überrascht. Hannibal soll in nur 15 Tagen mit einem gewaltigen Heer von 50 000 Soldaten, 9000 Reitern und 37 Kriegselefanten die Alpen überquert haben. Drei Jahre zog er unbesiegt durch Italien, ohne allerdings Rom anzugreifen. Zu seinen größten Erfolgen zählt die Schlacht bei Cannae: Von 86 000 Römern sollen 50 000 gefallen sein. Im Jahr 212 v. Chr. kam die Wende: Die Römer eroberten einige Städte in Süditalien zurück. Als der römische Feldherr Scipio dann nach Afrika übersetzte und Karthago angriff, war Hannibal gezwungen, mit seinem Heer nach Afrika zurückzukehren. Scipio, der den Beinamen Africanus erhielt, schlug Hannibal 202 v. Chr. in der nordafrikanischen Stadt Zama.

Die Friedensbedingungen der Römer waren für Karthago hart: In Südspanien wurden zwei neue römische Provinzen eingerichtet. Die Karthager mussten alle Kriegselefanten und alle Kriegsschiffe bis auf zehn herausgeben und 260 Tonnen Silber zahlen. Kriege, auch wenn sie der eigenen Verteidigung dienten, durften sie künftig nur mit Zustimmung Roms führen.

M3 Hannibal – ein unbezwingbarer Gegner?

Der römische Geschichtsschreiber Livius (59 v. Chr. bis 17 n. Chr.) beschrieb den karthagischen Feldherrn Hannibal (um 247/46–183 v. Chr.):

Er war äußerst kühn, wenn gefährliche Aufträge zu übernehmen waren. Gerade in Gefahren zeigte er sich sehr überlegt. Keine Anstrengung konnte ihn ermüden und seinen Mut besiegen … Er war der beste Soldat zu Fuß und zu Pferde … Diesen großen Vorzügen des Mannes hielten andererseits ungeheure Fehler die Waage: unmenschliche Grausamkeit und eine mehr als punische Treulosigkeit. Nichts galt ihm Wahrheit, nichts war ihm heilig. Gottesfurcht kannte er nicht, ein Eid war ihm bedeutungslos.

Livius XXI 4, 5–9. Übers. d. Verf.

M4 **Kriegselefant mit Kampfturm,** etruskischer Teller, 3. Jh. v. Chr.

Ein Stadtstaat wird Weltmacht

M5 Die Ausbreitung des Römischen Reiches von 220 v. Chr. bis 14 n. Chr.

Der Dritte Punische Krieg

In den Friedensbedingungen des Zweiten Punischen Krieges hatte Rom den Karthagern untersagt, ohne Einwilligung Roms Kriege zu führen. Dies sollte sich für die Karthager als folgenschwer erweisen. Als im Jahr 150 v. Chr. die benachbarten Numider den Kampf gegen die Karthager eröffneten, wehrten sich diese, ohne vorher die Erlaubnis Roms einzuholen. Die Römer nahmen dies als Anlass, um Karthago 149 v. Chr. den Krieg zu erklären. Nach dreijähriger Belagerung besetzten sie 146 v. Chr. die Stadt, machten sie dem Erdboden gleich und brachten die Überlebenden als Sklaven nach Rom. Das Land der Karthager wurde zur römischen Provinz Africa.

Rom und das östliche Mittelmeer

Seit etwa 200 v. Chr. griffen die Römer immer stärker in die Konflikte im östlichen Mittelmeer ein. Im Jahr 148 v. Chr. machten sie Makedonien zu ihrer ersten Provinz im Osten. Wenig später war fast ganz Griechenland römische Provinz. Rom war zur Führungsmacht im gesamten Mittelmeerraum geworden. In der Folgezeit brachten die Römer unermessliche Kunstschätze aus den eroberten Gebieten in die Heimat. Griechische Kultur und griechische Lebensweise beeinflussten seitdem das Leben der Römer.

M6 Zeitgenössische Urteile

Der griechische Geschichtsschreiber Polybios (um 200–120 v. Chr.) berichtete über Urteile zur römischen Eroberungspolitik:

Manche billigten das Verhalten der Römer: Sie hätten klug … ihre Machtinteressen wahrgenommen. Dass sie der ständigen Bedrohung ein Ende machten und die Stadt … vernichteten … und damit die Herrschaft Roms sicherten, zeuge von politischer Vernunft und Weitblick. Andere [meinten] …: Sie [die Römer] hätten nicht an den Grundsätzen festgehalten, mit denen sie ihre Vorherrschaft errungen hätten, und seien mehr und mehr zu der Herrschsucht der Athener und Spartaner entartet … Wieder andere sagten, die Römer seien im Ganzen ein zivilisiertes Volk …, in dem ganzen Krieg gegen die Karthager [aber – Verf.] seien sie immer nur mit Trug und List vorgegangen, indem sie Schritt für Schritt jedes Mal durch ein Angebot falsche Hoffnungen weckten, ihre wahren Absichten wohlweislich verwahrten.

Polybios XXXVI 9–10. Zit. nach H. Brauer, Roms Aufstieg zur Weltmacht, Paderborn (Schöningh) 1971, S. 43 f.

Gibt es einen gerechten Krieg?

Krieg und Frieden in der Antike

In der Antike war das Verhältnis der Menschen zu einem Krieg anders als heute. Kriege wurden fast als selbstverständlich betrachtet. Aus Quellen wissen wir, dass die Römer das Recht zur Kriegsführung nicht infrage stellten. Zeitgenössische Schriftsteller lobten den Mut der Römer und erkannten ihre Weltherrschaft an. Allerdings galten Kriege nur unter bestimmten Voraussetzungen als gerecht, etwa wenn ein Land bestraft werden sollte, das einen Vertrag verletzt oder einen Bundesgenossen angegriffen hatte. Kriege dienten nach der Vorstellung der Römer zur Neugestaltung der Verhältnisse und der Wiedergutmachung. Die Römer machten die Erfahrung, dass Kriege Not und Unheil bringen, aber sie waren auch der Meinung, dass Kriege zu Verträgen, Ordnung und Stabilität führten.

Den Anspruch auf unbegrenzte Macht und Herrschaft leiteten die Römer von ihren Göttern ab. Erfolgreiche Eroberungsfeldzüge werteten sie als Lohn für ihre Frömmigkeit.

Die Ausbreitung der römischen Herrschaft setzte bei manchen Zeitgenossen auch ein Nachdenken über Krieg und Frieden in Gang: Von den Römern wurde der Krieg meist gerechtfertigt, während die Gegner die römische Kriegsführung in der Regel kritisierten.

M1 Über „gerechte" und „ungerechte" Kriege

Der römische Politiker Cicero äußerte sich im 1. Jh. v. Chr. zu gerechten und ungerechten Kriegen:

Das sind ungerechte Kriege, die ohne Grund unternommen worden sind. Denn nur dann kann ein Krieg … als gerecht gelten, wenn es sich darum handelt, Rache an den Feinden zu nehmen oder diese abzuwehren … Ein Krieg gilt nur dann als gerecht, wenn er vorher angekündigt und erklärt wurde und wenn er zur Wiedergutmachung geführt wird … Unser Volk hat sich durch die Verteidigung der Bundesgenossen bereits aller Länder bemächtigt.

Cicero, Über den Staat, 3. Buch, Kap. 23. Übers. d. Verf.

M2 Was ist ein Krieg?

In einem Jugendlexikon wird der Begriff „Krieg" folgendermaßen erklärt (1996):

Krieg ist die mit Waffengewalt ausgetragene Auseinandersetzung zwischen Staaten oder Völkern. Eine besondere Form des bewaffneten Kampfes ist der Bürgerkrieg zwischen Gruppen innerhalb eines Staates oder in der Form eines Aufstandes gegen die Regierung …

Die Frage nach der … Berechtigung des Krieges beschäftigt die Menschen seit Jahrtausenden. Dabei spielt häufig die Idee eines „gerechten Krieges" (lateinisch: bellum iustum) eine Rolle. Nach der Satzung der „Vereinten Nationen" (UNO)[1] ist ein Krieg nur noch erlaubt als Mittel der Selbstverteidigung oder als Maßnahme der UNO, den Frieden aufrechtzuerhalten oder wiederherzustellen.

Der Jugend-Brockhaus, Bd. 2, Leipzig/Mannheim (Brockhaus) 1996, S. 175 f.

1 Die UNO ist eine Vereinigung zur Sicherung des Friedens auf der Welt. Sie wurde 1945 gegründet und umfasst 191 Staaten (Stand 2003).

M3 Szene aus dem Krieg gegen das Volk der Daker, Relief der Trajansäule, 113 n. Chr.

1 Erarbeite anhand von M1, wie Cicero gerechte und ungerechte Kriege beschreibt.
2 Stelle mithilfe von M2 fest, wie Krieg in unserer Zeit beschrieben wird. Vergleiche mit M1.
3 Schildere, welche Gedanken dir beim Betrachten von M3 kommen.

Weltmacht in der Krise

Den Krieg gewonnen – den Frieden verloren?

Die Ausdehnung des römischen Herrschaftsgebietes über Italien und weite Teile des Mittelmeerraumes führte dazu, dass häufig Männer ihre Familien verlassen und ihre Arbeit niederlegen mussten, um Heeresdienste zu leisten. Jeden von ihnen begleitete die Ungewissheit, wann und ob er überhaupt zurückkehren würde.

Zwischen 327 und 30 v. Chr. gab es nur sieben Jahre, in denen Rom keinen Krieg führte. Auch wenn die meisten Feldzüge siegreich endeten, so zogen nicht alle Römer Gewinne daraus. Selbst diejenigen, die auf der „Gewinnerseite" standen, profitierten nicht auf die gleiche Weise.

Das hat die Gesellschaft der Römer verändert. Der Wandel kam allerdings nicht „über Nacht", sondern allmählich. Dabei stellen sich folgende Fragen:

- Wie hat sich die römische Gesellschaft verändert?
- Wer hatte Vorteile, wer musste Nachteile hinnehmen?
- Warum gerieten der Staat und die verschiedenen sozialen Gruppen in immer tiefere Auseinandersetzungen, obwohl die Römer doch letztlich alle Kriege gewonnen hatten?

M1 **Kleinbauer auf dem Weg in die Stadt**, Relief, 1. Jh. n. Chr.

Krisenerscheinungen in der Gesellschaft

Die meisten Römerinnen und Römer arbeiteten in der Zeit der Republik in der Landwirtschaft und lebten als Kleinbauern. Brach ein Krieg aus, wurden die Männer von ihren Feldern gerufen und mit ihrer leichten Bewaffnung zum Heeresdienst eingezogen. Solange die Kriege nur in Italien geführt wurden und nicht allzu lange dauerten, war die Abwesenheit der Männer vom Hof kein allzu großes Problem. Die Frauen übernahmen für diese begrenzte Zeit die Mehrarbeit, ließen sich durch die Kinder helfen, bis die Männer – entschädigt durch Sold und Anteile an der Beute – zurückkehrten.

Mit der Expansion* nach Übersee funktionierte dieses System nicht mehr, denn die Bauern kamen erst nach Jahren wieder nach Hause – oder waren in der Ferne im Krieg gestorben. Die Frauen konnten die Arbeit nicht mehr bewältigen und die Schulden stiegen. Viele mussten den Hof aufgeben und zogen in die Stadt in der Hoffnung, eine Arbeit als Tagelöhner zu finden. Diese Situation nutzten die patrizischen Großgrundbesitzer. Sie kauften die Höfe verarmter Kleinbauern auf und bewirtschafteten ihre nunmehr riesigen Landgüter (= Latifundien) zum großen Teil mit billigen Sklaven. Von der steigenden Zahl der Sklaven profitierten übrigens auch die städtischen Handwerker und Kleinhändler. Denn Sklaven waren billigere Arbeitskräfte als Tagelöhner.

Nutznießer der römischen Expansion waren auch die „Ritter". Sie entstammten ursprünglich bäuerlichen Familien und konnten aufgrund ihres Wohlstandes zu Pferde in den Krieg ziehen. Mit der römischen Weltherrschaft übernahmen sie neue Aufgaben: Sie zogen in den Provinzen Abgaben und Pachtbeträge ein, versorgten als Händler, Transportunternehmer und Inhaber handwerklicher Großbetriebe die großen Heere mit Lebensmitteln und Geräten und beuteten im Auftrag des Staates Bergwerke und Salinen aus. Auf diese Weise gewannen sie riesige Vermögen. Sie wurden zu einem eigenen „Stand".

Soldaten wurden allmählich zur „Mangelware", sodass der römische Staat dazu überging, auch Landlose einzuziehen. Wie deren Existenz nach Beendigung des Heeresdienstes gesichert werden sollte, blieb eine ungeklärte Frage.

M2 Sklavinnen und Sklaven – Menschen oder Sachen?

Sklaverei war in den Hochkulturen der Antike weit verbreitet. Aber anders als zum Beispiel in Ägypten war Sklaverei eine wesentliche Grundlage der römischen Wirtschaft. Der Historiker Hans-Joachim Gehrke schrieb (1994):

Klar von den Bürgern geschieden waren … die Sklaven. Sie waren dadurch gekennzeichnet, dass sie sich in der Verfügungsgewalt … eines anderen befanden, dem sie prinzipiell auf Leben und Tod unterworfen waren. So galten sie in gewissem Sinne nicht als Mensch, sondern als Sache. Sie genossen nicht den Rechtsschutz des Bürgers und konnten zum Beispiel gefoltert werden … Ohne das für uns unerhörte Institut der Sklaverei beschönigen zu wollen, muss man doch betonen, dass es innerhalb der Sklavenschaft erhebliche Abstufungen gab: Der Sklave war in die familia eingebunden … Durch die Nähe der persönlichen Beziehungen konnte das Abhängigkeitsverhältnis gemildert werden, sodass gerade verdiente Sklaven freigelassen[1] wurden … Durch die römische Expansion …, besonders durch die Errichtung von großen Gütern und Latifundien, nahm die Sklavenhaltung vor allem im 2. Jahrhundert v. Chr. erheblich zu. Sie wurde zu einem Massenphänomen. … [Sklaven] wurden jetzt nicht selten in gefängnisartigen Gebäuden … gehalten und gingen ihrer Arbeit teilweise in Fesseln nach.

Hans-Joachim Gehrke, Die römische Gesellschaft, in: Jochen Martin (Hg.), Das Alte Rom, Gütersloh (Bertelsmann) 1998, S. 168 ff.

1 Im Römischen Reich konnten Sklaven von ihren Herren freigelassen werden. Sie blieben aber auch danach an ihren Herrn gebunden und trugen dessen Vor- und Geschlechternamen als Beinamen.

M3 Zur Lage der Soldaten

Der römische Schriftsteller Plutarch (um 45–120 n. Chr.) überlieferte eine Rede, die der Volkstribun Tiberius Gracchus (162–133 v. Chr.) in Rom gehalten hat:

Die wilden Tiere, die Italien bevölkern, haben ihre Höhlen und kennen ihre Lagerstätte, ihren Schlupfwinkel. Die Männer aber, die für Italien kämpfen und sterben, haben nichts als Luft und Licht; unstet, ohne Haus und Heim, ziehen sie mit Weib und Kind im Lande umher. Die Feldherren lügen, wenn sie in der Schlacht ihre Soldaten aufrufen, Gräber und Heiligtümer gegen die Feinde zu verteidigen. Denn keiner von diesen armen Römern hat einen Altar von seinen Vätern geerbt, kein Grabmal seiner Ahnen. Für Wohlleben und Reichtum setzen sie im Krieg ihr Leben ein. Herren der Welt werden sie genannt: In Wirklichkeit gehört kein Krümchen Erde ihnen zu Eigen.

Plutarch, Tiberius Gracchus 8 f. Zit. nach Walter Arend, Geschichte in Quellen, Bd. 1, München (bsv) 1965, S. 472.

Römische Fessel für Bergbausklaven, undatiert. **M4**
Bergbausklaven hatten die schwersten Lebensbedingungen.

1 Erarbeite anhand des Darstellungstextes und M1, wie sich die Lage der angesprochenen gesellschaftlichen Gruppen entwickelte. Ordne deine Ergebnisse, indem du sie in eine Tabelle einträgst. Ergänze deine Tabelle um die Aussagen zu den auf S. 137 f. behandelten gesellschaftlichen Gruppen. Ziehe M7 mit heran.

2 Arbeite aus M2 die Stellung der Sklaven und Sklavinnen in der römischen Gesellschaft heraus. Ziehe einen Vergleich mit den Sklaven im antiken Griechenland (siehe S. 105).

3 Notiere in Stichworten, wie Tiberius Gracchus in M3 die Lage der Soldaten schildert und beurteile seine Auffassung.

M5 Neuer Reichtum?

Der Historiker Michael Crawford schrieb über die Auswirkungen der Expansion (1984):

[Die römische Führungsschicht war] in den Einfluss der griechischen Welt geraten …; die Kenntnis dieser Welt und der Zugang zu ihren Reichtümern ermöglichte es der römischen Führungsschicht auch, sich die griechische Kultur und den aufwändigen und prunkvollen Lebensstil zu Eigen zu machen … Die Folge war, dass das Gleichgewicht innerhalb der Führungsschicht immer stärker gefährdet war … Darüber hinaus floss nun Geld aus Reparationszahlungen[1], vornehmlich aus Karthago, Makedonien und Syrien …, an Rom … Zudem hatten Generäle und Statthalter im Ausland nahezu unbegrenzte Möglichkeiten, sich auf unrechtmäßige Weise zu bereichern. P. Cornelius Scipio Africanus etwa legte nie genau Rechenschaft ab über die 18 Millionen Denare, die er von Antiochos [dem syrischen König] für den Unterhalt des römischen Heeres nach der Schlacht bei Magnesia 190 v. Chr. erhalten hatte.

Michael Crawford, Die Römische Republik, dt. Übers. von Barbara und Silke Evers, München (dtv) 1984, S. 84 ff.

1 Geld- oder Sachleistungen, die besiegten Staaten auferlegt werden, um die im Krieg erlittenen Verluste zu entschädigen

M6 Mehr Freiheiten für Frauen?

Während des Zweiten Punischen Krieges war es Frauen verboten worden, Gold und Purpur zu besitzen und mit einem bespannten Wagen zu fahren. Dieses Gesetz (Lex Oppia) wurde 195 v. Chr. wieder abgeschafft. Der Aufhebung gingen öffentliche Diskussionen voraus. Der römische Geschichtsschreiber Livius (59 v. Chr. – 17 n. Chr.) überlieferte eine Rede des Volkstribuns Valerius:

Was haben denn die Frauen eigentlich Neuartiges getan, dass sie in einer Sache, die sie angeht, in großer Zahl auf die Straße gegangen sind? … Wir sind … überheblich, wenn wir uns darüber entrüsten, dass ehrenwerte Frauen sich mit einer Bitte an uns wenden, während die Herren die Bitten ihrer Sklaven nicht zurückweisen … Weder Staats- noch Priesterämter noch militärische Auszeichnungen oder Beute können ihnen zuteil werden. Hübsches Aussehen, Schmuck und Kleidung, das sind die Kennzeichen der Frauen, darüber freuen sie sich und sind stolz, das haben unsere Vorfahren die „Welt der Frauen" genannt … Natürlich, wenn ihr das oppische Gesetz aufhebt, wird es nicht mehr in eurem Ermessen liegen, wenn ihr etwas verbieten wolltet, was jetzt das Gesetz verbietet. Über Töchter, Frauen und Schwestern würden dann einige weniger Gewalt haben.

Livius 34, 2,8–3; 5,7–13. Übers. d. Verf.

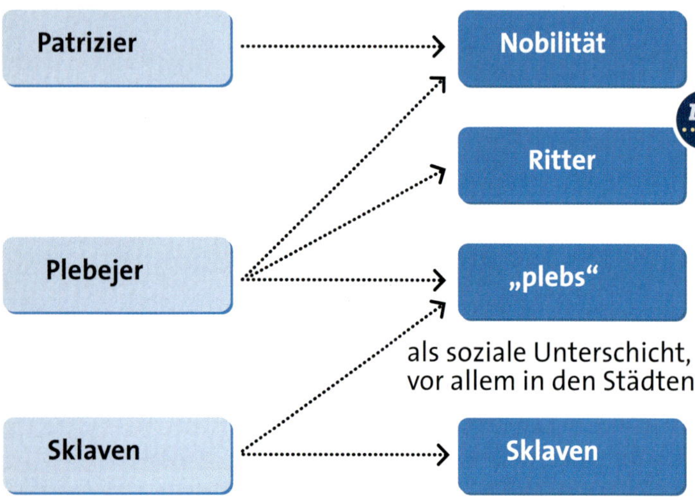

M7 Wandel der römischen Gesellschaft in der Zeit der Republik

4 Erkläre, welche Auswirkungen der Autor von M5 durch die römische Expansion sieht.

5 Erarbeite, wie Valerius (M6) die Stellung der Frauen in Rom beurteilt.

6 Über die Frage, warum die Lex Oppia (M6) erlassen wurde, gibt es verschiedene Meinungen: a) das Gesetz sollte Freiheiten von Frauen einschränken; b) es sollte einzelne Mitglieder der Aristokratie, die durch Kriege zu Reichtum gelangt waren, an der Zurschaustellung ihres Wohlstandes hindern. Nimm Stellung.

7 Beschreibe mithilfe von M7 den sozialen Wandel in der römischen Gesellschaft.

Reformversuche der Gracchen – Ausweg aus der Krise?

Die Krise spitzt sich zu

Mitte des 2. Jahrhunderts v. Chr. verschärfte sich die Krise des römischen Staates und der römischen Gesellschaft. Der Heeresdienst zwang die Kleinbauern, ihre Höfe für lange Zeit ihren Familien zu überlassen. Diese konnten die anfallenden Arbeiten jedoch nicht bewältigen, sodass die Erträge nicht ausreichten, um sie zu ernähren. Zahlreiche Bauern gaben deshalb ihre Höfe auf. Damit sank auch die Wehrkraft des Heeres.
Viele der in Not geratenen Familien hofften in Rom Arbeit zu finden. Dadurch vergrößerte sich die Zahl der „plebs" und die Kluft zwischen Arm und Reich wuchs.
Mit Besorgnis verfolgten nicht nur die Kleinbauern diese Entwicklung im 2. Jahrhundert v. Chr. Auch Mitglieder alteingesessener plebejischer und patrizischer Adelsfamilien suchten nach Wegen aus der Staatskrise. Ihre Führer fanden sie 133 v. Chr. in dem Volkstribun Tiberius Gracchus (162–133 v. Chr.) und zehn Jahre später in dessen Bruder Gaius Gracchus (153–121 v. Chr.).

M1 **Römisches Mosaik**, 2. Jh. n. Chr. Das Mosaik zeigt eine öffentliche Getreideverteilung an arme Stadtbewohner; schon Gaius Gracchus hatte sich um deren Versorgung gekümmert.

1 Im Jahr 130 v. Chr. berichtet ein Kleinbauer seinem Bruder in Rom über die Reformvorhaben der Gracchen. Schreibe einen Brief.

2 M1 ist mehr als 200 Jahre nach dem Getreidegesetz des Gaius Gracchus entstanden. Überlege, warum die Getreideversorgung der Stadtbewohner ein wichtiges politisches Thema war.

3 Besprecht die Reformvorhaben der Gracchen (Kasten). Welche Gruppen hatten Vorteile, welche Nachteile von einzelnen Reformvorschlägen?

Die Reformversuche der Gracchen

Die wichtigsten Inhalte (133–121 v. Chr.):

- Das Ackergesetz des Tiberius, erweitert durch Gaius Gracchus: Der Besitz von Staatsland* wird für jeden Einzelnen auf 125 Hektar (1 Hektar = 100 m x 100 m) begrenzt; Söhne können zusätzlich jeweils ca. 60 Hektar beanspruchen. Frei werdendes Staatsland wird in Einheiten zu je ca. 7 Hektar an besitzlose römische Bürger verteilt. Die Größe des Grundbesitzes wird begrenzt. Ein Land wird auf Erbpacht vergeben (d. h., es ist unverkäuflich), damit Großgrundbesitzer es nicht aufkaufen können.
- Gaius setzt ein Gesetz durch, das den Staat verpflichtet, die arme Stadtbevölkerung monatlich preisgünstig mit Getreide zu versorgen, Getreidespeicher und Zufahrtsstraßen zu bauen.
- Gaius weist den Rittern wichtige Funktionen in der Rechtsprechung und Provinzialverwaltung zu, damit sie die Amtsführung der Senatoren kontrollieren können.
- Er beantragt, dass Soldaten künftig auf Staatskosten eingekleidet werden und das Mindestalter für den Heeresdienst 17 Jahre sein soll.
- Er stellt Gesetzesanträge für die Anlage neuer Kolonien in Italien und Karthago.
- Sein Antrag, Bundesgenossen das Bürgerrecht zu erteilen, scheitert.

Der Ausgang der Reformversuche:

- Die meisten Reformvorschläge treffen auf heftigen Widerstand der Senatoren und vieler Ritter.
- Die politischen Auseinandersetzungen eskalieren: Tiberius wird in einer Volksversammlung von aufgebrachten Senatoren zusammen mit mehr als 300 seiner Anhänger erschlagen; Gaius lässt sich auf der Flucht von einem treuen Sklaven töten; 250 seiner Anhänger werden ermordet, 3000 zum Tode verurteilt.
- Die Reformgesetze bleiben noch eine Zeit lang in Kraft, werden dann aber nach und nach aufgehoben: So wird den Bauern erlaubt, das Land, das sie durch das Ackergesetz erhalten haben, zu veräußern.
- Viele Bauern nutzen diese „Chance", um in die Stadt zu ziehen. Sie finden in den Reichen interessierte Käufer für ihr Land.

Von der Republik zur Monarchie

Bürgerkrieg und Untergang der Republik

Popularen gegen Optimaten: Die römische Führungsschicht bricht auseinander

Die Reformen der Gracchen hatten gezeigt, dass die Einheit zwischen „Senat und Volk von Rom" gestört war. Die einen, wie die Gracchen, wollten über das Amt des Volkstribuns und die Volksversammlung Reformen durchsetzen. Nach dem lateinischen Wort für „Volk" (populus) nannten die Römer sie „Popularen". Die anderen vertraten die Interessen der Reichen und wollten die alte Verfassung mit der Vormachtstellung des Senats beibehalten. Sie wurden von den Römern „Optimaten" (lat. = die Besten) genannt.

Die Säulen der „res publica" gerieten ins Wanken: Magistrate, Senats- und Volksversammlungen wurden von ehrgeizigen, machtbesessenen Rednern missbraucht, die ihre eigenen Interessen als die des Staates ausgaben. Gleichzeitig verstärkte sich der Druck auf die Grenzen des Reichs durch germanische Stämme im Norden und heftige Kämpfe in Nordafrika. In diesen Kriegen zeichneten sich zwei Männer aus: der Popular Gaius Marius (156–86 v. Chr.) und der Optimat Lucius Cornelius Sulla (138–78 v. Chr.).

Marius wurde gegen den Widerstand des Senats, aber mit Unterstützung der Ritter und der Volksversammlung 107 v. Chr. Konsul und Oberbefehlshaber im Kampf gegen die Numider in Afrika. Seit 104 v. Chr. war er viermal hintereinander Konsul und konnte erfolgreich die Germanengefahr abwehren. Er setzte eine Heeresreform durch, indem er landlose Freiwillige aus der „plebs" sowie Bundesgenossen in seine Legionen aufnahm. Für die Zeit nach dem Heeresdienst versprach Marius ihnen ein Stück Land. Aus dem Bürgerheer wurde ein Berufsheer.

Sulla wurde 88 v. Chr. zum Konsul gewählt und erhielt den Oberbefehl gegen König Mithridates von Pontus, der die Provinz Asia bedrohte. Kaum in Asien angelangt, entzog ihm die Volksversammlung in Rom den Oberbefehl und übertrug ihn Marius. Daraufhin kehrte Sulla zurück. Marius und seine Popularen wurden geächtet – rächten sich aber, während Sulla wieder in Asien kämpfte. Als Sulla 83 v. Chr. nach großen Erfolgen wieder in Italien landete, besiegte er das Heer der Popularen. 82 v. Chr. ernannte der Senat Sulla auf unbegrenzte Zeit zum Diktator „für die Neuordnung des Staates". Sulla schränkte das Vetorecht der Volkstribunen ein; Gesetzesanträge an die Volksversammlung mussten jetzt vom Senat genehmigt werden. 79 v. Chr. legte Sulla zur Überraschung aller seine Diktatur nieder. Nach Sullas Tod (78 v. Chr.) brach die wieder gestärkte Vorherrschaft des Senats innerhalb von zehn Jahren zusammen. Die Popularen strebten danach, die Rechte der Volkstribunen wiederherzuherstellen. Dies gelang Gnaeus Pompeius und M. Licinius Crassus 70 v. Chr. in ihrem gemeinsamen Konsulat. Zehn Jahre später gingen sie ein Bündnis mit Gaius Julius Caesar (100 bis 44 v. Chr.) ein. Sie bildeten eine Dreierherrschaft, das so genannte erste Triumvirat.

Sulla als Diktator, M1
Goldmünze, 81 v. Chr. Die Umschrift lautet: L(ucius) Sull(a) Feli(x) Dic(tator). 82 v. Chr. wurde ihm nach militärischen Siegen der Beiname „Felix" (der Glückliche) verliehen. Er war von 82 bis 79 v. Chr. Diktator. Der Senat ließ für ihn eine vergoldete Reiterstatue (wie auf dieser Münze) vor der Rednertribüne auf dem Forum aufstellen.

Grundwissen

Diktator

In besonderen Krisenfällen (Krieg, Unruhen) konnte auf Vorschlag des Senats ein Diktator ernannt werden. Seine Amtszeit, die Diktatur, war auf sechs Monate beschränkt. Die Herrschaft der Diktatoren in der späten Republik, wie Sulla und Caesar, ging jedoch weit über das ursprüngliche Amt hinaus, denn Amtsdauer und Machtfülle waren nicht mehr beschränkt. Unter Diktatur wird in unserer Zeit die Ausübung uneingeschränkter Macht durch eine oder mehrere Personen in einem Staat verstanden.

Caesar – vom Triumvirat zur Alleinherrschaft

Caesars politische Ziele sind bis heute umstritten: Suchte er nur nach Möglichkeiten, seinen persönlichen Ruhm zu steigern? Wollte er das Staatswesen, dessen Probleme er erkannt hatte, grundlegend erneuern? Oder griff er wie ein Spieler nach allen Möglichkeiten zu herrschen, ohne genau zu wissen, wohin der Weg führen sollte?

Caesar, Pompeius und Crassus teilten zunächst die Macht im Staat unter sich auf. Und solange jeder von dem „Zweckbündnis" profitieren konnte, legten sie auch ihre Streitigkeiten gütlich bei. Die Grundsätze der Republik einzuhalten war für sie ganz offensichtlich kein Ziel. Den Senat schalteten sie weit gehend aus und ließen ihre Abmachungen als „Gesetze" verkünden.

Zwischen 58 und 51 v. Chr. war es Caesar gelungen, ganz Gallien zu erobern – also ungefähr das heutige Frankreich – und Pompeius an militärischer Stärke und politischer Macht zu überragen. In die Enge gedrängt, unterstützte Pompeius nun die Politik des Senats und forderte Caesar auf, nach Ablauf seiner Statthalterschaft und vor dem Betreten Italiens seine Legionen zu entlassen, denn so war es üblich. Doch Caesar überschritt den Rubikon, den Grenzfluss zwischen der Provinz und dem italischen Machtbereich, und zog mit seinem Heer nach Rom. Dort besiegte er Pompeius und brach den Widerstand von dessen Söhnen und Anhängern. Caesar war jetzt unbestrittener Alleinherrscher. Da er im Bürgerkrieg mit seinen Feinden relativ milde umgegangen war, gewann er rasch Sympathien. Die bestehende Verfassung setzte er nicht außer Kraft, entwertete sie aber durch viele Maßnahmen: Er erhöhte die Zahl der Senatoren von 600 auf 900 und besetzte die Posten mit seinen Anhängern. 46 v. Chr. ließ er sich für zehn Jahre zum Diktator ernennen und 44 v. Chr. zum Diktator auf Lebenszeit. In der Öffentlichkeit zeigte er sich wie nach einem Triumph mit einem goldenen Lorbeerkranz.

Seine Position als Staatsmann wurde äußerlich immer herausragender: Bei allen offiziellen Handlungen trug er das Purpurgewand des Triumphators. Im Senat saß er auf einem goldenen Stuhl. Ehrenbeschlüsse rückten ihn immer stärker in die Nähe der Göttlichkeit. Er besaß fast die Stellung eines Königs – nur der Titel fehlte. Der jedoch war nach der Verfassung der Republik verboten; auf ihn stand die Todesstrafe. Seine Gegner im Senat hegten immer stärker den Verdacht, dass er die Monarchie erstrebe. Unter Führung von Brutus, der Caesar zuvor gedient hatte, schlossen sich 60 Verschwörer zusammen und ermordeten Caesar am 15. März 44 v. Chr. mit 23 Dolchstichen.

1 Erarbeite anhand des Darstellungstextes Seite 140,
a) vor welchen Problemen die Republik am Ende des 2. Jahrhunderts v. Chr. stand,
b) wie sich der Konflikt zwischen Popularen und Optimaten bis zu Sullas Tod entwickelte und
c) welches Ergebnis er hatte.

2 Untersuche, wie das Amt des „Diktators" verändert wurde. Formuliere mögliche Folgen für die Republik.

3 Zeige mithilfe des Darstellungstextes Seite 141, wie Caesars militärische Erfolge mit seinem Verhalten in der Innenpolitik zusammenhängen.

4 Beschreibe die Münzbilder M1 und M2 und überlege, wie sie auf die Römer gewirkt haben könnten.

5 Erörtert in Partnerarbeit, welche Probleme die römische Politik lösen musste. Entwickelt Lösungsvorschläge. Nehmt die Seiten 136–141 zu Hilfe.

M2 **Caesar,** römische Silbermünze (Denar), 44 v. Chr. (vor Caesars Tod). Die Umschrift lautet: Caesar Dict(ator) Quart(um). Caesar wurde 45 v. Chr. zum Diktator auf Lebenszeit ernannt. Der Kranz um sein Haupt besteht aus Gold. Es ist der Schmuck Jupiters, Auszeichnung des Triumphators und Herrschaftszeichen des etruskischen Königs. Porträts lebender Personen auf Münzen hat es vordem in Rom nicht gegeben.

Schriftliche Quellen vergleichen

Zur Einführung

Im vorherigen Kapitel (siehe S. 89) hast du gelernt, mit welchen Arbeitsschritten eine Textquelle entschlüsselt wird. Du erinnerst dich:

Im **1. Schritt** waren Fragen zum Aufbau und zum Inhalt der Quelle zu bearbeiten (W-Fragen, unbekannte Wörter erläutern, Quelle gliedern).

Im **2. Schritt** ging es darum, Fragen zum Verfasser bzw. zur Verfasserin (= Autor/-in) zu klären (Informationen aus dem Leben der Person; zeitlicher Abstand zu dem Geschilderten; persönliche Einstellungen, Parteinahmen, Absichten des Autors/der Autorin).

In diesem Kapitel gehen wir nun einige Schritte weiter. Wir wollen zwei Textquellen miteinander vergleichen, die sich beide mit demselben Thema beschäftigen, und lernen, wie man in diesem Fall zu historischen Befunden und Urteilen gelangt.

Unsere Frage lautet: Welche Form der Herrschaft erstrebte Caesar? Wollte er die Königswürde? Wir untersuchen dazu Quellenauszüge der antiken Autoren Plutarch und Cassius Dio.

Arbeitsschritte

Zunächst musst du auch beim Vergleich von zwei oder mehreren Textquellen immer mit den beiden auf Seite 89 genannten Arbeitsschritten 1 und 2 beginnen und jede Quelle erst einmal einzeln entschlüsseln. Dann folgen weitere Schritte:

1. und **2. Schritt** (siehe S. 89)

3. Schritt: Glaubwürdigkeit der Autoren
- Mit welchem zeitlichen Abstand zum Geschehen schreiben die Autoren? Wer war möglicherweise Augenzeuge?
- Aus welchem Blickwinkel schreiben die Autoren?
- Geben sie persönliche Werturteile ab?

4. Schritt: Vergleich der Inhalte
- Welche Informationen stimmen überein, welche sind unterschiedlich?

5. Schritt: Weitere Informationen einholen

Gegebenenfalls weitere Quellen und Informationen heranziehen (Lexika, Bücher von Geschichtsforschern, Quellensammlungen).

6. Schritt: Ergebnisse formulieren

Zusammentragen der Einzelbefunde, Deuten der Ergebnisse und das eigene Urteil begründen.

Plutarch

Plutarchos von Chaironeia war ein populärer griechischer Schriftsteller und Gelehrter. Er lebte um 46–120 n. Chr., bereiste mehrere Male Italien und Rom und pflegte persönliche Beziehungen zu römischen Kaisern. Berühmt wurde er durch seine „Vergleichenden Lebensbeschreibungen", in denen er jeweils einen berühmten Griechen und einen berühmten Römer nebeneinander stellte. Dabei ging es ihm vor allem um menschliche Gefühle und Fragen der Ethik.
Bis ins hohe Alter hat er als Leiter einer Privatakademie gelehrt.

Cassius Dio

Cassius Dio Cocceianus stammte aus der kleinasiatischen Provinz Bithynien und lebte um 150 bis 235 n. Chr. Er bekleidete hohe Reichsämter, war Senator und leitete mehrmals Provinzen. Er schrieb eine Gesamtgeschichte Roms in griechischer Sprache und zog hierzu die römischen Annalen und die Geschichtswerke älterer Autoren, zum Beispiel die des römischen Geschichtsschreibers Livius (59 v. Chr.–17 n. Chr.), mit heran.

M1 **Caesar** – Szenenfoto aus dem Fernsehspiel „Die Verschwörung" von Walter Jens, 1969, Regie: Franz Josef Wild

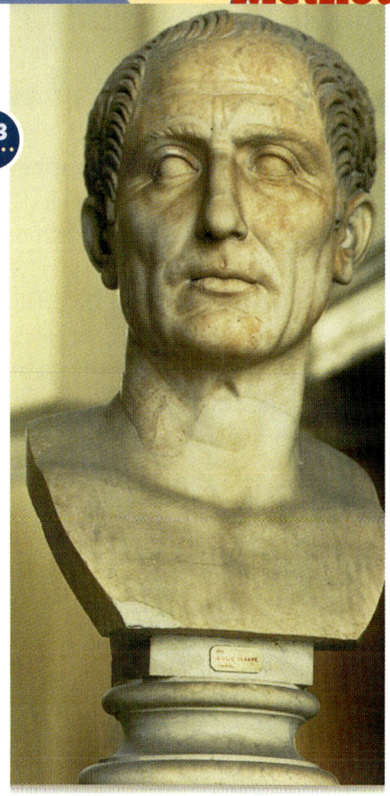

Caesar, Marmorbüste, undatiert M3

M2 Welche Herrschaft erstrebte Caesar: Wollte er die Königswürde?

Der griechische Schriftsteller und Philosoph Plutarch (um 46–120 n. Chr.) über Caesar:

2A Als er [Antonius, der Vertraute Caesars, Konsul und Augur] aufs Forum kam und die Menge ehrerbietig vor ihm auseinander wich, streckte er Caesar ein lorbeerumkränztes Diadem[1] entgegen. Man hörte Händeklatschen, das aber dünn und schwächlich klang; denn es rührte von ein paar Leuten her, welche dazu bestellt worden waren. Als aber Caesar das Diadem zurückwies, brauste ihm der Jubel des ganzen Volkes entgegen. Noch einmal reichte ihm Antonius die Königsbinde dar, wiederum regten sich nur wenige Hände. Caesar schlug sie zum zweiten Mal aus – und begeisterter Beifall wurde ihm zuteil. Da der Versuch so kläglich gescheitert war, stand Caesar auf und gebot, den Kranz aufs Kapitol zu bringen.

Plutarch, Caesar, 61. Zit. nach Von großen Griechen und Römern, übers. von Walter Wuhrmann, Zürich (Artemis) 1991, S. 201.

1 Die weiße Binde, das Diadem, war ein Zeichen der „Königswürde".

Der römische Geschichtsschreiber Cassius Dio (um 150–235 n. Chr.) schrieb über Caesar:

2B Als er nämlich beim Luperkalienfest[1] das Forum betreten und geschmückt mit dem Königskleid sowie im Glanze seines goldbestickten Kranzes die Rostra[2] bestiegen hatte, begrüßte ihn Antonius [Mitkonsul Caesars] samt seinen Mitpriestern als König und umwand sein Haupt mit einem Diadem. Dazu sprach er: „Dies bietet dir das Volk durch meine Hände an!", worauf Caesar jedoch erwiderte: „Jupiter allein möge König der Römer sein!" und dem Gott den Schmuck auf das Kapitol bringen ließ. Gleichwohl fühlte er sich nicht unangenehm berührt, im Gegenteil, er befahl, in die Tagebücher einzutragen, er habe sich geweigert, die ihm vom Volk durch den Konsul angebotene Königswürde anzunehmen.

Cassius Dio, Buch 44, 11,2. Zit. nach Cassius Dio, Römische Geschichte, übers. von Otto Veh, Bd. 3, Zürich (Artemis) 1986, S. 15.

1 Fest zur Abwehr von Wölfen und sonstigen Gefahren

2 Rednertribüne auf dem Forum Romanum

M4 Eine weitere Textquelle zur Herrschaft Caesars

Der römische Geschichtsschreiber Sueton (ca. 70–140 n. Chr.) schrieb über Caesar:

In der Öffentlichkeit gab er Äußerungen einer nicht geringen Überheblichkeit von sich …: „Nichts ist das Gemeinwesen [res publica], bloße Bezeichnung, ohne Leib und Gestalt." „Sulla hat das Abc der Politik nicht gekannt, sonst hätte er die Diktatur nicht niedergelegt." „Die Leute müssen jetzt mit mehr Überlegung mit mir sprechen und für Gesetz halten, was ich sage."

Sueton, Caesar 76–79. Übers. d. Verf.

1 Lies dir den einleitenden Darstellungstext auf S. 142 zum Textquellenvergleich durch und erläutere die dort gestellte Leitfrage zu Caesar.

2 Bearbeite mithilfe der Arbeitsschritte auf S. 142 die schriftlichen Quellen M2A und M2B.
Hinweis zu Schritt 1 und 3: Lies dir die Angaben zu Plutarch und Cassius Dio durch.
Hinweis zu Schritt 5: Lies dir M4 durch; Informationen über Caesar findest du auch auf S. 141.

Herrschaft im Zeitalter des Augustus

Octavian – der Erbe Caesars wird „Augustus“

Nach der Ermordung Caesars 44 v. Chr. entbrannte der Kampf um die Spitze im römischen Staat von neuem. Dieses Mal hieß der Sieger Octavian, ein Großneffe Caesars. Caesar hatte Octavian adoptiert und ihm damit die Soldaten seines Heeres vererbt.

Hatte Octavian noch zu Beginn der Kämpfe seine Gegner grausam verfolgt und getötet, ging er nach seinem militärischen Sieg bei Actium (31 v. Chr.) vorsichtiger vor: Wenn er wieder eine stabile Herrschaft errichten wollte, musste er dafür sorgen, dass seine Herrschaft auch anerkannt wurde.

Einen Schritt in diese Richtung machte er 27 v. Chr., als er alle seine außerordentlichen Vollmachten an Volk und Senat zurückgab und die Republik äußerlich wiederherstellte. Der Senat verlieh ihm daraufhin den Ehrennamen „Augustus“ (= der Erhabene).

Anders als Caesar nannte sich Augustus nicht Monarch*, sondern „Princeps“: der Erste. Tatsächlich herrschte er aber wie ein Monarch: Er hielt den Oberbefehl über das Heer und die wichtigsten Provinzen. Er hatte lebenslang die Befugnisse eines Volkstribuns* und leitete alle Senats- und Volksversammlungen. Auch war er oberster Priester und bestimmte seinen Nachfolger selbst. Sein Name, Caesar (= Kaiser) Augustus, wurde nach seinem Tod 14 n. Chr. zum Titel aller römischen Kaiser.

Die „Pax Romana“: Römischer Friede

Im Bürgerkrieg hatten die Angehörigen der Oberschicht – Senatoren, Ritter, Feldherren – immer um persönlichen Ruhm gekämpft und damit die Republik und den Frieden zerstört. Augustus wollte die Oberschicht wieder in die Verantwortung für das Gesamtwohl des Römischen Reiches einbinden. Zu diesem Zweck beteiligte er Senatoren und Ritter an seiner Macht, aber in Grenzen. Senatoren konnten weiterhin ein Kommando über ein Heer erstreben, aber Augustus blieb Oberbefehlshaber und beendete die jahrhundertelange Eroberungspolitik. Weiterhin konnte ein Senator in einer Provinz als Statthalter* tätig sein und Steuern eintreiben, aber vor korrupten Steuereintreibern wurden die Provinzbewohner geschützt. Sie konnten sich mit Problemen jetzt direkt an den Kaiser wenden.

Mit „Brot und Spielen“ versuchte Augustus die Einwohner der Hauptstadt zu „befrieden“: Er ließ kostenlos Getreide verteilen und viele Pferderennen und Gladiatorenkämpfe veranstalten (siehe S. 147). Mit Feuerwehr- und Polizeistationen erhöhte er die Sicherheit. Auch ließ er in Rom neue Tempel, Theater und Triumphbögen bauen sowie Bauwerke aus der Republikzeit wieder herrichten. Und er ermahnte die Römer, die Götter zu verehren, denen Rom die Weltherrschaft verdanke. Die Friedensordnung des Augustus wird auch „Pax Augusta“ genannt.

Marmorstandbild des Augustus M1 (63 v. Chr–14 n. Chr.), entstanden um 20. v. Chr.; aus der Villa seiner Frau Livia in Primaporta bei Rom. Die Statue hat eine Höhe von 2,03 m. Die Figuren auf dem Brustpanzer zeigen einen besiegten Gegner, der den Römern erbeutete Truppenabzeichen zurückgibt; darüber schweben Himmelsgötter. Die kleine Figur am Fuß könnte Gott Amor sein. Die Barfüßigkeit antiker Statuen ist ein Zeichen für eine gottähnliche Stellung.

M2 Augustus auf einem Schmuckanhänger, um 10 n. Chr., 19 cm x 23 cm.
Oberer Teil: Augustus thront neben der Göttin Roma. Hinter ihm sieht man, dargestellt als Personen, das Meer, die Erde und die Städte des Reiches. Eine Figur hält ihm die römische Bürgerkrone.
Das Füllhorn rechts ist ein Zeichen der Fruchtbarkeit.
Links steht der erfolgreiche Feldherr Tiberius, Stiefsohn des Augustus.
Unterer Teil: Römische Soldaten errichten ein Siegeszeichen; am Boden liegen besiegte Gegner.

Grundwissen

Übergang Roms von der Republik zur Monarchie im 1. Jh. v. Chr.: der Prinzipat
„Prinzipat" bedeutet Vorherrschaft und ist abgeleitet von lateinisch „princeps": der Erste im Staat. Der Prinzipat wurde als Herrschaftsform von Augustus eingeführt und war nach außen eine Republik, tatsächlich aber eine Monarchie. Augustus beendete den Machtkampf in Rom und setzte dem zerstrittenen Senat den „ersten Bürger" als politische Führung entgegen. Für Augustus und seine Nachfolger wird auch der Begriff „Kaiser" (abgeleitet von „Caesar") verwendet.

Um Christi Geburt: Zeitalter des Augustus
Augustus (63 v. Chr.–14 n. Chr.) wird wegen der Sicherung des Friedens im Römischen Reich als Garant einer stabilen Staats- und Gesellschaftsordnung angesehen (Pax Augusta). Dennoch blieben die Spannungen zwischen Friedenserhalt und Weltherrschaft bestehen. Er förderte Kunst und Literatur und bemühte sich, altrömische Lebensart und Religiosität zu bewahren. Begünstigt durch die Selbstdarstellungen auf Münzen und das Statuen- und Reliefbauprogramm, erscheint Augustus als Begründer eines nach ihm benannten „Zeitalters".

M3 Die Römer – eine Gesellschaft in Auflösung?

Der römische Geschichtsschreiber Sallust (86–35 v. Chr.) schrieb über das Römische Reich zur Zeit der Ermordung Caesars (44 v. Chr.). Das Land hatte zu dieser Zeit fast ein Jahrhundert lang Krisen und Bürgerkriege durchlebt:

Übrigens war das Unwesen der Parteien im Volk und Adel mit all ihren üblen Gewohnheiten ... eine Folge des müßigen Lebens und des Überflusses an allen Gütern ... Denn der Adel begann seine Machtstellung, das Volk seine Freiheit in Willkür ausarten zu lassen, jeder suchte für sich zu nehmen, zu raffen und zu rauben. So wurde alles in zwei Parteien auseinander gerissen, der Staat aber, der einst beider Gemeingut war, wurde elend zerfleischt, ... das Volk wurde von Kriegsdienst und Armut bedrückt, die Kriegsbeute rissen die Feldherren mit einigen Freunden an sich, ... es entstand allmählich eine Spaltung aller Bürger.

Sallust, Jugurthinischer Krieg 41. Zit. nach Wilhelm Schöne (Hg.), Werke und Schriften, Stuttgart (Heimeran) 1969, S. 203.

Von der Republik zur Monarchie

M4 Das Tellusrelief mit der Friedensgöttin Pax. Es ist Teil des Altars (der Ara Pacis Augustae), den der Senat zu Ehren des Kaisers Augustus auf dem Marsfeld errichten ließ. Er wurde 9 v. Chr. der Göttin Pax geweiht. Das Relief zeigt in der Mitte die Göttin Pax, von zwei Frauengestalten umgeben, die Landwinde (links auf einem Schwan sitzend) und Meerwinde (rechts auf einem Meeresungeheuer). Es ist eine bildhafte Darstellung des von Augustus verkündeten Friedens.

M5 Augustus – Urteile über seinen Weg zur Macht

Augustus schrieb 13 n. Chr. in seinem „Tatenbericht“, den er in Stein meißeln und öffentlich aufstellen ließ:

5A Im Alter von 19 Jahren [44 v. Chr.] brachte ich aus eigenem Entschluss und mit eigenen Mitteln ein Heer auf, mit dessen Hilfe ich den Staat, der durch die Gewaltherrschaft einer Partei unterdrückt war, in die Freiheit zurückgeführt habe. Aus diesem Grunde nahm mich der Senat ... in seine Reihen auf [43 v. Chr.] ... und gab mir die militärische Befehlsgewalt ... Die meinen Vater ermordet haben, sie habe ich in die Verbannung gejagt und ihr Verbrechen gerächt durch gesetzmäßige Gerichtsurteile ... Die Diktatur, die mir ... sowohl vom Volk als auch vom Senat angetragen wurde, habe ich nicht angenommen.

Res gestae 1 ff. Zit. nach Walter Arend, Geschichte in Quellen, Bd. 1, München (bsv) 1965, S. 581.

Der römische Geschichtsschreiber Tacitus (55–120 n. Chr.) gab zeitgenössische Urteile über Augustus wieder:

5B Dagegen sagten nun die anderen: ... Im Grunde sei es Herrschsucht gewesen, wenn er als junger Mensch ohne Amt die Veteranen durch freigebige ... Spenden an sich zog, ein Heer warb, die Legionen des Konsuls bestach ... Er habe vom Senat das Konsulat erzwungen und das Heer ... gegen den Staat geführt. Dann ist allerdings Friede geworden, aber ein blutiger: Lollius und Varus sind geschlagen worden, in Rom sind Varro, Egnatius und Jullus hingerichtet worden.

Tacitus, Annalen 1, 9 f. Zit. nach Walter Arend, Geschichte in Quellen, Bd. 1, München (bsv) 1965, S. 585 f.

1 Erarbeite aus M3, worin Sallust die Ursachen für die Staatskrise und „Spaltung aller Bürger“ sieht.
2 Prüfe Sallusts Aussagen, indem du wichtige Namen und Ereignisse der Krise seit 133 v. Chr. wiederholst.
3 Stelle mithilfe der Darstellungstexte auf Seite 144 fest, wie Augustus seine Macht errang und wie er sie sicherte.
4 Erschließe aus dem rechten Darstellungstext auf Seite 144 die Bedeutung des Begriffs „Pax Romana“.
5 Beschreibe anhand von M1, M2 und M4, wie sich Augustus in der Öffentlichkeit darstellen ließ. Was sagen die Darstellungen über seine Herrschaft aus?
6 Erarbeite M5 nach der Methode „Schriftliche Quellen vergleichen“ (S. 142 f.).
7 Spätere Historiker behaupteten oft, Augustus habe das Kaisertum begründet; er selbst betonte, die Republik wiederhergestellt zu haben. Prüfe anhand der Informationen auf den Seiten 144–146, welcher Staatsform sich die Mehrzahl der Maßnahmen in seiner Regierungszeit zuordnen lassen.

Spiele – ein Mittel kaiserlicher Politik?

Brot und Spiele – „Panem et circenses"

Spiele wie Wagenrennen oder Gladiatorenkämpfe hat es im Römischen Reich schon seit dem 4. und 3. Jahrhundert v. Chr. gegeben. Sie dienten anfangs dazu, die Götter zu verehren. Je stärker allerdings Einzelherrscher, vor allem Feldherren und später die Kaiser, die Politik bestimmten, desto häufiger wurden Spiele von diesen Einzelpersonen veranstaltet. Sie wollten damit ihre Leistungen und Siege vorführen und die Gunst des Volkes für sich gewinnen.

An Feiertagen wurden regelmäßig Spiele veranstaltet. Daher kann man an der Zahl der Feiertage die Bedeutung von Spielen ablesen: Gegen Ende der Republik gab es ca. 65 Feiertage, im 3. Jahrhundert n. Chr. fast dreimal so viel! Vor allem im 1. Jahrhundert n. Chr. gaben die Kaiser sehr viel Geld für Spiele aus. Augustus und seine Nachfolger achteten auch darauf, dass außer der Reihe veranstaltete Spiele ein Vorrecht der Kaiser blieben. Denn sie hofften, dass alle, die sich von spannenden Spielen ablenken ließen, die Politik dem Kaiser und seinen Soldaten und Beamten überlassen würden.

Es ist schwer zu sagen, ob die Spiele immer die politischen Ungerechtigkeiten einer Monarchie überdecken konnten. Glaubt man dem römischen Satiriker* Juvenal, dann hatten die Römer tatsächlich nur noch Lust auf „Brot und Spiele" (= lat. panem et circenses).

Besonders beliebt waren Tierhetzen und Gladiatorenkämpfe, die in riesigen Amphitheatern, z. B. dem Colosseum in Rom, stattfanden. Bei Ersteren wurden an einem Tag oft Hunderte von Tieren wie Bären und Stiere, Tiger und Löwen aufeinander losgelassen, die sich zur Begeisterung des Publikums gegenseitig zerfleischten. Auch viele zum Tode Verurteilte wurden zu wilden Tieren in die Arena geschickt. Bei den Gladiatoren handelte es sich um Sklaven und Kriegsgefangene, die in Gladiatorenschulen ausgebildet wurden. Mit Waffen ausgerüstet, mussten sie gegeneinander kämpfen. Die Sieger erhielten Prämien. Wer den Kampf verlor, war auf die Gnade des Publikums angewiesen. Der Besiegte hob, um Gnade flehend, den linken Daumen in die Höhe. Gewährten die Zuschauer ihm diese nicht, senkte der Kaiser den Daumen: Der Gladiator wurde daraufhin getötet.

M1 Gladiatoren im Kampf, Detail eines Bodenmosaiks einer Villa bei Tusculum (Italien), 3. Jh. n. Chr.
Der Gladiator ist bewaffnet. Bei 26 reinen Tierkämpfen unter Augustus wurden etwa 3500 Tiere afrikanischer Herkunft getötet.

1 Vergleiche die Spiele im Circus Maximus mit Massenveranstaltungen heute.
2 Erörtere mithilfe des Darstellungstextes, inwieweit Spiele ein Mittel der Politik römischer Kaiser waren.

Großstadtleben im Kaiserreich

„Haupt der Welt“

„Ich bin froh, dass ich heute geboren bin!“ Dies schrieb zur Zeit des Augustus der römische Dichter Ovid und er lobte die „goldene Stadt“ Rom mit ihren Hügeln, wo einst das Weideland für die Rinder lag.
In der Kaiserzeit zählte Rom fast eine Million Bewohner. Das waren fünf bis zehn Prozent aller Einwohner des Reiches. Mit Amphitheater, Forum, Bädern und über 46 000 Mietskasernen wurde die Stadt zum Vorbild für viele andere Städte des Imperiums. Zum Beispiel für die berühmte süditalische Stadt Pompeji, die 79 n. Chr. durch einen Vulkanausbruch verschüttet, aber von Archäologen wieder vollständig ausgegraben wurde.
Zeitgenossen meinten, frühere Könige hätten über leeres Land und Wehranlagen geherrscht, die Römer aber seien Herren über Städte.
Spätestens seit Augustus sprachen viele von Rom als dem „Haupt der Welt“ (= lat. caput orbis). Denn die Stadt war mehr als ein groß gewordenes Dorf, in dem riesige Menschenmassen in engen Mietswohnungen lebten.
Rom war Großstadt und Herrschaftssitz zugleich. Hier residierte der Kaiser mit seinen Beamten. Hier lebten Angehörige ganz unterschiedlicher Völker und Kulturen, Menschen aus allen Provinzen des Reichs. Viele von ihnen waren nicht freiwillig in Rom, sondern nach Kriegszügen als Sklaven oder als Geiseln nach Rom gebracht worden. Andere kamen dorthin, um als Handwerker oder Händler Gewinn zu machen. Im Palatin, einem vornehmen Stadtviertel, stellten Großhändler durch ihre Villen und ihren luxuriösen Lebensstil gern ihren Erfolg zur Schau. Und auch politischer Ehrgeiz trieb viele junge Adlige aus den Provinzen in die Hauptstadt: Hier hofften sie Karriere zu machen, denn am Hof des Kaisers liefen die Fäden der Politik zusammen, hier verhandelten und feierten die einflussreichsten Männer des Reichs.

Rom in der Kaiserzeit, M1
Modell, 1980.
1: Tiber;
2: Circus Maximus;
3: Palatin (Hügel, auf dem kaiserliche Paläste standen);
4: Wasserleitung;
5: Colosseum;
6: Thermen (Bäder);
7: Forum des Augustus;
8: Kapitol

M2 **Wohnhaus einer unbekannten Adelsfamilie in Pompeji.** Das Foto links zeigt den heutigen Zustand des „Hauses des Fauns". Die Rekonstruktionszeichnung rechts vermittelt einen Eindruck von dem ursprünglichen Glanz des Hauses.

1 Schau dir M1 genau an und schildere deinen Eindruck von der Stadt Rom. Vergleiche mit deinen Kenntnissen über heutige Großstädte.

2 Ermittle, wie viele Einwohner heute in Berlin im Vergleich zu Deutschland insgesamt leben.

3 Diskutiert über Vor- und Nachteile des Großstadtlebens heute.

4 Vergleiche, ausgehend von M2 und M3, die Wohnverhältnisse in einem Wohn- und Handwerkerhaus mit einem Wohnhaus des Adels.

5 Erörtert anhand von M2 und M3 Probleme, die sich bei Rekonstruktionszeichnungen von Gebäuden ergeben können.

M3 **Wohn- und Handwerkerhaus in einem ärmeren Stadtteil,** Rekonstruktionszeichnung, 1999

Vom Ansehen der Arbeit

Das Ansehen der Arbeit im Römischen Reich war von den Wertvorstellungen des Adels* geprägt. Danach waren die Tätigkeiten des Politikers, des Kriegers und die selbstständige Arbeit in der Landwirtschaft anerkannt und ehrenhaft. Jede Arbeit, die von Aufträgen und Anweisungen abhing, insbesondere Lohnarbeit, wurde als unwürdig angesehen.

Eine Erklärung für diese Unterscheidung könnte darin liegen, dass der Aufstieg Roms vor allem den Bauern zu verdanken war, die Kriegsdienst leisteten. Der Landmann hatte also am Ruhm des „Vaterlandes" besonderen Anteil. Ebenso galt die Verwaltung von Großgrundbesitz, besonders in der Landwirtschaft, als ehrenhafte Arbeit; waren doch viele Aristokratenfamilien Großgrundbesitzer.

Als sich im Laufe der Zeit vor allem in den Städten spezialisierte Handwerksberufe herausbildeten, wandelten sich die Vorstellungen: Wer technisch und künstlerisch hochwertige Produkte wie Schmuck und Kleidung herstellte, konnte auch das Ansehen seines Berufs steigern. Darstellungen von Handwerkern und Produkten auf Grabsteinen zeugen von dieser Absicht, Handwerks- und Dienstleistungsarbeit als „wertvoll" herauszustellen.

Berufliche Tätigkeiten von Frauen

Da es für verheiratete freie Frauen nur „statthaft" war, im häuslichen Bereich zu arbeiten, werden auf Grabinschriften und in anderen Quellen, die sie ehren sollen, keine beruflichen Tätigkeiten außerhalb des Hauses genannt. Über die Geschäftsfrau Eumachia aus Pompeji wird aber zum Beispiel erwähnt, dass sie in ihrem eigenen Namen und dem ihres Sohnes ein Gebäude, die Wollbörse, finanzierte und gestaltete.

Über Freigelassene und Sklavinnen wissen wir, dass sie als Kellnerinnen, Buchhalterinnen und Hausangestellte, Bibliothekarinnen und Vorleserinnen arbeiteten; ebenso waren sie in gesellschaftlich geächteten Bereichen tätig: als Flötenspielerin, Wirtin, Tänzerin, Schauspielerin und Prostituierte.

Zahlreich sind Frauen im Gesundheits- und Bildungswesen zu finden: Hebammen, Ärztinnen und Erzieherinnen von Kleinkindern. Für den Handwerksbereich liegen Belege nur für Weberinnen vor. Keine Belege gibt es für Frauenarbeit in der Holz-, Metall-, Ton- und Lederverarbeitung.

M4 „Als unedel und unsauber gilt ..."

Der römische Schriftsteller und Philosoph Cicero (106–43 v. Chr.) schrieb:

Als unedel und unsauber gilt ... der Erwerb aller ungelernten Tagelöhner ... Alle Handwerker fallen auch unter diese unsaubere Zunft; was kann schon eine Werkstatt Edles an sich haben? ... Am allerwenigsten kann man sich einverstanden erklären mit Berufen, die nur sinnlichen Genüssen dienen: Fischhändler, Fleischer, Köche, Hühnermäster, Fischer ..., Tänzer und das ganze leicht geschürzte Schauspiel. Diejenigen Berufszweige aber, die eine tiefere Vorbildung verlangen und höheren Nutzen anstreben, wie die Heilkunde, die Baukunst, der Unterricht in den edlen Wissenschaften, sind anständig ... Der Kleinhandel aber ist zu den unsauberen Geschäften zu rechnen, während der kapitalkräftige Großhandel, der die Verbrauchsgüter aus aller Welt heranschafft und den Massen zugute kommen lässt, nicht ganz zu tadeln ist. ... Von allen Erwerbsarten ist die Landwirtschaft die beste, die ergiebigste und angenehmste, die des freien Mannes würdigste.

Cicero, De officiis I. Zit. nach Karl Christ, Die Römer, 3. Aufl., München (Beck) 1994, S. 102.

M5

M6

M7

6 Ordne die Bilder M5 bis M8 den Bildunterschriften A bis D richtig zu. Begründe deine Zuordnungen.
7 Erarbeite aus M4, was Cicero über das Ansehen der Berufe im Römischen Reich schreibt. Vergleiche mit deinen Kenntnissen über das Ansehen von Berufen heute.
8 Beurteile anhand des Darstellungstextes die Stellung der Frauen in der römischen Arbeitswelt.
9 Überlege, ausgehend von M4 und den Bildunterschriften (rechts), wie wir zu Kenntnissen über Arbeit und Berufe im Römischen Reich gelangen.

Bildunterschriften (M5–M8)

A **Schlosserwerkstatt,**
Relief eines Grabmals in Aquileia

B **Großbäckerei,**
Relief eines Grabmals in Rom (Ausschnitt)

C **Gastwirtschaft,**
Relief eines Grabmals in Trier

D **Kleinhandel,**
Relief eines Ladenschildes in Ostia

M8

M9 **Wasserzuleitung und Abwasserkanal in einer römischen Stadt,** Rekonstruktionszeichnung, 1985. Knapp die Hälfte der Hauptstadtbewohner verfügte über einen Wasseranschluss im Haus. Die Zuleitungen von den Verteilerstellen zum Haus waren selbst zu zahlen. Wasserverschmutzung wurde mit hohen Geldstrafen geahndet.

M11 **Öffentliche Toilette** in einer römischen Stadt (Vaison-la-Romaine, Südfrankreich), 2. Jh. n. Chr.

M10 „Wo geht's hier zur Latrine?"

Der Historiker Helmuth Schneider schrieb (1985):

Da die Mietskasernen nicht an die Schwemmkanalisation angeschlossen waren, gab es in den Wohnungen der Armen keine Toiletten; ... üblicherweise wurde der Topf nachts aus dem Fenster entleert, die Fußgänger mussten sehen, dass sie von den Fäkalien nicht beschmutzt wurden ... Tagsüber konnte die Bevölkerung auch die mit der cloaca [Abwasserkanal] verbundenen öffentlichen Latrinen [Toiletten] benutzen, die mehrere Sitze nebeneinander aufwiesen; es gab keine Trennwände.

Helmuth Schneider, Cloaca Maxima, in: Journal für Geschichte, Weinheim (Beltz) Juli/August 1985, S. 17.

11 Beschreibe mithilfe von M9 bis M11, wie die Römer in ihren Städten Abwasserprobleme lösten.

12 Unterscheide an M12 reale und fiktionale (erfundene, angenommene) Bestandteile des Dargestellten.

13 Sammelt Informationen über die Wasserversorgung in eurem Wohnort und wertet sie aus (Anfragen bei Gemeindeverwaltungen oder Stadtwerken).

M12 **Ein Urteil der Comicfigur Asterix über die römische Ingenieurskunst beim Bau eines Aquädukts**

Kleidung und Getränke – eine Abendgesellschaft in Rom

Im Liegen essen?

Die reichen Römer luden am Abend oft Gäste zu einem ausgiebigen Essen in ihre Villa ein. Dabei machten es sich die Gäste auf weichen Liegen bequem. Sklaven reichten Speisen und Getränke. Zauberer, Musiker und Akrobaten sorgten für Unterhaltung. Der Duft exotischer Öle trug zur Entspannung bei.
Die Römer zeigten ihren Wohlstand, indem sie Speisen und Getränke aus allen Teilen des Reiches servieren ließen. Aus Syrien kamen Pflaumen und Granatäpfel, aus Afrika Datteln und Gewürze, aus Gallien Wurstwaren und aus Spanien Salzlake, die die Römer zum Würzen ihrer Speisen verwendeten.

M1 **Römische Abendgesellschaft,** Rekonstruktionszeichnung, 1997

Einen Grapefruit-Trunk mixen

Dieses würzige Getränk durfte bei keiner römischen Abendgesellschaft fehlen. Ihr könnt es zum Beispiel als euren Beitrag für das nächste Schulfest mixen.

Zutaten für 4 Personen:
4 Teelöffel Honig,
2 zerkleinerte Lorbeerblätter,
2 Datteln,
1 l Grapefruitsaft,
jeweils eine Prise Zimt und Pfeffer, Zitronen.

1. Zerhackt die Datteln fein und entfernt die Kerne.
2. Gebt alle Zutaten in einen Topf und erhitzt sie auf kleiner Flamme.
3. Lasst das Getränk abkühlen und verziert die Gläser vor dem Servieren mit einer Zitronenscheibe.

Eine Toga anlegen

Wollt ihr euch einmal fühlen wie ein Römer? Dazu benötigt ihr eine Toga. Allen frei geborenen Männern war es gesetzlich erlaubt, eine Toga zu tragen. Doch weil das so umständlich war, trugen nur Männer aus der Oberschicht die Toga, wenn sie zum Beispiel eine Rede hielten oder zu einer Abendgesellschaft gingen.
Eine Toga herzustellen ist gar nicht so schwierig. Ihr braucht dazu ein halbkreisförmiges Stück Stoff mit einer Kantenlänge von mindestens vier Metern.

Legt ein Stoffende so über den linken Arm, dass etwa ein Drittel nach vorne überhängt. Führt das andere Ende über die linke Schulter, den Rücken und unter dem rechten Arm durch und werft dann dieses Ende über die linke Schulter zurück. Die Toga ist nun angelegt, der rechte Arm bleibt frei. Ihr werdet sicherlich merken, dass eure Bewegungsfreiheit eingeschränkt ist, dass ihr ruhig und langsam gehen müsst, was euch einen würdevollen Ausdruck verleihen wird.

So legt ihr eine Toga an, Zeichnung, 1995 M2

Romanisierung der Provinzen

Ziele römischer Herrscher in der Kaiserzeit

Nach den gewaltigen Eroberungen in der Zeit der Republik und nach dem Tod von Augustus (14 n. Chr.) weiteten die Kaiser das Reich nur noch an wenigen Stellen aus. Das Ziel, im Norden die Reichsgrenze vom Rhein an die Elbe vorzuschieben, mussten sie wegen des Widerstands germanischer Stämme bald aufgeben. Im 2. Jahrhundert n. Chr., als die größte Ausdehnung erreicht war, lebten 50 bis 60 Millionen Menschen in fast 40 Provinzen. Was Augustus begonnen hatte, wurde für zwei Jahrhunderte Ziel römischer Herrschaft: aus den vielen eroberten Gebieten ein zusammenhängendes Reich zu schaffen. Die nachfolgenden Kaiser sahen sich nicht nur als Eroberer, sondern immer auch als Hüter des Friedens. 212 n. Chr. war das Reich so weit zusammengewachsen, dass alle freien Männer das römische Bürgerrecht* erhielten.

Grundwissen

Kaiserzeit (Christi Geburt – 500 n. Chr.)
Die Kaiserzeit, beginnend mit Augustus, war in den ersten beiden nachchristlichen Jahrhunderten gekennzeichnet von dem Ziel der Herrscher, Eintracht im Inneren und Frieden nach außen zu sichern. Das Zusammenwachsen des Reiches wurde vor allem durch die Rechtssicherheit und die Ausweitung des römischen Bürgerrechts gefördert.

... und wie die Ziele durchgesetzt wurden

Die Römer waren als militärische Gegner gefürchtet, denn die Imperatoren brachen den Widerstand ihrer Feinde mit aller Härte. Milde, „clementia", ließen sie nur denen gegenüber walten, die sich unterwarfen sowie die Friedensbedingungen und die Herrschaft der Römer bedingungslos akzeptierten.

Völker und Gebiete, die als „befriedet" galten, wurden in die auf Einheit und inneren Frieden ausgerichtete Reichspolitik der Römer einbezogen. Im Einzelnen bedeutete dies:

1. Die nicht-römischen Bürger in den Provinzen bekamen im 1. und 2. Jahrhundert n. Chr. mehr Rechte. Nicht-römische Soldaten zum Beispiel, die als Hilfstruppen dienten, erhielten nach ihrem Ausscheiden aus dem Heeresdienst das volle Bürgerrecht.
2. Die Kaiser förderten die Städte. Vorhandene Städte wurden ausgebaut, andere neu gegründet und die Ämter in Anlehnung an Rom organisiert. Die Kaiser sorgten dafür, dass die Reichen aus der örtlichen Regierung die Vorzüge römischer Lebensart genießen konnten. Aber auch die Massen kamen nicht zu kurz: Wie in Rom wurden überall Amphitheater, Thermen, Tempel, Theater und Wasserleitungen gebaut.
3. Die Kaiser stärkten den Austausch zwischen Provinzen und Städten durch den Ausbau des Straßennetzes.

M1 **Kaiserzeitliches Relief,** um 100 n. Chr. Das Relief wurde an einem Triumphbogen angebracht, den die Römer 315 n. Chr. in Rom zu Ehren Kaiser Konstantins (306–337 n. Chr.) errichteten. Es zeigt vermutlich Kaiser Trajan, vor dem ein Daker um Gnade fleht; im Hintergrund tragen Legionäre abgeschlagene Köpfe der Gegner.

Roms Legionen – Basis der Weltherrschaft

Eine der größten Aufgaben in der Kaiserzeit war die Sicherung der 16 000 Kilometer langen Grenze des Römischen Reiches. Diese Aufgabe übernahm eine große Armee, die in den Grenzprovinzen stationiert war. Die Armee setzte sich aus Legionen mit je 6000 Mann zusammen. Jede Legion bestand aus 10 Kohorten. Im 2. Jahrhundert n. Chr. standen rund 250 000 Mann unter Waffen.

Legionäre waren römische Bürger. Unterstützt wurden sie von Hilfstruppen, die sich aus nicht-römischen Bewohnern der Provinzen zusammensetzten. Seit der Heeresreform des Marius (156–86 v. Chr.) wurde die Armee zu einem Berufsheer* mit fest besoldeten und sozial abgesicherten Soldaten umgebildet. In der Kaiserzeit war sie nach innen wie nach außen die Grund lage römischer Macht und das wirksamste Mittel, um die römische Friedensordnung durchzusetzen.

Die Legionen waren in der Nähe der Grenzen stationiert. Zwar mussten die Grenzregionen die Lasten der Truppenversorgung tragen. Aber mit ihrer Kaufkraft* und ihrem technischen Wissen war die Armee auch ein positiver Wirtschaftsfaktor.

Römische Legionäre – nicht nur Soldaten

Das Leben der Legionäre war nicht immer von Kampf und Krieg bestimmt. Sie mussten ihre Festungsanlagen, Kasernen, Straßen und Kanäle selbst anlegen und auch Äcker in der Nähe des Lagers bewirtschaften. Soldaten mit speziellen Kenntnissen waren von den allgemeinen Dienstpflichten befreit: Feldvermesser, Architekten, Tierärzte, Schiffbauer, Wagenbauer, Schwertschmiede, Trompetenbauer, Bogenmacher, Bleigießer, Metzger, Jäger, Buchführer. Die Dienstzeit in der Legion dauerte 20 Jahre, bei den Hilfstruppen 25 Jahre. Nach ihrer Dienstzeit ließen sich die altgedienten Soldaten (Veteranen) mit ihren Familien zumeist in Siedlungen nieder, die in der Nähe der Festungen entstanden waren, zum Beispiel in Castra Batava (Passau), Castra Regina (Regensburg) und Biriciana (Weißenburg). Dort lebten sie als angesehene und bevorrechtigte Bürger.

1 Erläutere mithilfe der Darstellungstexte S. 154 f. und M1, wie die Römer im Weltreich der Kaiserzeit ihre Herrschaft ausübten und sicherten.

2 Beschreibe anhand von M2 die Ausdehnung des Römerreichs vom 1. bis 3. Jahrhundert n. Chr.

3 Nach altem Brauch durfte das Tor des Janusbogens auf dem Forum nur geschlossen werden, wenn Frieden im Reich herrschte. Vor Augustus, der es dreimal schloss, war es wohl nur einmal möglich gewesen. Die Kaiser eiferten danach, seinem Beispiel zu folgen. Diskutiert die möglichen Rückwirkungen dieser Zielsetzung auf die Reichspolitik.

M2 Das Römische Reich vom 1. bis zum 3. Jahrhundert n. Chr.

Spuren römischer Herrschaft, Wirtschaft und Kultur

Sicherung der Herrschaft im Alpenvorland

Während die Römer die Herrschaft über den Mittelmeerraum konsequent ausbauen konnten, gelang die geplante Eroberung des gesamten Germaniens nicht. Im Jahr 9 n. Chr. bekam der Statthalter Quintilius Varus den massiven Widerstand der Germanenstämme unter der Führung des Arminius zu spüren. Drei römische Legionen wurden vermutlich bei Kalkriese im Raum Osnabrück aufgerieben; auch Varus wurde getötet. Tief beeindruckt von diesem Ereignis, hinterließ Augustus seinem Nachfolger Tiberius den Rat, an der Donau die Nordgrenze des Reiches auszubauen. Die Stiefsöhne des Augustus, Drusus und Tiberius, hatten das Alpenvorland bereits 15 v. Chr. unter römische Herrschaft gebracht. Dabei wurden die Räter und Vindeliker in einer Schlacht am Bodensee besiegt. Ihr Gebiet wurde zur Provinz Rätien mit der Hauptstadt Augusta Vindelicum. Anders verhielt sich das Königreich Noricum: Ohne Widerstand zu leisten, schloss es sich dem Weltreich an.

Rhein und Donau bildeten relativ einfach zu sichernde Grenzen gegen die Germanen*. Das Landstück zwischen Rhein und Donau war jedoch nicht leicht zu verteidigen. Daher errichteten die Römer hier gegen Ende des 1. Jahrhunderts n. Chr. eine besondere Grenze: den Limes. An Straßenkreuzungen und Flussübergängen wurden bis zu 100 Mann starke Straßenposten eingerichtet. Ebenso erhöhten die Kastelle entlang der Grenze mit bis zu 1000 Infanteristen und Reitern die Sicherheit. Handel und Verkehr hat der Limes nicht behindert. Im Gegenteil: Der durch die Grenzsicherung erreichte Friede beförderte einen regen Warenaustausch und ein durchaus friedliches Leben an der Grenze zu den germanischen Stämmen.

Wirtschaftsleben

In der Friedenszeit des 1. und 2. Jahrhunderts n. Chr. gelangten Handel und Gewerbe im Römerreich zu großer Blüte. Voraussetzungen dafür waren u. a. feste Währungen, Maße und Gewichte, die im gesamten Reich galten. Ein ausgebautes Verkehrsnetz steigerte die Mobilität. Fernhändler versorgten die Städte mit Waren aus fernen Ländern. So wurden in einem Augsburger Händlerdepot des 1. Jahrhunderts n. Chr. Scherben von über 600 Glasgefäßen gefunden. Sie werden als Importstücke aus Oberitalien angesehen.

In den Provinzen wie Rätien und Noricum wurde die Wirtschaft in starkem Maße von Truppenansiedlungen beeinflusst. Handwerker ließen sich dort nieder und versorgten mit ihren Produkten das Militär und die Zivilbevölkerung. Töpfereien wie die in Schwabmünchen produzierten alles, was in der römischen Küche gebraucht wurde: Töpfe, Teller, Schüsseln, Kannen und Krüge. Zur Versorgung der Siedlungen mit Nahrungsmitteln entstanden im Umkreis von Kastellen zahlreiche Gutshöfe (lat. villae rusticae). Die Villa rustica wurde zur vorherrschenden landwirtschaftlichen Betriebsform in den Provinzen.

Spuren römischer Kultur

Schatzfunde wie die von Weißenburg 1979 (siehe S. 161), Reste von Badeanlagen (Thermen) und von Gutshöfen zeigen uns, dass sich die Römer in der Provinz Rätien dauerhaft niederließen. Die Funde lassen erkennen, dass sie viele Errungenschaften in die Provinzen mitbrachten, wie zum Beispiel Anlagen zur Wasserversorgung, Thermen, Backöfen, Räucherkammern, Trocknungsanlagen für Getreide (Darren) und Brennöfen für Dach- und Heizungsziegel.

M1 **Der obergermanische Limes (links) und der rätische Limes (rechts)** um 200 n. Chr., Rekonstruktionszeichnung, 1992

M2 Leben am obergermanisch-rätischen Limes im 2. Jahrhundert n. Chr.

M3 **Weintransport mit einem Ochsenfuhrwerk,**
Eckblock eines Grabmals aus der Zeit um 200 n. Chr., das 1990 in Augsburg gefunden wurde (Breite: 92 cm)

Grundwissen

Limes
(lat. Grenze). Während der römischen Kaiserzeit wurde die Grenze des Reiches durch Wehrbauten, wie Wälle, Gräben, Wachttürme und Kastelle, gesichert. Der obergermanisch-rätische Limes, der die Donau mit dem Main und dem Rhein verbindet, ist mit einer Länge von etwa 550 km das größte europäische Bodendenkmal.

1 Erarbeite, wie die Römer ihre Macht sicherten (Darstellungstext, M1, M4). Wiederhole dazu dein Wissen über die „Romanisierung der Provinzen" (S. 154 f.).

2 Beschreibe anhand von M1 die Bauformen des Limes.

3 Erläutere mithilfe von M2 den Verlauf des Limes und erkläre seine Funktionen.

4 Untersuche mithilfe von M2, M3 und des Darstellungstextes Wege und Waren im römischen Fernhandel.

5 Beurteile anhand des Darstellungstextes die Bedeutung des Fernhandels für die römische Wirtschaft im Vergleich zu Landwirtschaft und Handwerk.

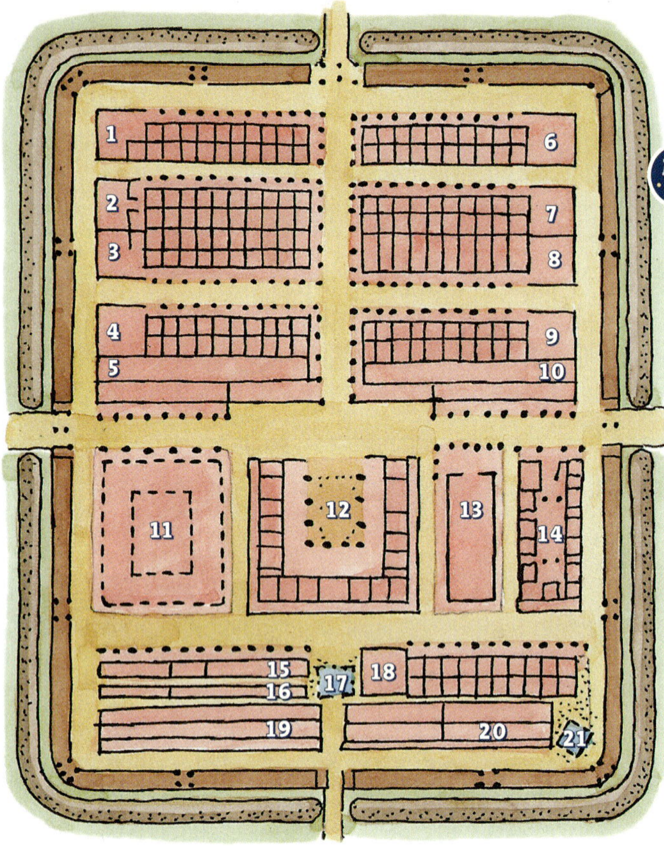

M4 Das römische Kastell Quitanis (Künzing) an der Donau, Rekonstruktionszeichnung. Das Kastell wurde etwa 90 n. Chr. erbaut, neben anderen Kastellorten im östlichen Niederbayern, wie Sorviodurum (Straubing), Batavis (Passau-Altstadt), Boioduro (Passau-Innenstadt). Es war 165,5 m x 132,5 m groß und konnte eine 500 Mann starke Reiter- und Infanterie-Einheit aufnehmen. In mehreren Bauperioden bis etwa 200 n. Chr. wurde die hölzerne Palisadenwand durch eine steinerne Wehrmauer ersetzt. Die Gebäude blieben weit gehend als Holzbauten bestehen.

1–4, 6–9, 18 Mannschaftsbaracken
11 Wohnhaus des Kommandanten
12 Stabsgebäude (militärische Führung)
13 Vorratsspeicher
14 Lazarett
17, 21 Wasserbehälter
19, 20 Ställe
5, 10, 15, 16 unbekannte Verwendung

M5 „Spektakulärer Römerfund in Niederbayern"

In der Süddeutschen Zeitung vom 22. Oktober 2003 heißt es:

Archäologen sind im niederbayerischen Künzing auf einen sensationellen Fund gestoßen. Es handelt sich um die Reste eines bislang unbekannten römischen Amphitheaters. Damit ist erstmals in Deutschland eine Arena in der Nähe eines kleinen Römerlagers entdeckt worden. Denn die wenigen Theater, die es überhaupt gibt, gehören zu den großen Römerzentren wie Trier, Mainz und Xanten. „Man muss nun davon ausgehen, dass es an vielen Militärstandorten der Römer solche Arenen gegeben hat", sagt der Archäologe des Landkreises Deggendorf, Karl Schmotz ... Was die Römer in der Arena getrieben haben, ist schwer nachzuvollziehen. „Vielleicht sind dort reisende Gladiatorentrupps aufgetreten", vermutet Schmotz. Ebenso könnte sie Schauplatz von militärischen Zeremonien und Reiterspielen gewesen sein, aber auch szenisches Theater war hier möglich.

Hans Kratzer, Spektakulärer Römerfund in Niederbayern. In: Süddeutsche Zeitung vom 22. 10. 2003.

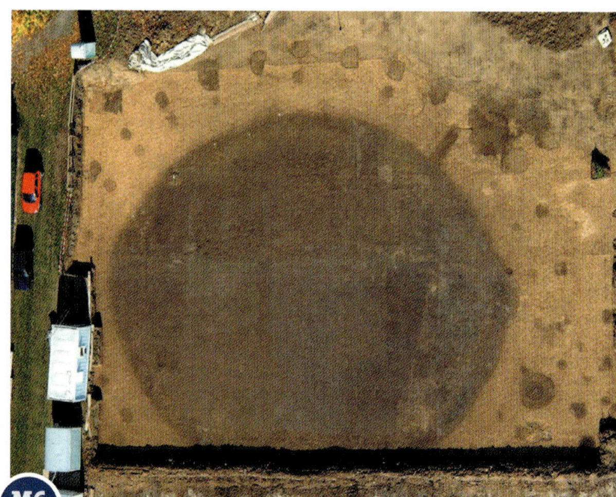

M6 Umriss eines im Jahr 2003 entdeckten römischen Amphitheaters in der Nähe des Kastells Künzing, Foto, 2003. Die Arena gehörte offensichtlich zu einer Zivilsiedlung, die sich an das Militärlager anschloss. Die Zuschauer saßen auf hölzernen Tribünen.

M7 **Die Grabungsfläche in Oberndorf am Lech**, Foto, 1988. Im Vordergrund ist das Badehaus mit dem Warmbadetrakt und den Apsiden zu sehen, in denen die Badewannen installiert waren.

M8 **Die Villa rustica von Oberndorf am Lech** nach Ausgrabungen 1988/89, Rekonstruktionszeichnung

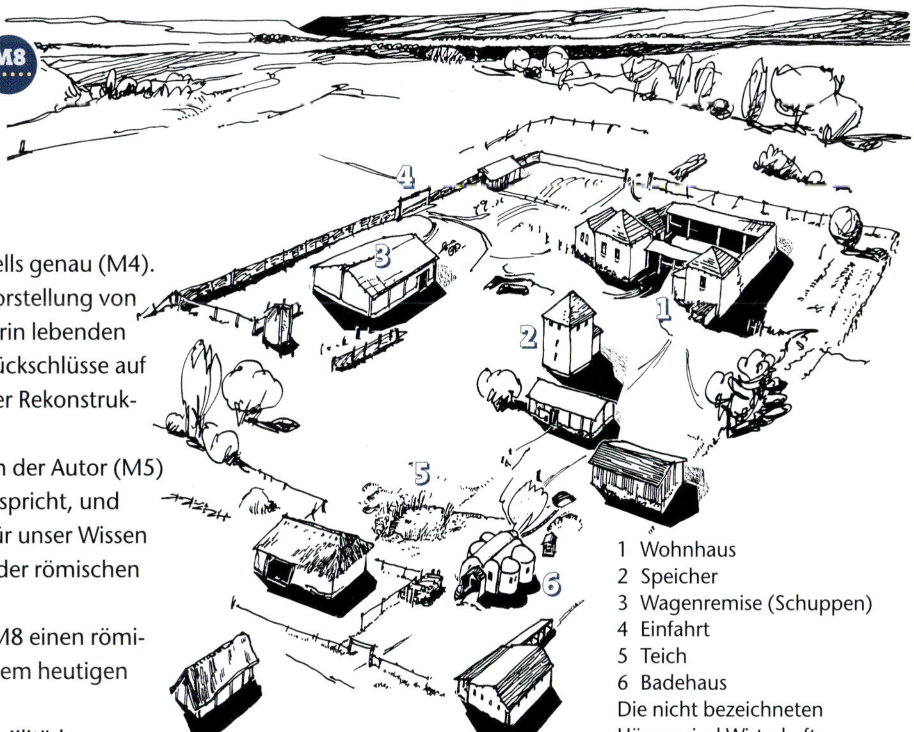

1 Wohnhaus
2 Speicher
3 Wagenremise (Schuppen)
4 Einfahrt
5 Teich
6 Badehaus
Die nicht bezeichneten Häuser sind Wirtschaftsgebäude, deren genaue Nutzung unbekannt ist.

6 Betrachte den Grundriss des Kastells genau (M4). Versuche durch Vergleiche eine Vorstellung von der Größe des Kastells und der darin lebenden Gruppen zu gewinnen. Welche Rückschlüsse auf die Lebensweise lassen sich aus der Rekonstruktionszeichnung ziehen?

7 Stelle anhand von M6 fest, warum der Autor (M5) von einem „spektakulären" Fund spricht, und zeige an diesem Beispiel Folgen für unser Wissen über das Leben der Menschen in der römischen Provinz auf.

8 Beschreibe anhand von M7 und M8 einen römischen Gutshof. Vergleiche mit einem heutigen Bauernhof.

9 Der Legionär Julius lebt in einem Militärlager am Limes. Sein Freund Titus aus Rom bittet ihn in einem Brief, vom Leben in der Provinz Rätien zu berichten. Schreibe ihm einen Antwortbrief.

Eine Exkursion durchführen

Spurensuche

Geschichte wird anschaulich und lebendig, wenn man sie „vor Ort" erlebt. Aber eine Reise, die an den „Schauplatz" der Geschichte führt, muss gut vorbereitet werden, denn die Zeit für eine Besichtigung ist immer begrenzt. Und wer nicht ungefähr weiß, was es vor Ort zu sehen gibt, der läuft Gefahr, an wichtigen und interessanten Gegenständen und Gebäuden achtlos vorüberzugehen. Am Beispiel der ehemaligen Römerstadt Weißenburg in Bayern könnt ihr lernen, wie eine Exkursion vorbereitet und durchgeführt werden kann.

Die Römerstadt Weißenburg – ein Beispiel

Weißenburg liegt am Rand der südlichen Frankenalb. Dort befindet sich auf einer leichten Anhöhe im Westen der heutigen Stadt das Kastell Biriciana mit dem rekonstruierten Nordtor. Die Besatzung bestand aus einer Reitereinheit.

Etwa 220 m westlich des Steinkastells befinden sich die römischen Thermen. Sie sind vollständig ausgegraben und restauriert. Die Funde sind unter einem Schutzgebäude als Thermenmuseum zugänglich. Mit einer Grundfläche von 65 m x 43 m bilden sie die größte Thermenanlage in Süddeutschland. Wenige Meter von den Thermen entfernt wurde ein Hortfund aus Bronzestatuetten von hoher Qualität, Paraderüstungsteilen und anderen Kostbarkeiten entdeckt. Sie bilden heute den Grundstock des Weißenburger Römermuseums.

M1 **Rekonstruiertes Nordtor des Römerkastells in Weißenburg**, Foto

M2 **Römische Thermen in Weißenburg** (Innenansicht), Foto

M3 Silbervotivbleche aus dem Schatzfund in Weißenburg (3. Jh. n. Chr.). Die Bleche waren Votivgaben, das heißt an religiösen Kultstätten niedergelegte Zeichen, um die Gottheiten gnädig zu stimmen oder ihnen zu danken. Dargestellt sind die Götter Apollo, Minerva, Mercur, Luna, Hercules, Victoria, Mars und Fortuna sowie ein Genius (Schutzgeist). Die Votivgaben schmückten Tempel, ähnlich wie heute in christlichen Wallfahrtskirchen Votivgaben Gläubiger die Wände bedecken.

Arbeitsschritte Eine Exkursion durchführen

1. Schritt: Informationen besorgen

Beschafft euch zunächst Informationen bei der Verwaltung:
Amt für Kultur und Touristik
im Römermuseum
Martin-Luther-Platz 3–5
91780 Weißenburg i. Bay.
Tel.: 0 91 41/90 71 24
Fax: 0 91 41/90 71 21
E-Mail: akut@weissenburg.de
Internet: www.weissenburg.de

2. Schritt: Organisation

Klärt, welcher Termin infrage kommt, und ermittelt Fahrzeiten und Fahrpreise der günstigsten Verkehrsmittel. Stellt vor der endgültigen Entscheidung fest, was die Fahrt wohl insgesamt kosten wird.

3. Schritt: Themen in der Schule vorbereiten

Sichtet das Informationsmaterial, entscheidet euch, ob ihr ein vom Museum eventuell angebotenes Projekt durchführen oder eigene Schwerpunkte erarbeiten wollt. Teilt euch in Gruppen ein, die vor Ort „Forschungsfragen" nachgehen werden. Diese Fragen solltet ihr vor eurem Besuch bereits formulieren. Ihr solltet euch aber auch offen halten für Themen oder Fragen, auf die ihr erst dort stoßt bzw. die ihr während des Besuchs als interessant erkennt.

4. Schritt: Orientierung und Entdeckungen

Verschafft euch vor Ort gemeinsam bei einem Rundgang einen ersten Überblick. Die einzelnen Gruppen können als Experten schon Informationen geben. Anschließend gehen die Gruppen an die Arbeit: Notizen, Skizzen, Fotos, eventuell auch ein Video anfertigen.

5. Schritt: Befunde auswerten und dokumentieren

Wertet eure Arbeitsergebnisse in der Schule aus. Jede Gruppe berichtet. Entscheidet, wie ihr eure Ergebnisse dokumentieren wollt. Einige Anregungen:
- ein Exkursionsbuch anlegen,
- eine Wandzeitung erstellen,
- Spielszenen (Hörspiel) produzieren,
- eine Reportage für die Schülerzeitung erstellen.

Beispiele für Aufgaben der Arbeitsgruppen
- Gründung und Anlage des Römerkastells
- Ausgrabungs- und Rekonstruktionstechniken
- Schatzfunde
- Ausstattung und Funktion römischer Thermen
- Römermuseum: Funde – ihre Deutung und Präsentation
- der Limes: Lage und Funktion

Internettipp
www.limesstrasse.de
Karte und Übersicht über Ausgrabungen und Museen am römischen Limes mit Informationen zu einzelnen Orten.

Zusamm

Das Römische Reich – ein Überblick

Vom Dorf zum Weltreich

Im Gegensatz zum sagenhaften Gründungsdatum Roms (753 v. Chr.) zeigen die historischen Befunde, dass schon um 1000 v. Chr. Sabiner und Latiner in das Gebiet des heutigen Roms eingewandert waren. Später kamen die Etrusker, errichteten eine Königsherrschaft und bauten das Dorf zur Stadt aus.

Mit der Vertreibung der etruskischen Könige um 510 v. Chr. wurde Rom eine Republik, die von adligen Patrizierfamilien regiert wurde. In diesen Familien besaß der Vater als „pater familias" eine große Macht über Ehefrau, Kinder, Sklaven und Klientel.

Die Plebejer konnten sich erst im Laufe der Ständekämpfe (ca. 450 bis 287 v. Chr.) Mitspracherechte im Staat erkämpfen – unter anderem, weil die Patrizier in dieser Zeit zahlreiche Kriege führten, für die sie die Plebejer als Soldaten benötigten.

Die Kriege, die Rom bis 272 v. Chr. die Vorherrschaft in Italien brachten, sowie die Ständekämpfe veränderten die altrömische Gesellschaft. Es entstand eine neue Oberschicht aus patrizischen und reichen plebejischen Familien: die Nobilität. Sie bestimmte vom Senat aus die Entscheidungen der Magistrate und Volksversammlungen.

In drei Kriegen gegen Karthago erlangten die Römer im 3. und 2. Jahrhundert v. Chr. die Herrschaft über das westliche Mittelmeer – und bis zum 1. Jahrhundert v. Chr. die Vorherrschaft im Osten.

Expansion und Krise

Der Aufstieg Roms zur Weltmacht hatte tief greifende Folgen:

- Die langen Kriege entwurzelten die Masse der Kleinbauern und machten sie zu landlosen Bettlern und Tagelöhnern.
- Die Oberschicht hingegen wurde durch Beute und Tribute immer reicher.
- Sklaven kamen durch die vielen Gefangenen massenhaft nach Rom und verdrängten als billige Arbeitskräfte die römischen Tagelöhner.
- Weil die Zahl der Kleinbauern sank, fehlten zunehmend Soldaten. Die militärische Stärke Roms war gefährdet.

Mehrere Politiker versuchten die Krise zu lösen: die Landreformer Tiberius und Gaius Gracchus, der Heerführer Marius, die Diktatoren Sulla und Caesar. Caesar hatte schließlich die republikanischen Traditionen außer Kraft gesetzt. Strittig ist, ob er die Königswürde anstrebte. Nach seiner Ermordung 44 v. Chr. sicherte sich Octavian, der spätere Augustus, die Alleinherrschaft (27 v. Chr.).

Die Kaiserzeit: Leben im Zentrum und in der Provinz

Unter Augustus begann die römische Kaiserzeit, obwohl Augustus sich selbst nur als „Princeps", d. h. als ersten Bürger des Staates, bezeichnete. Mit ihm wurde eine Friedenszeit von fast 200 Jahren eingeleitet, in der Rom ein zusammenhängendes Reich wurde. Das bedeutete für die Menschen eine relative Rechtssicherheit und die Ausweitung des römischen Bürgerrechts.

Die Kaiser regierten das Reich mit seinen 40 Provinzen und zahlreichen Völkern und Sprachen von der Millionenstadt Rom aus. Die Sicherung der Reichsgrenzen lag in den Händen eines gewaltigen Berufsheeres, das überall in den Grenzgebieten stationiert war. Durch die Grenzlegionen und den Bau zahlreicher Provinzstädte fanden Recht und Sprache, Lebensart und Technik der Römer überall im Reich Verbreitung.

510 v. Chr.
Rom wird Republik

264–241 v. Chr.
1. Punischer Krieg

241 v. Chr.
Sicilia: erste römische Provinz

218–202 v. Chr.
2. Punischer Krieg

149–146 v. Chr.
3. Punischer Krieg

133–123 v. Chr.
Reformen der Gracchen

700 v. Chr. 600 500 400 300 200 10

Ständekämpfe

Wir wiederholen zentrale Begriffe und Methoden

Die Römer in Bayern

Die Sicherung der römischen Herrschaft im süddeutschen Raum erfolgte seit dem 1. Jahrhundert n. Chr. vor allem durch den Limes. Straßenposten und Kastelle ergänzten die Befestigung. Die Grenzsicherung gegen germanische Stämme diente dabei nicht nur der äußeren Sicherheit, sondern förderte auch den Warenaustausch und ein friedliches Zusammenleben an der römisch-germanischen Grenze.
Fernhandel, Handwerk und Landwirtschaft bildeten die Grundlage der Wirtschaft. Sie war zumeist lokal und regional ausgerichtet und versorgte das Militär und die Zivilbevölkerung. Die Römer brachten zahlreiche Errungenschaften in die Provinzen mit. Die archäologischen Befunde im bayerischen Raum lassen auf eine dauerhafte Ansiedlung der Römer und auf kulturellen Austausch zwischen vorrömischer und römischer Bevölkerung schließen.

1 Erarbeite die Aussage der Karikatur. Lies im Kapitel nach.

Grundwissen	
753 v. Chr:. der Sage nach Gründung Roms	S. 121
Republik	S. 127
Patrizier	S. 127
Senat	S. 128
Konsul	S. 128
Diktator	S. 140
Übergang Roms von der Republik zur Monarchie im 1. Jh. v. Chr.: der Prinzipat	S. 145
Um Christi Geburt: Zeitalter des Augustus	S. 145
Christi Geburt – 500. n.Chr.: Kaiserzeit	S. 154
Limes	S. 157

Methoden	
Schriftliche Quellen vergleichen	S. 142 f.
Eine Exkursion durchführen	S. 160 f.

„Die Vorzüge der römischen Kultur", Karikatur aus einer englischen Zeitschrift, 1912

8–51 v. Chr.
roberung Galliens
urch Caesar

27 v. Chr. – 14 n. Chr.
Prinzipat des Augustus

Republik

Baubeginn des Limes

Überfälle fremder Völker auf die Reichsgrenzen

6. Von der Antike zum Mittelalter

Nach dem Ende des Römischen Reiches kam die „Mittelmeerwelt“ in Bewegung. In den Wirren der Völkerwanderung bildeten sich drei neue Machtzentren heraus:

1. Das Oströmische Reich mit der Hauptstadt Konstantinopel entwickelte sich zu einem eigenständigen Reich. Das um 500 n.Chr. entstandene fünfteilige Elfenbeinkunstwerk (Abbildung unten rechts) zeigt wahrscheinlich den oströmischen Kaiser Anastasius, der von 491 bis 518 in Konstantinopel herrschte. Er ist offenbar siegreich von einem Feldzug zurückgekehrt. Die Völker der Erde ehren ihn. Oben erscheint Christus mit dem Kreuzzepter.
2. In Arabien entstand mit dem Islam nicht nur eine neue Religion, sondern auch ein mächtiger Staat. Einen islamischen Herrscher zeigt das Bild oben rechts: Harun ar-Raschid (763 oder 766–809), Kalif von Bagdad, der in der Stadt prächtige Bauten errichten ließ und Kunst und Wissenschaft förderte.
3. Im Westen schufen die Franken eine neue dauerhafte Ordnung. Nach der Ausschaltung verschiedener fränkischer „Kleinkönige“ und der Einigung der fränkischen Stämme legte Chlodwig (482–511 n.Chr.) mit seinem „Großkönigtum“ die Grundlage für ein Großreich der Franken – Vorläufer der heutigen Staaten Frankreich und Deutschland.

Das große Bild zeigt einen fränkischen Reiter in einer Buchmalerei des 9. Jahrhunderts, das kleine Bild (Mitte rechts) die Taufe Chlodwigs.

1 Beschreibe die Abbildungen.

2 Stelle Übereinstimmungen und Unterschiede in den Darstellungen der drei Herrscher fest.

Das Christentum – von der Verfolgung zur Staatsreligion

Die Ausbreitung des Christentums

Jesus von Nazareth lebte als Wanderprediger in der römischen Provinz Judäa. In seinen Reden forderte er die Menschen zur Nächstenliebe auf und weckte in ihnen die Hoffnung auf das kommende Reich Gottes und ein ewiges Leben nach dem Tod. Er lehrte, dass er der von den Juden erwartete Messias (= Erlöser) und Sohn Gottes sei, was aber die jüdischen Priester nicht anerkannten. Um 30 n. Chr. klagten sie ihn beim römischen Provinzstatthalter Pontius Pilatus an, der Jesus zum Tod am Kreuz verurteilte. Wahrscheinlich sah Pilatus in Jesus auch eine Gefahr für die römische Herrschaft in Judäa.

„Sendboten", vor allem die Apostel Petrus und Paulus, verbreiteten die Lehre von Jesus Christus als dem Erlöser. Sie gewannen viele Anhänger aus allen Schichten der Bevölkerung, aber besonders bei den Armen, Sklaven und Frauen. Zuerst in Jerusalem, dann überall im Reich entstanden so nach dem Tod von Jesus christliche Gemeinden. Aus dieser Zeit stammen auch die Texte des Neuen Testaments der Bibel, die von den Worten und Taten Jesu berichten.

Die rasch wachsende Zahl der Christen erforderte alsbald eine Organisation: Bischöfe als Leiter der Gemeinden sollten das Zusammenleben der Christen regeln und die Einheit des Christentums garantieren. So entstand die christliche Kirche.

M1 **Christus als guter Hirte,** Malerei aus der Priscilla-Katakombe, 2. Jh. n. Chr.
In der Antike sind Menschen, die Gaben als Opfer zum Tempel brachten, häufig in ähnlicher Weise dargestellt worden. Die christliche Darstellung steht also in Verbindung mit älteren religiösen Traditionen.

Christentum und römischer Staat

Die Christen gerieten mit ihrem Glauben bald in Gegensatz zum römischen Staat, der fremde Religionen akzeptierte, solange sie die öffentliche Ordnung nicht störten. Doch die Christen waren oft Vorurteilen ausgesetzt. Wusste man doch nicht so recht, was sie taten, wenn sie sich zu Gebet und Gottesdienst in Privathäusern trafen. Wurden hier Verschwörungen geplant? Auch lehnten die Christen die Anbetung mehrerer Götter und die gottähnliche Verehrung der Kaiser ab.

Als 64 n. Chr. in Rom ein verheerender Brand wütete, schob Kaiser Nero den Verdacht auf die Christen und ließ viele im Circus Maximus qualvoll hinrichten. Dabei sollen auch die Apostel Petrus und Paulus als Märtyrer gestorben sein. Seither häuften sich die Verfolgungen, so z. B. unter Kaiser Diokletian, der christliche Versammlungsorte zerstören ließ.

Unter dessen Nachfolgern kam es dann zur Wende: Kaiser Konstantin erkannte 313 das Christentum offiziell als gleichberechtigte Religion an. Dieses Umdenken wird auch damit erklärt, dass Konstantin vor einer wichtigen Schlacht das Zeichen der Christen an den Schilden der Soldaten anbringen ließ und dann den Sieg errang. „In diesem Zeichen wirst du siegen!" (In hoc signo vinces!) lautete die Botschaft, die Konstantin erhielt. Er hoffte, dass das Christentum die Einheit des Reichs förderte, und so durften die Christen große Kirchen bauen. Der Sonntag wurde Feiertag und schließlich ließ sich Konstantin kurz vor seinem Tod 337 n. Chr. selbst taufen. Die enge Verbindung zwischen Christentum und Staat führte 391 n. Chr. zum Verbot aller heidnischen Kulte und zur Erhebung des Christentums zur alleinigen Staatsreligion durch Kaiser Theodosius.

Grundwissen

Christentum
Die auf Jesus Christus (= „der Gesalbte"), sein Leben und seine Lehre gegründete Religion.

Staatsreligion
Religion, die im ganzen Staat als verbindlich gilt. Gläubige anderer Religionen werden benachteiligt oder verfolgt. 391 wurde das Christentum durch Kaiser Theodosius zur alleinigen Staatsreligion im Römischen Reich erhoben.

M2 Wie die Römer die Christen sahen

Ein Nichtchrist greift in einem Streitgespräch im 3. Jahrhundert einen Christen an:

Warum bemühen sie sich denn so sehr, den Gegenstand ihrer Verehrung, was er auch sein mag, zu verbergen und zu verheimlichen? Anständigkeit lässt sich immer gern sehen, nur Laster hält man geheim! Weshalb sonst haben sie keine Altäre, keine bekannten Heiligtümer? Warum reden sie nie öffentlich, treffen sich nie frei, wenn nicht das, was sie heimlich tun, Strafe einbrächte oder Schande? … Seht doch das, was euch droht: Zwangsedikte, Strafe, Foltern; Kreuze, aber nicht zum Anbeten, sondern zum Erleiden; Feuersgluten, die ihr prophezeit und für euch selbst fürchten müsst. Wo bleibt da dieser Gott, der den Auferstehenden helfen kann, den Lebenden aber nicht? Gebieten die Römer nicht ohne euern Gott über ihr Reich, nutzen den gesamten Erdkreis und herrschen auch über euch? Ihr dagegen lebt immer in Sorge und Angst, ihr haltet euch von allen Vergnügungen fern, auch von den anständigsten. Ihr besucht keine Schauspiele, nehmt an den Festzügen nicht teil, verschmäht die öffentlichen Speisungen; ihr verabscheut die Spiele zu Ehren der Götter, das Opferfleisch und den Opferwein der Altäre. So sehr fürchtet ihr die Götter, deren Dasein ihr doch leugnet! Ihr schmückt euch das Haupt nicht mit Blumen, pflegt euren Körper nicht mit wohlriechenden Essenzen; Spezereien werden bei euch nur für die Toten verwendet und Kränze habt ihr nicht einmal für eure Gräber übrig. Ihr hässlichen, verschreckten Gestalten, ihr seid nur Erbarmen wert.

Minucius Felix, Octavius, 10 ff. Übers. v. Bernhard Kytzler, Stuttgart (Reclam) 1983, S. 29 ff.

M3 Münze des Kaisers Konstantin, 315 n. Chr. Auf dem Schild ist die römische Wölfin abgebildet, im Helm zeigt eine runde Scheibe das so genannte Christogramm. Die griechischen Buchstaben X (SH) und P (R) sind die Anfangsbuchstaben von „Christus".

M4 Aus der Botschaft von Jesus Christus

In der „Bergpredigt", im Matthäus-Evangelium der Bibel, Kap. 5–7, steht:

Wohl denen, die gewaltlos sind und Freundlichkeit üben. Erben werden sie das Land.
Wohl denen, die barmherzig sind. Sie werden Barmherzigkeit finden.
Wohl denen, die Frieden bringen. Gottes Kinder werden sie heißen.
Alles nun, was ihr wollt, dass euch die Leute tun sollen, das tut ihnen auch! Das ist das Gesetz und die Propheten.
Liebt eure Feinde und bittet für die, die euch verfolgen.

Zit. nach Frieder Burkhardt u. a. (Hg.), Ethik 5/6, Berlin (Cornelsen) 1995, S. 140.

M5 Jesus Christus, Ausschnitt aus einem Mosaik der Kirche Santi Cosma e Damiano am Forum Romanum, 4. Jh. n. Chr. Christus hat die rechte Hand erhoben und hält in der linken die Gesetzesrolle. Er trägt Tunika und Toga und wird als Verkünder eines neuen Zeitalters dargestellt.

1. Finde mithilfe von M1, M4 und M5 heraus, worin die Anziehungskraft der christlichen Religion lag.
2. Erläutere Entstehung und Verbreitung der christlichen Glaubenslehre (Darstellungstext).
3. Stelle dar, wie ein nicht-christlicher Römer die Christen beurteilte (M2 und Darstellungstext).
4. Arbeite heraus, wie sich das Verhältnis des Christentums zum römischen Staat entwickelte (Darstellungstext, M3).

Das Ende des Römischen Reiches

Ende der Weltherrschaft

Mit Beginn der Herrschaft des Augustus 27 v. Chr. hatten die Römer eine Herrschaft über die damals bekannte Welt erreicht. Doch im 3. Jahrhundert n. Chr. geriet ihr Reich in eine Krise, von der es sich nicht mehr erholte. 395 n. Chr. wurde es in zwei Teile geteilt; 476 n. Chr. wurde der letzte weströmische Kaiser abgesetzt. Das Oströmische Reich („Byzanz") blieb zwar noch bis 1453 bestehen, aber eine Einheit kam nicht mehr zu Stande. Über die Ursachen des Untergangs gibt es verschiedene Ansichten: Lag es an der Ausbreitung des Christentums, worüber die alten Götter zürnten, wie manche Römer glaubten? Waren es die kriegerischen Einfälle in das Reich? Finanzielle und wirtschaftliche Probleme? Oder waren es Neuerungen in der kaiserlichen Herrschaftsordnung?

Der „Zwangsstaat"

Im 3. Jahrhundert fielen an den Grenzen des Römischen Reiches immer öfter fremde Volksstämme wie die Perser oder die Germanen ein. Diese außenpolitische Notlage zwang die Römer, ihr Heer zu vergrößern, die Grenzbefestigungen auszubauen und immer mehr Geld auszugeben. Da auch der Kaiserhof und die Verwaltung große Geldmengen verschlangen, geriet der Staat in eine Finanz- und Wirtschaftskrise. Die Herrscher bewältigten diese Krise aber nicht durch neue Ideen und Modernisierung. Vielmehr erhöhten sie die Steuern und Abgaben und übten damit Druck auf die Produzenten in der Landwirtschaft, im Handel und im Gewerbe aus. Die Bürger hatten als Untertanen den kaiserlichen Anordnungen zu gehorchen, andernfalls wurden sie schwer bestraft.

M1 **Kaiser Diokletian (284–305 n. Chr.) im Vier-Kaiser-Kollegium** („Tetrarchen") in militärischer Uniform, Anfang 4. Jh. n. Chr.: Diokletian, Maximian, Galerius, Constantius.

Auf dem Weg zum Mehrkaisertum?

Durch die kriegerischen Überfälle in den Grenzregionen bekamen einige Heerführer immer mehr Macht im Staat und wurden von ihren Soldaten zu Kaisern ausgerufen. So kam es, dass zwischen 235 und 284 n. Chr. 22 Kaiser regierten. Diese „Soldatenkaiser" bekämpften sich zum Teil untereinander, gründeten Sonderreiche mit eigenen Hauptstädten und schwächten so das Imperium weiter. Erst Kaiser Diokletian (284–305 n. Chr.) beendete diese Zustände. Um weitere Spaltungen des Reichs zu verhindern und um das Reich besser schützen und verwalten zu können, teilte er die Herrschaft auf vier Regenten auf: zwei ranghöhere Kaiser (= lat. augusti) und zwei Mitkaiser (= lat. caesares). Diese „Tetrarchie" (= griech. Viererherrschaft) scheiterte jedoch an der Nachfolgefrage. Schließlich setzte sich Konstantin I., der Sohn des Constantius, gegen seine Mitkaiser durch und wurde Alleinherrscher (324–337 n. Chr.). Er gründete eine neue Hauptstadt im Osten des Reiches: Konstantinopel. Roms Bedeutung als Herrschaftszentrum ging damit zu Ende. Seit 395 gab es kein einheitliches Römisches Reich mehr, sondern zwei getrennte Hälften: das Oströmische Reich und das Weströmische Reich, zunächst mit Mailand, später mit Ravenna als Hauptstadt.

M2 Römische Wirtschaft in der Krise?

Der Bischof und christliche Kirchenlehrer Johannes Chrysostomos schrieb Ende des 4. Jh. n. Chr. über Bauern und Grundbesitzer im Römischen Reich:

2A Wenn man nämlich untersucht, wie sie [die Grundbesitzer] mit den armen und elenden Landleuten verfahren, kommt man zu der Überzeugung, dass sie unmenschlicher sind als Barbaren. Den Leuten, die ihr Leben lang hungern und sich quälen müssen, legen sie fortwährend unerschwingliche Abgaben auf, bürden auf ihre Schultern mühsame Dienstleistungen und gebrauchen sie wie Esel und Maultiere, ja wie Steine, gestatten ihnen auch nicht die mindeste Erholung, und gleichviel, ob die Erde Erträgnis abwirft oder nicht: man saugt sie aus und kennt keine Nachsicht ihnen gegenüber ... Von ihren Arbeiten, von ihrem Schweiße füllt man Speicher und Keller, ohne sie auch nur ein weniges mit heimnehmen zu lassen; man heimst vielmehr die ganze Ernte in die eigenen Truhen und wirft jenen ein Spottgeld als Lohn dafür hin.

Johannes Chrysostomos, Matthäuskommentar, 61, Homilie, 3. Zit. nach Karl Christ, Die Römer, 3. Aufl., München (Beck) 1994, S. 203 f.

Der Historiker Norbert Brockmeyer schrieb über die Wirtschaft im Römischen Reich seit dem 3. Jh. n. Chr (1972):

2B Der Kaufmannsstand konnte sich nicht mehr weiterentwickeln. Wurde ein Unternehmen gegründet, so musste es sofort Mitglied in einer Zwangsvereinigung (Korporation) werden. Solche Vereinigungen waren zum Beispiel die navicularii und die mercatores. Der Unternehmer musste dann für eine geringe Entschädigung für den Staat arbeiten und Frachtgut transportieren oder bei Absatz seiner Ware dem Staat den Vortritt vor anderen Kunden lassen; natürlich zu einem geringeren Preis. Ähnlich war es auch im Bereich des Gewerbes. Der Staat wurde zum Hauptauftraggeber. Er setzte aber die Preise so niedrig an, dass sie für Handwerker und andere Produzenten zum Ruin werden mussten. Da der Staat diese Betriebe aber brauchte, wurden sie wie die Kaufleute zu Zwangskorporationen vereinigt.

Norbert Brockmeyer, Sozialgeschichte der Antike, Stuttgart (Kohlhammer) 1972, S. 118 ff. Bearb. d. Verf.

Grundwissen

um 500 n. Chr.: Ende des Weströmischen Reiches

476 n. Chr. erlosch mit der Absetzung des letzten Kaisers Romulus Augustulus durch den germanischen Truppenführer Odoaker das Weströmische Reich. Für manche Historiker endet mit diesem Datum die Antike. Allerdings verdeckt diese Zeitgrenze, dass vieles aus dem Römischen Weltreich weiterlebte. So blieb die lateinische Sprache; Grundsätze des römischen Rechts wurden später wieder aufgenommen. Auch waren die römischen Kaiser Vorbilder für spätere Herrscher. Und bis heute nennt sich eine christliche Konfession römisch-katholisch.

M3 **Bauern bezahlen ihre Pacht beim Grundbesitzer,** Relief aus Neumagen an der Mosel, 2. Jh. n. Chr. (Ausschnitt)

1 Erarbeite Merkmale der Krise im Römerreich (Darstellungstext, M2).
2 Finde heraus, wie Diokletian die Herrschaftsprobleme lösen wollte (Darstellungstext).
3 Vergleiche die Herrscherdarstellung in M1 mit der Augustusstatue S. 144.
4 Erarbeite mithilfe von M2A Probleme in der römischen Landwirtschaft. Ziehe auch M3 hinzu. Stelle fest, welche Position der Autor Chrysostomos einnimmt. Begründe dein Ergebnis.
5 Untersuche, ausgehend von M2B, wie der Staat Einfluss auf die Wirtschaft nahm. Halte die Folgen fest.

Die Völkerwanderung

Europa wandelt sich

Das Römische Reich veränderte sich im Laufe der Jahrhunderte nicht nur im Inneren. Durch Einfälle germanischer und slawischer Kriegergruppen geriet das Reich seit dem 3. Jahrhundert auch von außen unter Druck. Mit dem Einfall der Hunnen, eines asiatischen Reitervolks, nach Westeuropa begannen 375 n. Chr. schließlich so gewaltige Wanderungsbewegungen, dass in der Geschichtsforschung von der „Zeit der Völkerwanderung" gesprochen wird. Die Völkerwanderung wird oft als ein Grund für den Untergang des Römischen Reiches genannt. Sicherlich war sie ein Anlass, aber letztlich haben die eindringenden Stammesgruppen die vorhandene Schwäche des Reiches nur für sich ausgenutzt.

Nach der Niederlage gegen die in das Reich eindringenden Goten mussten die Römer dulden, dass sich zum ersten Mal Germanen unter einer eigenen Führung im Reich ansiedelten. Mit dem Tode des Kaisers Theodosius wurde die schon bestehende Verwaltungsteilung in zwei Hälften vertieft, sodass sich ein Oströmisches und ein Weströmisches Reich herausbildeten (395 n. Chr.). Den weströmischen Herrschern gelang es nicht mehr, die Stammesgruppen durch Verträge dem Reich anzugliedern. Die „Eindringlinge" übernahmen mit kriegerischen Mitteln die Herrschaft.

Ursachen der Völkerwanderung

Die Ursachen der Wanderungsbewegungen waren vielfältig. Im weiteren Sinne begannen die Wanderungen schon vor Christi Geburt mit Bewegungen asiatischer Steppenvölker vom Osten nach dem Westen. Diese setzten vor ihnen ansässige Gruppen von Kelten, Germanen und Slawen in Bewegung. Als wesentliche Ursachen dieser Bewegungen werden in der Geschichtsforschung genannt:

- Landnot und Ernährungsprobleme,
- Klimaschwankungen,
- gewaltsame Verdrängung durch kriegerische Nachbarvölker,
- Nachrichten über günstige Lebensbedingungen im Römischen Reich.

1 Beschreibe anhand von M1 die Wanderungsbewegungen. Lege eine Tabelle an und trage ein: Wanderzüge der Stammesgruppen, Gründung der Machtbereiche, Entwicklung des Römischen Reiches.

2 Erläutere die Ursachen der Wanderungsbewegungen und erkläre, warum das Römische Reich eine starke Anziehungskraft auf andere Völker ausübte.

M1 Europa vom 4. bis zum 6. Jahrhundert n. Chr.

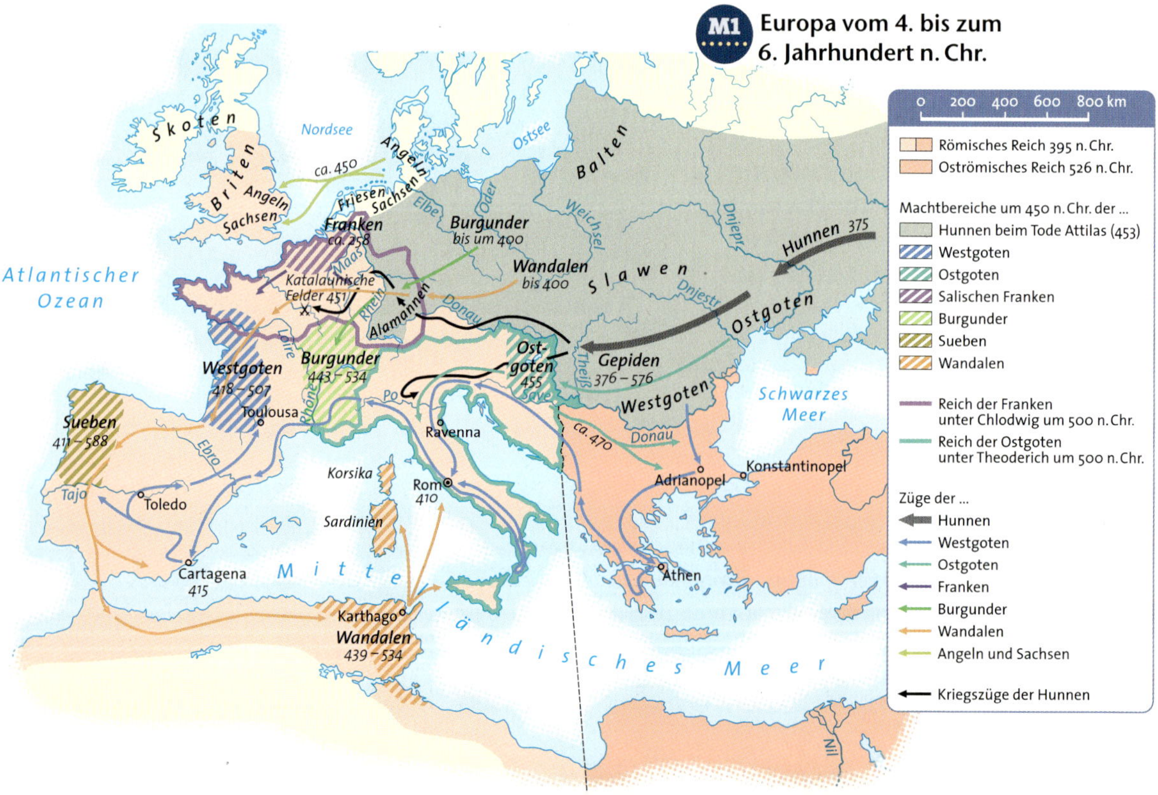

Das Oströmische Reich von Byzanz

Ist die Reichsteilung endgültig?

Um 500 n. Chr. musste sich zwar das Römische Reich im Westen dem Ansturm der Germanen geschlagen geben, die andere Hälfte des Römerreichs, das oströmische Imperium, bestand aber noch fast 1000 Jahre weiter. Die Kaiser Ostroms beanspruchten auch die Oberhoheit über die westlichen Gebiete, die jetzt unter der Herrschaft der Germanenvölker standen. Dem Heer Kaiser Justinians (527–565 n. Chr.) gelang es tatsächlich, weite Teile des Mittelmeerraums zurückzuerobern und damit das Römische Reich beinahe wiederherzustellen. Doch seine Nachfolger konnten die eroberten Gebiete nicht halten. Nach dem endgültigen Verlust der Reichseinheit entwickelte sich Ostrom zu einem eigenständigen Reich mit einer eigenen Kultur, in der Traditionen der römischen und vor allem der griechischen Antike weiterlebten. Griechisch wurde zur Amtssprache des Reiches, das nach der alten Siedlung Byzantion an der Stelle Konstantinopels auch Byzantinisches Reich genannt wird.

M1 Rechtsgrundsätze aus dem Corpus iuris civile

Kaiser Justinian ließ alle kaiserlichen Gesetze sammeln und ordnen, um die Rechtsprechung in seinem Reich zu vereinheitlichen.

1, 3, 17: Gesetze kennen bedeutet nicht, sich ihre Worte anzueignen, sondern ihren Sinn und ihre Tragweite.
1, 3, 29: Gegen das Gesetz handelt, wer tut, was das Gesetz verbietet. Es umgeht aber das Gesetz der, der zwar genau den Wortlaut des Gesetzes beachtet, sich um seinen Sinn aber herumdrückt.
50, 17, 56: In Zweifelsfällen ist immer die wohlwollende Auslegung vorzuziehen.
48, 19, 5: Auf bloße Verdachtsmomente hin jemanden zu verurteilen geht nicht an ... es sei besser, wenn einmal die Tat eines Unschuldigen ungesühnt bleibt, als wenn man einen Unschuldigen verurteilt.
48, 19, 11, 2: Ein Verbrechen wird begangen mit Absicht, im Affekt oder fahrlässig.
48, 19, 20: Die Strafe wird verhängt zwecks Besserung der Menschen.

Corpus iuris. Zit. nach Geschichte in Quellen, Bd. 1, bearb. von Walter Arend, München (bsv) 1975, S. 845.

Konstantinopel – die Stadt der Kaiser

Die Lage Konstantinopels war ideal: an der Verbindung von Europa und Asien, zwischen Mittelmeer und Schwarzem Meer, am Treffpunkt wichtiger Handelswege. So verwundert es nicht, dass die Stadt bald zu ungeheurem Reichtum gelangte. Die Kaiser sorgten für den glanzvollen Ausbau der Stadt durch gewaltige Verteidigungsmauern, riesige Paläste und prächtige Kirchen: Konstantinopel wurde ein „zweites Rom". Prunk und Luxus prägten auch das Leben am Kaiserhof. Ein strenges Hofzeremoniell, das beispielsweise von einem Besucher das dreimalige Niederknien und das Küssen der kaiserlichen Füße forderte, spiegelte die außerordentliche Machtstellung des Kaisers wider. Der Kaiser sah sich als Auserwählter Gottes. Er war oberster Richter, Befehlshaber des Heeres und Gesetzgeber. Als Schutzherr des Christentums beanspruchte er auch in kirchlichen Fragen die höchste Entscheidungsgewalt.

M2 Kaiser Justinian mit Gefolge, Mosaik in der Kirche San Vitale in Ravenna, 6. Jh. n.Chr.
Neben dem Kaiser steht Maximinianus, kaiserlicher Statthalter und Erzbischof von Ravenna.

1 Nenne die heutigen Länder, die zum Oströmischen Reich gehörten (M4, S. 170).
2 Erläutere, welche Stellung im Staat der oströmische Kaiser beanspruchte (Darstellungstext).
3 Kaiser Justinian war selbst nie in Ravenna. Erkläre, warum er in der Kirche San Vitale dargestellt wird (M2).
4 Überlege, welche Grundsätze in M1 nach unseren Rechtsvorstellungen heute noch gültig sind.

Römische Antike und europäische Gegenwart

Das „Haus Europa“ – auf „Rom“ gebaut?

In den vorigen Kapiteln hast du Spuren der Römer kennen gelernt, die bis in unsere Zeit überliefert sind: Kunstgegenstände wie die Augustusstatue aus Rom, Amphitheater, Aquädukte oder das Straßennetz der Römer. Zum römischen „Erbe" gehören aber auch geistige Traditionen: die lateinische Schrift, in der wir schreiben, und die lateinische Sprache, die Eingang in moderne Sprachen gefunden hat, lateinische Literatur oder das römische Recht. Auch die christliche Religion hat sich zuerst im Römerreich verbreitet.

Wenn Politiker und Politikerinnen heute eine europäische Einigung anstreben, verweisen sie meist unter zwei Aspekten auf das Römische Reich. Zum einen werden die Leistungen römischer Zivilisation* hervorgehoben: vor allem die hohe Schriftkultur und das städtische Leben mit einer geordneten Verwaltung (Polizei, Feuerwehr, Getreideversorgung, Wasserleitungen, schriftliches Recht usw.) und seinen angenehmen Lebensbedingungen, die die meisten Menschen als Bürger (= lat. civis) beanspruchen. Zum anderen gilt das Römische Reich als Beispiel dafür, wie man einen großen Raum mit verschiedenen Völkern und Sprachen politisch organisiert, d. h. dass sich trotz aller nationalen und regionalen Unterschiede Franzosen und Tschechen, Schweden und Italiener, Friesen und Basken in einem gemeinsamen Europa wiedererkennen können.

Der Begriff Zivilisation ist eng mit der Entwicklung von Städten verbunden, denn er meinte ursprünglich die verfeinerte Lebensweise in den Städten gegenüber dem einfachen Landleben der Bauern. Man spricht von „zivilisierten" Verhältnissen, wenn sich eine Gesellschaft so organisiert, dass jeder ein freies und sicheres Leben führen kann. Dazu gehören: Schul- und Berufsausbildung, ärztliche Versorgung, Sicherheitseinrichtungen (Polizei, Feuerwehr), Kunst, Wissenschaft und Technik, wirtschaftliche Einrichtungen wie Handel, Handwerk und Industrie, eine öffentliche Verwaltung, aber auch bestimmte Umgangsformen.

M1 **Römische Goldmünze** mit Kaiser Konstantin, Prägung von 336/337 n. Chr. Der Schriftzug lautet: D(ominus) N(oster) Constantinus Max(imus) Aug(ustus).

M2 **Euro-Münze**, Prägung von 1999. Seit dem 1. Januar 1999 ist der Euro die Währung etlicher Mitgliedsstaaten der Europäischen Union; als Bargeld ist er ab 1. Januar 2002 im Umlauf.

Der römische Denar war ein Vorläufer

Der Euro hat einen erfolgreichen Vorläufer: Bereits vor rund 2000 Jahren bestand im weit gespannten Römischen Reich ein einheitlicher Wirtschaftsraum, in dem vor allem mit dem Silberdenar ein allgemein anerkanntes Zahlungsmittel kursierte. Über Jahrhunderte hinweg konnten die Völker der Antike im Schutz des Reichsfriedens zwischen Mittelmeer und Nordsee, Atlantik und Schwarzem Meer praktisch ungehindert Handel treiben und bei stabilen Preisen allerorten mit einer Währung zahlen … „Es war vielleicht die erfolgreichste Währung der Welt", meint der Numismatiker[1] Wolfram Weiser von der Universität Köln zu der römischen Devise[2] … Die hohe Zeit der einheitlichen Wirtschaftszone mit ungehindertem Warenverkehr und weit gehender Freiheit vor staatlichen Eingriffen ins Erwerbsleben begann dann um Christi Geburt im Römischen Kaiserreich unter Augustus: Ein Friedensimperium mit hervorragender Infrastruktur[3] wie den zum Teil bis heute zurückzuverfolgenden Römerstraßen gestattete die Einfuhr von Zinn aus Britannien und Bernstein von der Ostsee, von Gold aus Sudan und Seide aus China … „Zweihundert Jahre lang hat das System hervorragend funktioniert", sagt Weiser. Nicht zuletzt ein außerordentlich stabiles Preisniveau habe der römischen Welt einen erheblichen wirtschaftlichen Aufschwung beschert.

Einheitswährung war in der gesamten antiken Welt begehrt.

Bericht der französischen Nachrichtenagentur „Agence France Presse" in der Braunschweiger Zeitung vom 29. 12. 1998. Gekürzt v. Verf.

1 Münzkundler
2 ausländisches Zahlungsmittel
3 wörtlich „Unterbau": Sammelbegriff für die Grundlagen der Wirtschaft, z. B. Verkehrs- und Informationseinrichtungen

M3 **Die römische Währung und der Euro**

M4 **Das Haus Europa**, Karikatur von Karl-Gerd Striepecke, 1992. Die Europäische Union (EU) ist ein Zusammenschluss von europäischen Staaten mit unterschiedlichen Sprachen und kulturellen Traditionen zu einer politischen und wirtschaftlichen Gemeinschaft. Die Mitgliedsstaaten bilden einen gemeinsamen großen „Markt", in dem Menschen und Waren frei zirkulieren können, das heißt ohne Zölle und Kontrollen.

1 Beschreibe die Münzen M1 und M2 und vergleiche.
2 Untersuche, wie die römische Währung in dem Zeitungsartikel M3 beurteilt wird.
3 Nimm Stellung zu den Behauptungen, die in M3 zur Wirtschaft im Römischen Kaiserreich gemacht werden. Berücksichtige dabei auch deine Kenntnisse über das Ende des Römischen Reichs (siehe S. 168 ff.).
4 Beschreibe M4 und überlege, wie der Zeichner den Zustand Europas 1992 sah.
5 Erarbeite Gemeinsamkeiten und Unterschiede zwischen dem Römischen Reich und Europa heute.
6 Berichte über europäische Partnerschulen deiner Schule oder Städtepartnerschaften deines Heimatortes. Nutze für die Informationsbeschaffung auch das Internet.

Der Islam – eine neue Religion, eine neue Macht

Mohammed – Prophet des Islams

Als Mohammed, der spätere Prophet des Islams, um 570 n. Chr. in der arabischen Handelsstadt Mekka geboren wurde, verehrten die Gläubigen dieser Stadt 300 Götter. Ein allen Arabern gemeinsames Heiligtum war die Kaaba, zu der alljährlich viele Beduinen pilgerten. Die Besucher brachten Mekka und seinen Bewohnern Wohlstand.

Mohammed wuchs bei seinem Großvater und nach dessen Tod bei seinem Onkel Abu Talib auf. Der war ein angesehener Geschäftsmann und Mohammed folgte seinem Beispiel: Er wurde Fernhändler. Auf seinen Reisen durch den Orient begegnete Mohammed Juden und Christen. An deren Religion beeindruckte ihn besonders der Glaube an nur einen einzigen Gott (Monotheismus). Im Jahr 610 wurde Mohammed nach seinen Berichten von dem Erzengel Gabriel zum Propheten einer neuen Religion berufen. Als er mit seiner Glaubenslehre an die Öffentlichkeit trat, fand er zunächst nur wenige Anhänger. Er zog sich die Feindschaft einflussreicher mekkanischer Kaufmannsfamilien zu, denn er kritisierte, dass die meisten Menschen nur auf ihren eigenen Vorteil bedacht seien. 622 n. Chr. musste er nach Medina flüchten. Diese Auswanderung (arab. hidschra) wurde später das Anfangsdatum der islamischen Zeitrechnung. In Medina sammelte Mohammed Anhänger und zog als religiöser, politischer und militärischer Führer 630 n. Chr. in Mekka ein. Bis zu seinem Tod 632 n. Chr. hatte Mohammed ganz Arabien für den Islam gewonnen.

M1 **Innenhof der Großen Moschee mit der Kaaba in Mekka**, das bedeutendste Heiligtum des Islams, Foto, 1995

Das islamische Reich

Die schnelle Ausbreitung des Islams setzte sich nach dem Tod Mohammeds fort. Sie beruhte vor allem auf Kriegen. Die Kalifen (= „Stellvertreter"), wie sich die Nachfolger des Propheten nannten, führten die Kämpfer an. Viele Muslime sahen in der Ausdehnung der islamischen Herrschaft den Beweis dafür, dass der Islam den älteren Religionen Judentum und Christentum überlegen sei. Erst 100 Jahre nach Mohammeds Tod kam die arabisch-islamische Eroberung im Westen durch den Widerstand des Frankenreichs und im Osten an den Grenzen Chinas zum Stehen.

Die Araber verlangten in ihren Herrschaftsgebieten eine besondere Steuer von den Nicht-Muslimen, stellten sie aber dafür unter ihren Schutz und erlaubten ihnen die Ausübung ihrer eigenen Religion. Die Herrschaftszeit des islamischen Reichs war auch eine Phase des kulturellen Austausches mit den besiegten Völkern.

Seit dem 9. Jahrhundert zerfiel das Reich der Kalifen in viele Teilreiche. Spaltungen innerhalb der muslimischen Religionsgemeinschaft und neue Reiche nichtarabischer Völker, wie Berber, Türken, Iraner, führten schließlich zum Ende der politischen Einheit. Die kulturelle Verbundenheit der muslimischen Gebiete blieb jedoch bis heute bestehen.

Religion und Politik im Islam

Der Islam war von Anfang an nicht nur eine Glaubensrichtung, ihn prägten auch politische Ideen: Mohammed vertrat die Auffassung, dass Religion und Staat, also geistliche und weltliche Macht, nicht getrennt sein sollten. So wurden die militärischen Erfolge beim Aufbau des islamischen Reichs im 8. Jh. als Glaubenssiege im so genannten „Dschihad" gefeiert. „Dschihad" bedeutet allgemein „Anstrengung für den Glauben", wird aber auch als „heiliger Krieg" gegen Andersgläubige verstanden. Anders als das Christentum, das die Einheit von Religion und Staat nicht fordert, akzeptieren strenggläubige Vertreter des Islams bis heute keine Trennung der Macht zwischen Kirche und Staat. In westlichen demokratischen Staaten ist dagegen die Trennung von Staat und Kirche in der Verfassung festgelegt.

M2 **Die Ausbreitung des Islams bis zum 8. Jahrhundert**

Grundwissen

Islam

(arab. islam = Hingabe an Gott, Ergebung in Gottes Willen). Ein Gläubiger wird Muslim genannt, das heißt übersetzt „Der sich Gott unterwirft". Der Islam bekennt sich wie Judentum und Christentum zu einem Gott. Grundlage des Islams ist der Koran („Verkündigung"), der in 114 Suren (= Abschnitte) geteilt ist und Erzählungen, Lobpreisungen und Gleichnisse enthält. Wer fromm leben will, hat die fünf Grundpflichten des Islams zu erfüllen:

1. das Glaubensbekenntnis: „Es ist kein Gott außer Allah, und Mohammed ist sein Prophet!",
2. die täglichen Pflichtgebete: am Morgen, Mittag, Nachmittag, bei Sonnenuntergang und in der Nacht mit Blick gen Mekka,
3. das gesetzliche Almosengeben für die Armen,
4. das Fasten im Monat Ramadan – von Sonnenaufgang bis Sonnenuntergang,
5. die Pilgerfahrt nach Mekka, die jeder Muslim einmal im Leben zur Kaaba unternehmen soll, sofern er sie sich finanziell leisten kann.

M3 Der Koran über den „heiligen Krieg"

Diejenigen, die glauben, und diejenigen, die um Gottes willen Krieg geführt haben, dürfen auf die Barmherzigkeit Gottes hoffen ... Wenn einer um Gottes willen kämpft und er wird getötet, werden wir ihm im Jenseits gewaltigen Lohn geben ... Kämpft gegen diejenigen, die gegen euch kämpfen! Aber führt den Kampf nicht auf unrechtmäßige Weise! ... Wenn ihr mit den Ungläubigen zusammentrefft, dann haut ihnen mit dem Schwert auf den Nacken! Wenn ihr sie niedergekämpft habt, dann legt sie in Fesseln, um sie später aus Gnade oder gegen Lösegeld freizugeben!

Koran, aus den Suren 2, 4, 47. Zit. nach Geschichte in Quellen, Bd. 2, hg. und bearb. von Wolfgang Lautemann, München (bsv) 1970, S. 39 f., bearb. d. Verf.

1 Beschreibe Entstehung und Ausbreitung des Islams.
2 Kläre den Bezug zum jüdischen und christlichen Glauben (Darstellungstext, Grundwissenkasten und M4).
3 Erläutere die fünf Grundpflichten des Islams. Welche ähnlichen Grundsätze des Christentums kennst du?
4 Erarbeite, welche Bedeutung für die Muslime der Kampf für den Glauben hat. Welche Grenzen setzt der Koran den Kämpfenden (M3, Darstellungstext S. 174 rechte Spalte)?

M4 **Mohammed auf einem Kamel und Jesus auf einem Esel reiten nebeneinander.** Arabische Buchmalerei, 13. Jahrhundert. Für die Muslime ist Jesus ein Prophet und Vorgänger Mohammeds.

Die Franken – vom Stamm zum Großreich

Straßennamen können erzählen ...

Anna und Carlo erkunden Straßennamen ihres Ortes.

Anna: „Merowinger" – das hört sich sehr fremd an. Lass uns im Lexikon nachschlagen.

Carlo: Und was bedeutet „Franken"? Hat das vielleicht etwas mit Frankreich zu tun? Ich weiß, dass Franken eine Region in Bayern ist – in der Gegend von Nürnberg und Würzburg.

Die Suche der beiden ist rasch erfolgreich.

Anna: Also, die Merowinger: Das war eine fränkische Königsfamilie im 5. bis 8. Jahrhundert n. Chr. Durch Eroberungen vergrößerten die Merowinger ihr Reich. Und was hast du zu den Franken gefunden?

Carlo: Die waren ein germanisches Volk, aus vielen Kleinstämmen, wie z.B. den Salfranken, zusammengesetzt. Der Name bedeutet eigentlich „die Freien" oder „kühne Krieger". Das Reich der Franken war das bedeutendste im Europa des frühen Mittelalters. Aber wie ist dieses Reich eigentlich entstanden?

Straßenschilder, M1
Foto, 2003

M2 Germanische Reichsgründungen nach dem Untergang des Weströmischen Reiches um 500 n.Chr.

M3 Karriere bei den Merowingern

Der Historiker Josef Fleckenstein schrieb 1974 über die Entstehung des fränkischen Großkönigtums:

Unter den frühen fränkischen Kleinkönigen ... hebt die Überlieferung die salfränkischen Könige hervor. Sie waren nach ihr älter und mächtiger als die anderen und gehörten einem einzigen Geschlecht an mit dem halb geschichtlichen, halb sagenhaften Stammvater Merowech: Der Sage nach geht die Verbindung des Geschlechts zu den Göttern zurück. Das merowingische Königtum ist also seiner Herkunft nach ein Sakral[1]- und Kleinkönigtum. Mit der Eroberung beginnt es sich dann in ein Heerkönigtum zu verwandeln ... Dabei gelang es einem dieser Könige, Chlodwig I., seine Mitkönige zu überflügeln ... Er verdankte seine Machtstellung der Heerführerschaft und dem Erfolg. Sein Königtum erscheint als ein Heerkönigtum, war dies aber nicht allein; denn Chlodwig war schon als Sohn und Erbe eines Königs König geworden, das heißt: als Erbe königlichen Geblüts. So fließen bei ihm Heer- und Sakralkönigtum zusammen und seine Siege bestätigen nur, dass er der Träger königlichen Blutes und königlichen Heils war.

Josef Fleckenstein, Grundlagen und Beginn der deutschen Geschichte, Göttingen (Vandenhoeck & Ruprecht) 1974, S.35f., Vereinf. d. Verf.

1 heiliges

M4 Rettung durch den Christengott?

Gregor von Tours (um 540–594) war Bischof und schrieb „Zehn Bücher fränkische Geschichte". Über die Bekehrung Chlodwigs zum Christentum berichtete er:

Die Königin aber ließ nicht ab, in ihn zu dringen, dass er den wahren Gott erkenne und ablasse von den Götzen. Aber auf keine Weise konnte er zum Glauben bekehrt werden, bis er endlich einst mit den Alamannen in einen Krieg geriet: Da zwang ihn die Not, zu bekennen, was sein Herz vordem verleugnet hatte. Als die beiden Heere zusammenstießen, kam es zu einem gewaltigen Blutbad und Chlodwigs Heer war nahe daran, völlig vernichtet zu werden. Als er das sah, erhob er seine Augen zum Himmel, sein Herz wurde gerührt, seine Augen füllten sich mit Tränen und er sprach: „Jesus Christ, Chrodechild verkündet, du seiest der Sohn des lebendigen Gottes; Hilfe, sagt man, gebest du den Bedrängten, Sieg denen, die auf dich hoffen – ich flehe dich demütig an um deinen Beistand: Gewährst du mir jetzt den Sieg … , so will ich an dich glauben und mich taufen lassen auf deinen Namen …" Und da er solches ausgesprochen hatte, wandten die Alamannen sich und fingen an zu fliehen. Als sie aber ihren König getötet sahen, unterwarfen sie sich Chlodwig und sprachen: „Lass … nicht noch mehr des Volkes umkommen; wir sind ja dein." Da tat er dem Kampfe Einhalt, ermahnte das Volk und kehrte in Frieden heim.

Zit. nach Gottfried Mayr/Wilhelm Störmer, Königsherrschaft im Mittelalter, München (Oldenbourg) 1984, S. 25.

Grundwissen

Reichsbildung der Franken

Als das Weströmische Reich in der Völkerwanderung zerfiel, entstanden auf seinem Gebiet mehrere Germanenreiche. Aber nur das Reich der Franken, die seit dem 3. Jahrhundert. n. Chr. in Gallien eingedrungen waren, konnte sich dauerhaft behaupten. Zunächst waren die Franken Verbündete der Römer, doch König Chlodwig I. (482–511) aus der Familie der Merowinger gelang es, den letzten römischen Herrscher Galliens sowie die übrigen Frankenkönige auszuschalten und andere germanische Reiche zu besiegen. Durch den Übertritt zum Christentum gewann Chlodwig in der Kirche eine wichtige Herrschaftsstütze. Er schuf so die Grundlage für die Verschmelzung der germanischen und der christlich-römischen Kultur. Das fränkische Großreich wurde zur Keimzelle des heutigen Frankreichs und Deutschlands.

Mittelalter

Bezeichnung für den Zeitraum zwischen Antike und Neuzeit. Das Ende des Weströmischen Reichs 476 n. Chr. und die Gründung des Frankenreichs um 500 bedeutet für viele Historiker den Beginn des Mittelalters. Es endet um 1500 in einer Zeit religiöser Umwälzungen (1517 Reformation), wichtiger Erfindungen und der Entdeckung Amerikas (1492).

1. Erarbeite aus M3 den Ursprung der Merowingerfamilie und ziehe Schlüsse auf ihre Religion. Kläre „Heerkönigtum" und „Sakralkönigtum".
2. Erläutere mithilfe der Karte M2 Stationen der fränkischen Reichsbildung. Beziehe auch den Grundwissenkasten mit ein.
3. Beschreibe, wie Gregor in M4 die Bekehrung Chlodwigs darstellt. Gibt es auch andere mögliche Erklärungen für Chlodwigs Sieg? Überlege, welche Absicht Gregor mit seiner Erzählung verfolgte.
4. Bischof Remigius soll bei Chlodwigs Taufe gesagt haben: „Beuge still deinen Nacken, verehre, was du verfolgtest, verfolge, was du verehrtest!" Ziehe daraus Schlüsse auf das Verhältnis von König und Kirche. Ziehe auch M5 und die Taufszene S. 165 mit heran.

M5 Taufe Chlodwigs I. (482–511) um 497/498 durch Bischof Remigius in Reims, Ausschnitt aus einem Altargemälde, 15. Jh. Remigius trägt die Bischofsmütze (Mitra).

Frauen im Merowingerreich

Herrschaftschancen?

Die Geschichtswerke, die in der Zeit der Merowinger entstanden, erzählen von vornehmen Frauen, die zeitweise über großen politischen Einfluss verfügten. Zum Beispiel regierte Balthild (gest. 680) als Königinwitwe fast acht Jahre lang für ihre minderjährigen Söhne, bevor sie von einigen Adligen gestürzt wurde und ins Kloster ging. Nach alter Sitte verwalteten die Frauen der merowingischen Könige den Königsschatz und konnten, besonders während der Abwesenheit ihrer Männer, hohe Adlige durch Geschenke an sich binden und sich damit auch Unterstützung in politischen Angelegenheiten sichern.

Unter dem Kölner Dom wurde 1959 das Grab einer Adligen gefunden. Bei der Toten handelte es sich vermutlich um Wisigarde, die Braut König Theudeberts, die 547 starb. Grabbeigaben waren unter anderem: eine mit Goldfäden durchwirkte Stirnbinde (Zeichen für eine frei geborene Fränkin), Ohrringe aus Gold, Fingerringe, ein Armring aus massivem Gold, Goldketten, Münzanhänger, Gürtelgehänge, Schuhschnallen mit vergoldeten Riemenzungen, Gläser und Münzen. Über das harte Leben der Frauen aus dem einfachen Volk haben wir dagegen kaum Informationen.

M1 Ansehen und Rechte fränkischer Frauen

Die Historikerin Suzanne Wemple schrieb 1997 über Frauen im Merowingerreich:

Sie bekehrten ihre Männer zum Christentum … Königinnen gründeten oft Klöster und Kirchen auf ihren eigenen Ländereien. Sie ernannten auch Günstlinge zu Bischöfen und erweiterten auf diese Weise ihren Einflussbereich. Archäologische Funde zeigen, dass Frauen mit ihrem Schmuck als Statussymbol begraben wurden … Germanische Frauen waren ursprünglich nicht erbberechtigt und durften kein Eigentum besitzen. Aber zum Ende des 5. Jahrhunderts … glichen die gesetzlichen Regelungen die Stellung der germanischen Braut dem günstigeren Los der römischen Frau an … Frauen aus den unteren Schichten hatten wahrscheinlich größere Freiheit, Männer ihrer Wahl zu heiraten.

Suzanne Fonay Wemple, Frauen im frühen Mittelalter, in: Georges Duby/Michelle Perrot, Geschichte der Frauen, Bd. 2, hg. v. Christiane Klapisch-Zuber, Frankfurt/M. (Campus) 1997, S.189 und 192f.

M2 König Chilperich (gest. 584) und Königin Fredegunde (gest. 597),
Buchmalerei, 14. Jh. Fredegunde reitet hinter ihrem Mann, neben ihr vermutlich eine Nebenfrau des Königs. 584 ließ Fredegunde Chilperich töten, als er von ihrem Verhältnis zum Leiter der Hofhaltung erfahren hatte.

1. Fasse anhand des Darstellungstextes zusammen, woher wir etwas über Frauen in der Merowingerzeit wissen.
2. Erarbeite, wie in M1 die Stellung der Frauen beschrieben wird. Welche Entwicklung wird deutlich?
3. Vergleiche die Funde von Köln mit M2. Was lässt sich jeweils über die soziale Stellung der Frauen erkennen? Was bleibt unsicher?

Die Karolinger kommen an die Macht

Die Hausmeier erringen die Herrschaft

Im 7. Jahrhundert war die Herrschaft der Merowinger durch mehrere Reichsteilungen und Kriege der Familienmitglieder untereinander geschwächt. Die eigentliche Macht lag bald bei den Verwaltern der Königsgüter, den so genannten Hausmeiern, die aus der Adelsfamilie der Karolinger stammten. Um aber selbst König zu werden, fehlte den Hausmeiern das königliche Blut, das nach fränkischer Vorstellung dem ganzen Volk göttliches Heil, Kraft und Fruchtbarkeit brachte.

Erst der Hausmeier Pippin fand einen Weg: Er fragte Papst Zacharias in Rom, die höchste kirchliche Autorität, ob es richtig sei, dass der König heiße, der in Wirklichkeit über keine Macht verfüge. Der Papst anwortete, es sei besser, denjenigen als König zu bezeichnen, der auch die Macht habe. So ließ sich der Karolinger Pippin mit der Zustimmung des Papstes 751 von den fränkischen Adligen zum König erheben. Dem letzten Merowingerkönig schnitt man seine langen Haare, das Symbol der Königswürde, ab; dann wurde er in ein Kloster gesperrt. Zur selben Zeit wurde der Papst durch die Langobarden in Italien bedroht. Er bat die Franken um Hilfe. Im Vertrag von Ponthion (754) versprach König Pippin dem Papst Stephan II. und der römischen Kirche Schutz und schenkte ihr Land für einen Kirchenstaat.

M1 König Pippin trifft Papst Stephan II.

Im Januar 754 trafen sich der Frankenkönig Pippin und Papst Stephan II. (752–757) in der Pfalz von Ponthion (Marnetal). Darüber berichten die Metzer Annalen, ein Buch, in dem Jahr für Jahr wichtige Ereignisse notiert wurden:

In demselben Jahr ertrug Papst Stephan … den Druck der Langobarden … nicht mehr und kam, um [persönlich] die Hilfe des Königs Pippin anzurufen. Als Pippin davon hörte, befahl er erfreut seinem erstgeborenen Sohn Karl, ihm entgegenzureisen und ihn ehrenvoll zu sich in die Pfalz[1] von Ponthion zu führen. Dort wurde der Papst von König Pippin ehrenvoll empfangen. Viele Geschenke spendete er dem König und auch seinen Großen. Am folgenden Tage warf er sich zusammen mit seinem Gefolge in Sack und Asche auf die Erde und beschwor den König Pippin bei der Gnade des allmächtigen Gottes …, dass er ihn selbst und das römische Volk aus der Hand der Langobarden … befreie. Und nicht eher wollte er sich von der Erde erheben, als bis ihm König Pippin mit seinen Söhnen und den Großen der Franken die Hand reichte und ihn selbst zum Zeichen des künftigen Bündnisses und der Befreiung von der Erde aufhob.

Annales Mettenses priores, 754, zit. nach Geschichte in Quellen, Bd. 2, hg. und übers. von Wolfgang Lautemann, 2. Aufl., München (bsv) 1978, S. 60f.

1 königlicher Fronhof

M2 Papst Stephan II. trifft König Pippin

Seit dem 4. Jahrhundert entstanden in kirchlichem Auftrag Lebensbeschreibungen der Päpste. Zu Stephan II. hieß es:

Wie aber Pippin die Ankunft des Papstes vernahm, zog er ihm eilig entgegen mit seiner Gemahlin, seinen Kindern und den Großen des Reiches. Seinen Sohn Karl schickte er … zu seinem Empfang voraus. Er selbst ging ihm von seiner Pfalz Ponthion aus beinahe eine Stunde weit zu Fuß entgegen und schritt eine Strecke Weges als sein Marschall neben dem Saumross des Papstes einher.
Am 6. Januar … betraten sie die Pfalz von Ponthion. Da bat nun Papst Stephan alsbald flehentlich den allerchristlichsten König, dass er sich den Schutz des Friedens und die Sache des heiligen Petrus angelegen sein lasse, und der König versprach dem Heiligen Vater eidlich, allen seinen Befehlen und Wünschen mit ganzer Kraft nachzukommen.

Liber Pontificalis Stephan II., zit. nach Geschichte in Quellen, Bd. 2, hg. und übers. von Wolfgang Lautemann, München (bsv) 1970, S. 58f.

1 Vergleiche die beiden Berichte über dasselbe Ereignis (M1 und M2).

2 Die Vereinbarung zwischen dem Frankenkönig und dem Papst war ein Zweckbündnis. Erschließe, welche „Zwecke" die beiden Seiten verfolgten. Beziehe dabei auch den Darstellungstext ein.

Christliche Missionare im Frankenreich

Missionare bei den Franken

Seit der Taufe König Chlodwigs breitete sich das Christentum zwar im Frankenreich aus, aber viele Menschen waren nur dem Namen nach Christen und verehrten weiterhin die alten Götter. Geistliche waren oft verheiratet, Luxus und weltliche Macht waren ihnen wichtiger als die christlichen Gebote. In irischen und englischen Klöstern dagegen lebten die Mönche in echter Frömmigkeit. Deshalb zogen viele von ihnen als Wanderprediger durch das fränkische Reich, um dort die Kirche zu erneuern und Nichtchristen zu bekehren. In Regensburg wirkte z. B. Emmeram, in Freising Korbinian und in Salzburg Ruppert.

Der erfolgreichste Missionar (Glaubensbote, von lat. missio = Entsendung) war der Angelsachse Bonifatius, der 719 vom Papst den Namen Bonifatius (lat. Wohltäter) bekam und mit der Christianisierung der germanischen Völker im östlichen Frankenreich beauftragt wurde. Mehr als 30 Jahre lang verbreitete er den christlichen Glauben – u. a. bei den Hessen, Thüringern und Friesen, wobei er nicht selten alte heidnische Bräuche in seine christliche Lehre übernahm. Zur Festigung des Christentums gründete Bonifatius zahlreiche Klöster und regelte die Arbeit der Bischöfe, die er direkt dem Papst unterstellte. Dadurch entstand im heutigen Deutschland ein straffes Netz von Pfarreien, Klöstern und Bistümern, das den fränkischen Herrschern bei der Durchsetzung ihres Machtanspruchs half und entscheidend wurde für die Entwicklung der christlich-europäischen Kultur des Mittelalters.

M1 Missionsauftrag für Bonifatius

Am 15. Mai 719 schrieb Papst Gregor an Bonifatius:

Gregor an den frommen Priester Bonifatius. Es erfordert dein uns kundgetaner ... Vorsatz und die ... Kenntnis deines Glaubens, dass wir dich zum Mitdiener an der Verbreitung des Wortes Gottes ... erheben. ... Deshalb ... befehlen (wir), dass du in der Gnade Gottes ... zu allen Völkern, die in dem Irrtum des Unglaubens befangen sind, schleunigst dich aufmachest und den Dienst des Reiches Gottes durch die Verbreitung des Namens Christi ... überzeugend ausdehnst und ... die Predigt beider Testamente in die ungelehrten Gemüter zugleich mit der Vernunft hineingießest. ... Was dir aber zu dem Unternehmen, das du nun beginnst, noch fehlt, das sollst du uns ... melden. Lebe wohl.

Zit. nach Geschichte in Quellen, Bd. 2, hg. und bearb. v. Wolfgang Lautemann, München (bsv) 1970, S. 42f.

M2 Empfehlungsschreiben des Papstes an Karl Martell

Karl Martell war von 714 bis 741 fränkischer Hausmeier und errang in dieser Zeit große kriegerische Erfolge.

Da wir erfahren haben, dass du ... bei vielen Gelegenheiten frommen Sinn bewiesen hast, so teilen wir ... (dir) mit, dass wir ... Bonifatius – im Glauben und im Lebenswandel erprobt, von uns zum Bischof geweiht und wohl erfahren in den Anordnungen des (Papstes), ... entsandt haben, um den Völkern vom germanischen Stamme und in verschiedenen Gegenden östlich des Rheins zu predigen, die in heidnische Irrlehren verfallen sind oder bisher noch in der Finsternis der Unkenntnis stecken. Zu diesem Zwecke empfehlen wir ihn deinem ... Wohlwollen, auf dass du ihn immer unterstützen mögest ... und ihn gegen alle Feinde schützest.

Zit. nach Geschichte in Quellen, Bd. 2, hg. und bearb. v. Wolfgang Lautemann, München (bsv) 1970 , S. 44.

M3 Bonifatius tauft einen Germanen, der von einem Helfer in ein Taufbecken eingetaucht wird (links). Bonifatius erleidet bei den Friesen den Märtyrertod (rechts), Buchmalerei aus dem Kloster Fulda, um 875.

M4 Die Missionierung zur Zeit des Bonifatius

M5 Bonifatius fällt die Donareiche

Ein Bericht von 768 über die Missionsarbeit des Bonifatius:

Viele Hessen erhielten damals die Taufe. Andere opferten aber immer noch heimlich oder offen an Bäumen und Quellen, betrieben Weissagung, Zauberei und Beschwörung. Da beschloss Bonifatius, eine Eiche seltener Größe, die den heidnischen Namen Donareiche[1] führte, im Beisein seiner Mönche zu fällen.

Als diese Absicht bekannt wurde, versammelten sich viele Heiden, die den Feind ihrer Götter heftig verfluchten. Kaum aber hatte Bonifatius den Baum ein paar Mal mit der Axt getroffen, da wurde die ungeheure Masse des Baumes durch göttliche Winde erschüttert. Die Enden der Äste brachen und die Eiche stürzte krachend zu Boden. Die Heiden aber, die kurz zuvor noch geflucht hatten, fingen an, den Herrn zu preisen und an ihn zu glauben.

Johannes Bühler, Das Frankenreich, Leipzig (Insel), 1923, S. 415.

1 Donar hieß ein wichtiger germanischer Gott. In unserem Donnerstag hat sich sein Name bis heute erhalten.

M6 Harte Strafen für Sünder

Unter Karl dem Großen (768–814) erreichte das Frankenreich seine größte Ausdehnung. Die Sachsen wehrten sich jedoch über 30 Jahre lang dagegen, von den Franken beherrscht zu werden und den christlichen Glauben anzunehmen. Karl ging deswegen hart gegen sie vor: 4000 sächsische Adlige wurden getötet. Für die Überlebenden galten u. a. folgende Regeln:

– Wer mit Gewalt in eine Kirche eindringt und dort raubt oder stiehlt oder die Kirche anzündet, der sterbe des Todes.

– Wer die vierzigtägige Fastenzeit vor Ostern nicht einhält und in dieser Zeit Fleisch isst, wird mit dem Tode bestraft.

– Wer einen Bischof oder Priester tötet, wird mit dem Tode bestraft.

– Wenn zukünftig im Sachsenvolk ein heimlich noch Ungetaufter sich verbergen möchte und sich weigert, zur Taufe zu kommen, weil er Heide bleiben will, dann sterbe er des Todes.

Sondergesetzgebung für Sachsen. Zit. nach Geschichte in Quellen, Bd. 2, hg. u. übers. v. Wolfgang Lautemann, 2. Aufl., München (bsv) 1978, S. 90.

1 Erarbeite aus M1, M2 und dem Darstellungstext die Gründe für die Missionierung.

2 Begründe, warum Papst Gregor den fränkischen Hausmeier um Schutz für Bonifatius bittet (M2). Inwiefern könnte der Hausmeier seinerseits von der Missionierung profitieren?

3 Vergleiche und beurteile die verschiedenen Maßnahmen zur Bekehrung der Germanen in M5 und M6 .

4 Beschreibe anhand von M4 die regionalen Schwerpunkte der Bistums- und Klostergründungen und erkläre, warum Bonifatius als „Apostel der Deutschen"verehrt wird.

5 Sammle Informationen über Missionare, die in deiner Heimatregion tätig waren, und gestalte eine Seite in deinem Heft. Frage eventuell deine Religionslehrkraft.

Von der Antike zum Mittelalter – ein Überblick

Dreiteilung der Mittelmeerwelt

In der Spätantike veränderte sich die Mittelmeerwelt grundlegend: Trotz Verfolgungen durch die römischen Kaiser breitete sich das Christentum immer weiter aus. Seit dem Toleranzedikt von Kaiser Konstantin 311 n. Chr. verdrängte es die alten Götter der Römer, bis es 391 n. Chr. zur alleinigen Staatsreligion wurde. Diese neue religiöse Einheit konnte jedoch die Auflösung des Römischen Weltreichs nicht verhindern. Überfälle benachbarter Völker und die große Völkerwanderung der Germanen führten ab dem 3. Jahrhundert zu einer Schwächung des Imperiums, das schließlich 395 in das Weströmische Reich und das Oströmische Reich mit der Hauptstadt Konstantinopel geteilt wurde. Während das Ostreich über 1000 Jahre weiterexistierte, endete das Westreich 476, als der Germane Odoaker den letzten weströmischen Kaiser Romulus Augustulus absetzte. Auf römischem Boden entstanden verschiedene Germanenreiche. Doch die Kultur Roms wirkte im Mittelalter und bis in unsere heutige Zeit weiter. Ausgehend von Arabien, entwickelte sich im 7. Jahrhundert mit dem Islam nicht nur eine neue monotheistische Religion, sondern auch eine neue kulturelle und politische Kraft im Mittelmeerraum.

Muslimische Reiche

Die Gründung muslimischer Reiche geht zurück auf Mohammed, den Begründer und späteren Propheten des Islams, der im Jahre 622 n.Chr. nach Medina flüchten musste.

Bis zu seinem Tod 632 n. Chr. hatte Mohammed ganz Arabien für den Islam gewonnen. Die Ausbreitung des Islams setzte sich auch nach dem Tod Mohammeds fort. Sie wurde vor allem mit kriegerischen Mitteln geführt und kam erst etwa 100 Jahre nach Mohammeds Tod im Westen durch den Widerstand des Frankenreichs und im Osten an den Grenzen Chinas zum Stehen.

Das Reich der Kalifen zerfiel seit dem 9. Jahrhundert in viele Teilreiche. Daneben entstanden Reiche nicht-arabischer Völker, wie Berber, Türken und Iraner. Nach dem Ende der politischen Einheit blieb jedoch eine kulturelle Verbundenheit der muslimischen Gebiete erhalten, die bis heute erkennbar ist.

Anders als im Christentum vertreten strenggläubige Vertreter des Islams bis heute die Einheit von Religion und Staat und setzen sich damit in einen Gegensatz zur westlichen Auffassung von Demokratie, in der die Trennung von Staat und Kirche in der Verfassung festgelegt ist.

Das Reich der Franken

Dem Frankenkönig Chlodwig I. (482–511 n. Chr.) aus der Familie der Merowinger gelang die Gründung eines dauerhaften Reiches. Er setzte sich unter den fränkischen Kleinkönigen wegen seiner Heerführerschaft und seiner Erfolge durch. Bei ihm verband sich das bisherige Sakralkönigtum (er war Erbe königlicher Abstammung), mit dem Heerkönigtum (seine Siege bestätigten das königliche Heil).

Durch den Übertritt Chlodwigs zum Christentum um 497/498 entwickelte sich zwischen den fränkischen Königen und der Kirche ein enges Verhältnis: Die Geistlichen unterstützten den königlichen Herrschaftsanspruch, die Könige traten als Schutzherren der Kirche auf.

Als im 7. Jahrhundert die Herrschaft der Merowinger durch Reichsteilungen und Kriege der Familienmitglieder untereinander geschwächt war, gelang es dem Hausmeier Pippin aus der Familie der Karolinger, die Königswürde zu übernehmen, denn die eigentliche Macht lag schon seit längerem bei den Hausmeiern, den Verwaltern der Königsgüter. So ließ sich Pippin 751 mit dem Einverständnis

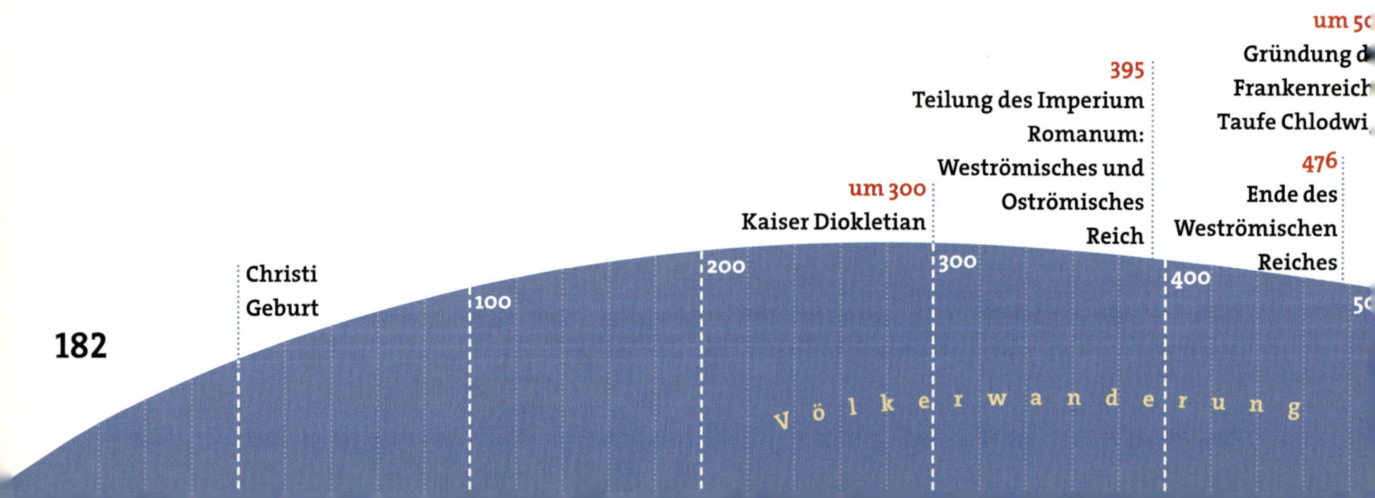

des Papstes von den fränkischen Adligen zum König erheben.
Seit der Taufe Chlodwigs wurde die Verbreitung der christlichen Lehre vorangetrieben. Die Päpste förderten die Ausbreitung des Christentums durch Missionare. Einer der bekanntesten unter ihnen ist Bonifatius, der auf dem Gebiet des heutigen Deutschlands wirkte.
Über das alltägliche Leben der Menschen im Frankenreich können wir aus Grabfunden Informationen gewinnen: Während die meisten Menschen in einfachen Verhältnissen leben mussten, immer bedroht von Krankheit und Hunger, nahmen die adligen Grundbesitzer eine bevorzugte Stellung ein. Dies spiegelt sich auch in der reicheren Ausstattung ihrer Gräber wider. Archäologische Funde und Berichte über Frauen im Merowingerreich zeigen einen zeitweise bedeutenden Einfluss adliger Frauen in Religion, Politik und Gesellschaft.

Der große Grundwissentest
Du hast in diesem Kapitel viele Grundwissensbegriffe gelernt. Denke dir selbst ein Spiel aus, mit dem deine Mitschüler ihr Grundwissen wiederholen und üben können. Du kannst zum Beispiel Quizkarten gestalten oder ein Würfelspiel mit einem Spielfeld und Stationen für Aufgaben entwerfen. Aber es gibt noch viele andere Möglichkeiten.

Bevor dein Spiel zum Einsatz kommt, musst du natürlich die nötigen Materialien (Würfel, Spielsteine, Spielfeld, Kärtchen usw.) bereitstellen und die Spielregeln aufschreiben. Überlege dabei, ob sich das Spiel für zwei Mitspieler, für eine größere Gruppe oder für die ganze Klasse eignet.
Nach einer Spielstunde, in der ihr in der Klasse die verschiedenen Spiele ausprobiert, könnt ihr den Erfinder/die Erfinderin des gelungensten Spiels wählen. Viel Spaß beim Entwerfen und Spielen!

Wir wiederholen zentrale Begriffe und Methoden

Grundwissen	
Christentum	S. 166
Staatsreligion	S. 166
um 500 n. Chr.: Ende des Weströmischen Reiches	S. 170
Islam	S. 175
Mittelalter	S. 177
Reichsbildung der Franken	S. 177

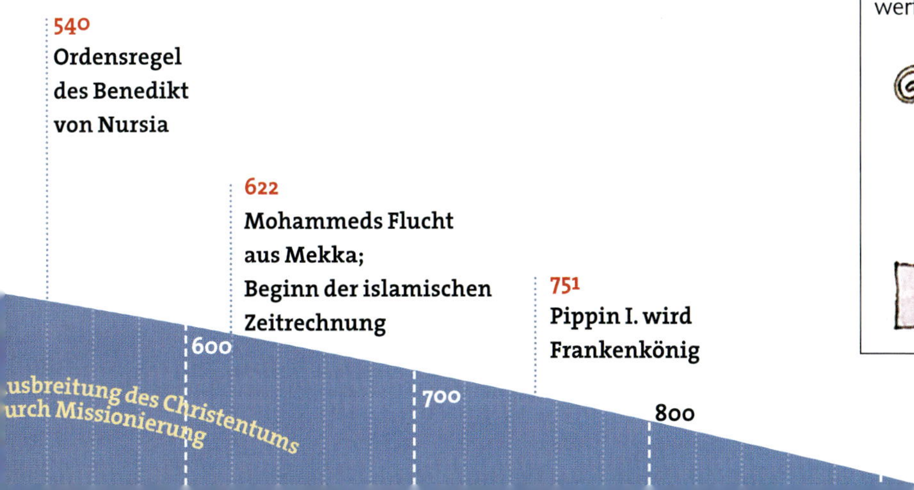

Kapitel 1: Einführung – Der Mensch als Teil der Geschichte

M1 **Die Lebensstufen des Mannes,** Lithografie (Steindruck) aus der Mitte des 19. Jahrhunderts

M2 **Mittag,** Gemälde von Hans Baluschek, 1894

1 Beschreibe M1 und formuliere, wie hier das Leben der Menschen in der Zeit dargestellt wird.
2 Vergleiche die „Lebensstufen des Mannes“ (M1) mit denen der Frau (M8, Seite 16) und überlege, ob „Lebensstufen“ auch anders verlaufen können.
3 Erarbeite anhand von M2, was der Maler darstellen wollte. Welche Fragen bleiben offen? Achte auf die Informationen in der Bildunterschrift. Lies auf S. 14/15 nach.
4 Erkläre: Quelle – Zeitmessung – Epochen – christliche Zeitrechnung – muslimische Zeitrechnung.
5 Schreibe zusammenfassend auf, wie die Zeit das Leben der Menschen bestimmt. Lies im Kapitel 1 nach.

Kapitel 2: Menschen in vorgeschichtlicher Zeit

M1

M4

M2

M3

1 Beschreibe M1 bis M4 und ordne sie den Epochen Altsteinzeit, Jungsteinzeit, Bronzezeit und Eisenzeit zu. Begründe deine Entscheidung jeweils mit Belegen aus dem Kapitel. Achtung! Eine Abbildung zeigt keinen Fund, sondern eine Rekonstruktion!
2 Schreibe in einem Bericht auf, welche Schlüsse ein Archäologe/eine Archäologin aus den Funden über das Leben der Menschen in jener Zeit ziehen könnte.
3 Stelle in einer Tabelle die wichtigsten Unterschiede in den Lebensformen der Menschen in der Altsteinzeit, der Jungsteinzeit und der Metallzeit zusammen.
4 Erläutere: Mythen – Archäologie – Homo erectus – Homo sapiens sapiens – Altsteinzeit – Felsmalerei – Neolithische Revolution – Metallzeit. Informiere dich, wenn nötig, im Kapitel.
5 Erkläre und bewerte die folgende Aussage: Die Archäologie ist ein Fenster in die Vergangenheit.

Kapitel 3: Ägypten – eine frühe Hochkultur

M1 **Fischfang im Papyrusdickicht,** Malerei aus dem Grab des Bildhauers Ipui in Deir el-Medineh, um 1300 v. Chr.

M2 Gewohnheiten der Sumpfbewohner

Der griechische Geschichtsschreiber Herodot (ca. 485–425 v. Chr.) bereiste Ägypten und schrieb seine Eindrücke auf:

Wenn der Strom anschwillt und aus der Ebene ein Meer macht, wachsen im Wasser Unmengen von Lilien, die man in Ägypten Lotos nennt. Man ... trocknet sie an der Sonne und zerstampft die Kerne der Fruchtkapsel, die dem Mohn gleichen; daraus formt und bäckt man Brot im Feuer. Auch die Wurzel dieses Lotos ist essbar und hat einen ziemlich süßlichen Geschmack. Sie ist rundlich, etwa von der Größe eines Apfels ... Aus den Sümpfen ziehen die Ägypter die jährigen Schösslinge der Byblosstaude, schneiden den oberen Teil ab, ... der untere Teil, der noch eine Elle lang ist, wird gegessen ... Wer ihn besonders schmackhaft zubereiten will, röstet ihn im glühenden Ofen und isst ihn so ...

Gegen die Mücken, die es in ... Mengen gibt, ... [haben] die Bewohner des Sumpflandes eine ... Einrichtung erdacht: Jeder besitzt dort ein Fischernetz, mit dem er tagsüber Fische fängt; in der Nacht aber ... befestigt [er] es rings um das Lager, auf dem er ruht; dann kriecht er darunter und schläft unter dem Netz. Läge jemand ... unter einem Betttuch, würden die Mücken hindurchstechen.

Zit. nach Herodot, Historien, Bd. 1, hg. v. Josef Feix, 5. Aufl., Zürich (Artemis & Winkler) 1995, S. 272 ff.

1 Nicht nur der Alltag, sondern auch die Gesellschaft im alten Ägypten wurde vom Leben am Nil beeinflusst. Prüfe diese Behauptung, indem du anhand von M7, S. 57, überlegst, inwiefern die dort genannten „Berufe" Aufgaben einschließen, die sich aus dem Leben am Fluss ergeben.

2 Liste anhand von M1 und M2 alles auf, was zum Leben der Menschen entlang des Nils gehörte. Lege eine Tabelle an und trage deine Belege ein:

3 Lies auf S. 65 die Erklärung des Begriffs „Hochkultur". Zeige, dass die hier aufgeführten Merkmale auf das alte Ägypten zutreffen. Nutze dazu die Informationen auf den Seiten 54 bis 58, 62 bis 65, 68 und 69.

4 In vielen Pharaonengräbern haben Archäologen Modelle von Schiffen gefunden, in Gräbern von Keltenfürsten (siehe S. 42 bis 45) dagegen vier- oder zweirädrige Pferdewagen. Wie erklärst du dir diese unterschiedlichen Grabbeigaben?

Tätigkeiten	tierische und pflanzliche Rohstoffe	Produkte	Gegenstände/Erfindungen

Kapitel 4: Die griechisch-hellenistische Welt

M1 Die Agora aus der Sicht eines Griechenland-Reisenden

Die Reisebeschreibung Griechenlands des aus Lydien (Kleinasien) stammenden Pausanias (ca. 115–190 n. Chr.) gilt heute als wichtigste Beschreibung des antiken Griechenlands, obwohl sie – so vermuten Wissenschaftler – von den Zeitgenossen nicht gelesen wurde. Die zehn Bücher sind jeweils Landschaften gewidmet. Im ersten Buch (Attika) schreibt Pausanias über Athen:

[Entlang der Marktstraße] ist eine Halle[1] gebaut mit Statuen der zwölf Götter. Auf der [den Statuen] gegenüberliegenden Wand ist Theseus[2] gemalt und die Demokratia und der Demos. Die Beischrift besagt, dass Theseus in Athen die Demokratie eingeführt habe und dass die Athener seit seiner Zeit immer demokratisch gelebt hätten, bis Peisistratos auftrat und Tyrann wurde. Es wird ja viel Unwahres erzählt bei der geschichtsunkundigen Menge ..., so auch bei Theseus, der doch selber noch König war und dessen Nachkommen ... noch bis zur vierten Generation in der Herrschaft blieben ... Auch ein Heiligtum der Göttermutter[3] ist dort errichtet ... und in der Nähe das Rathaus der Fünfhundert[4], die ein Jahr lang Ratsherren in Athen sind. Nahe dem Rathaus der Fünfhundert befindet sich die so genannte Tholos[5] ... [Auf der gegenüberliegenden Straßenseite] stehen Standbilder der Heroen[6], nach denen später die athenischen Phylen ihre Namen erhielten. Wer aber die zehn statt der vier Phylen einrichtete und ihre Namen gegenüber den alten änderte, ... das hat Herodot[7] erzählt.

Pausanias, Beschreibung Griechenlands, übers. und hg. v. Ernst Meyer, München (dtv) 1972, S. 58 ff.

1 Die Zeushalle wurde in der 2. Hälfte des 5. Jahrhunderts v. Chr. gebaut.
2 Held der Athener, Sohn des Gottes Poseidon oder des attischen Königs Aigeus und der Aithras, bei der er aufwuchs. Der Sage nach vollbrachte er viele Heldentaten und einigte als König Attika und schränkte die Königsgewalt ein.
3 Das so genannte Metroon für die Göttermutter Kybele stammte – wie Pausanias es vorfand – aus hellenistischer Zeit (ca. 140 v. Chr.).
4 Das so genannte „Buleuterion", in dem die Ratsherren tagten, wurde im 5. Jahrhundert v. Chr. errichtet.
5 Rundtempel, entstanden ca. 470 v. Chr.
6 Einzelne Personen, die sich (meist im Kampf) besonders ausgezeichnet hatten, wurden nach dem Tode heroisiert, d.h., man sprach ihnen eine göttliche Kraft zu – viele von ihnen waren der Sage nach früher Götter gewesen, wie z. B. Herakles.
7 griechischer Geschichtsschreiber (um 485–425 v. Chr.).

1 Untersuche M1 mithilfe der Arbeitsschritte, die du zum Entschlüsseln schriftlicher Quellen (siehe S. 89) kennen gelernt hast.

2 Erläutere die in M1 genannten Begriffe, die zur attischen Demokratie gehörten. Wer veranlasste die in Zeile 20/21 angeführte Phylenreform? (Siehe S. 84/85, 96 bis 98)

3 Die Götter im antiken Griechenland spielten eine wichtige Rolle: sowohl im Leben des Einzelnen als auch in allen Bereichen, die die Polis betrafen. Nenne mindestens drei Beispiele dafür.

4 Überlege, wie in Sparta und Athen die Verpflichtung, für die Polis zu leben, den Alltag von Familien bzw. Hausgemeinschaften jeweils bestimmte (siehe S. 102 bis 109).

5 Erkläre: Polis – Demokratie – Hellenismus – Antike.

Kapitel 5: Das Imperium Romanum

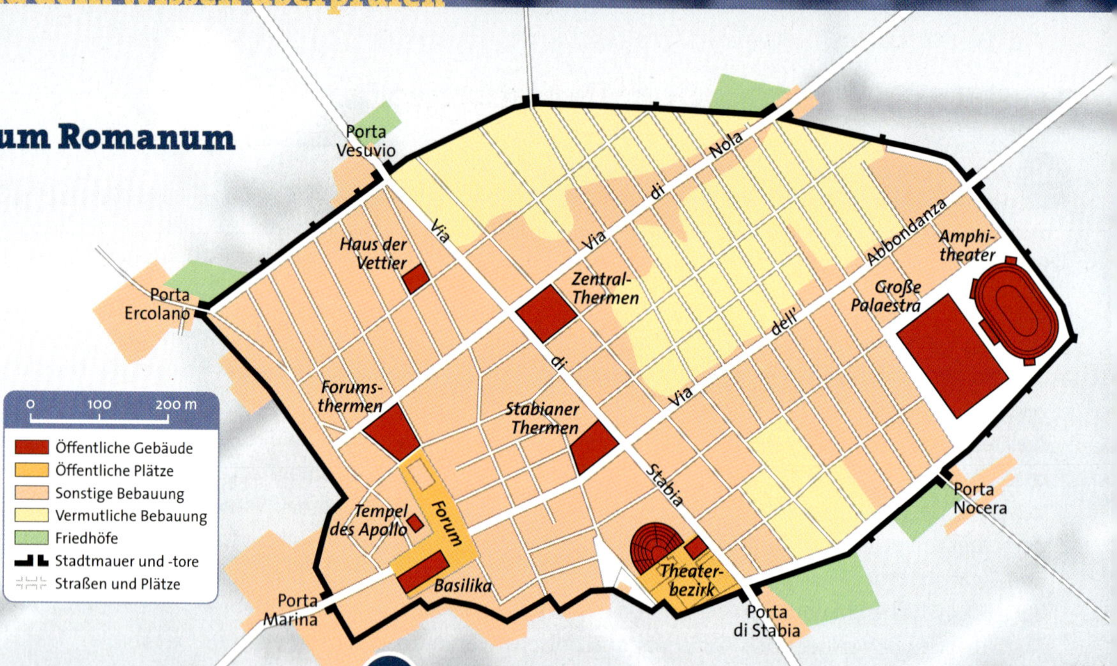

M1 Schematischer Grundriss Pompejis im 1. Jh. n. Chr.

M2 Gladiatoren – wüste Gesellen, gefeierte Helden, bedauernswerte Opfer?

Ein Jugendroman über das antike Pompeji schildert Gladiatoren folgendermaßen:

Fast ganz Pompeji war auf den Beinen, um den Helden der Arena zuzujubeln … Vier Jahre lang hatte Pulcher, fünf Jahre Divinus in allen Kämpfen gesiegt. Längst hätten sie nicht mehr auf Leben und Tod zuschlagen müssen. Gladiatoren, die drei Jahre lang in der Arena gesiegt hatten, durften sich zur Ruhe setzen und ihr Blutgeld genießen. Hatten sie drei Jahre lang als Sklaven für ihre Besitzer gekämpft und diese reich gemacht, wurden sie freigelassen. Allerdings gab es nur wenige, die so lange überlebten … Divinus und Pulcher waren keine Feinde … Divinus war ein Germane aus dem wilden Land weit oben im Norden. Römische Legionäre hatten den damals zehnjährigen Knaben als Siegesbeute nach Rom verschleppt. Zu Hause hatte er Gisbert geheißen. Als er sich in der Sklaverei kräftig entwickelte, ließ ihn sein Herr in der berühmten Gladiatorenschule zu Capua ausbilden … Gisbert errang Sieg um Sieg … Nach drei Jahren war er ein freier Mann geworden, hatte zwei Jahre lang weitergekämpft und höchste Siegesprämien verdient.

Josef Carl Grund, Asche auf Pompeji, Bindlach (Loewe) 1995, S. 80ff.

1 Zeige anhand von M1, dass Pompeji mit öffentlichen Gebäuden ausgestattet war, die es auch in der Hauptstadt gab. Erläutere, warum die Regierung in Rom es förderte, dass überall im Reich „nach römischer Art" gelebt wurde. Nutze dazu auch die Informationen auf den Seiten 147/148 und 154 bis 159.

2 Untersuche die Aussagen über Gladiatoren in M2. Entsprechen sie der historischen Wirklichkeit? Warum nahm die Zahl der Gladiatoren und der Gladiatorenspiele in der Kaiserzeit erheblich zu? Lies dazu nochmals S. 147.

3 Zeichne mithilfe des Zeitbogens S. 162/163 die Entwicklung Roms zur Hauptstadt eines Weltreichs nach, indem du die Angaben kurz schriftlich erläuterst. Markiere Krisen, die dabei auftraten, farbig.

4 Erläutere, warum der Prinzipat des Augustus als Übergang zwischen der republikanischen Regierungsform und dem Kaisertum bezeichnet werden kann. Nutze die Seiten 128/129, 144, 154/155.

5 Zeige Übereinstimmungen und Unterschiede zwischen einer heutigen und einer römischen Familie auf (siehe S. 123 ff.).

6 Erkläre die Begriffe: Ständekämpfe – Diktatur – Romanisierung – Villa Rustica – Völkerwanderung.

Kapitel 6: Von der Antike zum Mittelalter

M1 König ohne Macht?

Einhard (um 770–840), ein Geistlicher und guter Freund Karls des Großen (ab 768 König der Franken, seit 800 Kaiser), schrieb über das Königtum der Merowinger:

Das Geschlecht der Merowinger … endete nach der gewöhnlichen Annahme mit König Hilderich, der auf Befehl des römischen Papstes Stephan[1] abgesetzt, geschoren und ins Kloster geschickt wurde. Aber obwohl es erst mit ihm ausgestorben zu sein scheinen könnte, war es doch schon längst ohne alle Lebenskraft …; denn die Macht und die Gewalt der Regierung waren in den Händen der Pfalzvorsteher, die Hausmeier hießen und denen die ganze Regierung oblag. Dem König blieb nichts übrig, als, zufrieden mit dem bloßen Königsnamen, mit langem Haupthaar und geschorenem Bart auf dem Throne zu sitzen und den Herrscher zu spielen, … da er außer dem nutzlosen Königstitel und einem unsicheren Unterhalt, den ihm der Hausmeier nach Gutdünken zumaß, nur noch ein einziges, noch dazu sehr wenig einträgliches Hofgut zu eigen besaß, auf dem er ein Wohnhaus hatte und Knechte in geringer Zahl …

Überall, wohin er sich begeben musste, fuhr er auf einem Wagen, den ein Joch[2] Ochsen zog und ein Rinderhirt nach Bauernart lenkte … Die Staatsverwaltung aber und alles, was im Inneren oder nach außen zu tun oder zu ordnen war, besorgte der Hausmeier.

Einhard, Vita Karoli Magni, cap. 1. Geschichte in Quellen, Bd. 2, hg. von Wolfgang Lautemann, 2. Aufl., München (bsv) 1978, S. 56.

1 irrtümlich für Zacharias
2 Geschirr zum Anspannen von Zugochsen

M2 Die Apostel Petrus und Paulus erscheinen Kaiser Konstantin im Traum, Fresko in der Kapelle des hl. Silvester, SS. Quatro Coronati, Rom, 1246. Der Legende nach erkrankte der römische Kaiser Konstantin (306–337) an Lepra. Die heidnischen Ärzte rieten ihm, im Blut unschuldiger Kinder zu baden. Konstantin brachte es nicht über sich, die Kinder zu töten. In einem Traum erfuhr er, dass nur Bischof Silvester, den er wegen seines Glaubens hatte verfolgen lassen, ihm helfen könne. Konstantin fand zu Silvester und durch ihn zum Christentum. Da wurde er von der Lepra geheilt.

M3 Mohammed diskutiert mit christlichen Mönchen, arabische Buchmalerei, um 1594

1 Beschreibe M2 mithilfe der Bildunterschrift und S. 166.
2 Vergleiche den Einfluss der christlichen Lehre bei Konstantin (M2) mit dem bei König Chlodwig I., S. 177.
3 Analysiere M1 mithilfe der Arbeitsschritte S. 89.
4 Entwerft in Partnerarbeit ein Gespräch zwischen Mohammed und den christlichen Mönchen (M3). Lest auf den Seiten 166/167 und 174/175 nach.
5 Prüfe anhand der Informationen auf S. 179, wie glaubwürdig die Aussagen Einhards (M1) sind.
6 Erkläre: Dreiteilung der Mittelmeerwelt – Christentum – Ende des Weströmischen Reiches – Konstantinopel – Corpus iuris civile – Koran – Reichsbildung der Franken.

Im Lexikon werden Fremdwörter, historische Begriffe und Ereignisse erläutert, die in den Darstellungstexten dieses Buches auftauchen. Die Grundbegriffe aus den kleinen Kästen erscheinen hier mit Seitenverweisen.

Adel ist eine in der Gesellschaft hervorgehobene Gruppe, die sich durch Reichtum, Bildung und eigenen Lebensstil auszeichnet. Zugehörigkeit zum Adel kann, wie in Griechenland und beim Patriziat in Rom, erblich, d. h. an hohe Geburt geknüpft sein oder, wie bei der römischen Nobilität, durch Bekleidung eines Amtes erlangt werden.

Annuität. Bezeichnung für eine feste Tradition römischer Ämter. Seit alters her galt bei den Römern, dass ein Magistrat sein Amt immer nur für ein Jahr ausüben durfte.

Antike: siehe S. 101

Arbeitsteilung bezeichnet die Gliederung der Gesellschaft in verschiedene Berufe (zum Beispiel Bauern, Handwerker, Händler). Diese Form des Zusammenlebens bildete sich in Ägypten um etwa 3000 v. Chr. heraus. Sie ist ein typisches Merkmal der frühen Hochkulturen.

Archäologie: siehe S. 24

Areopag (= griech. „der Areshügel"). Bezeichnung für die Versammlung, die in der griechischen Adelszeit alle Staatsgeschäfte leitete und das höchste Gericht war. Seit der Einführung der Demokratie und des → Volksgerichts verlor der Areopag an Einfluss und behielt nur noch die Entscheidung bei Mord. Noch heute heißt der höchste Gerichtshof in Athen so.

Aristokratie: siehe S. 81

Altsteinzeit: siehe S. 30

Berufsheer. Ein Heer ist die Streitmacht eines Staates. Die Mitglieder eines Berufsheeres üben ihre Tätigkeit hauptberuflich aus.

Blütezeit Athens: siehe S. 98

Bronzezeit: siehe S. 42

Bürger/Bürgerrecht. Bürger waren in der Antike alle Personen, die am politischen Leben aktiv teilnahmen und das Bürgerrecht besaßen. Das Bürgerrecht in Griechenland war erblich; es konnte aber auch an auswärtige Personen verliehen werden. Außer diesen Vollbürgern (in Sparta z. B. den → Spartiaten) gab es in den griechischen Staaten minderberechtigte Personen, z. B. Frauen oder Metöken, die keine Ämter bekleiden durften. Pflichten der Bürger waren der Schutz des Staates gegen äußere und innere Feinde und die Teilnahme an Kult und Religion. Römischer Bürger konnte man durch Geburt werden, d. h. wenn beide Eltern römische Bürger waren, durch Verleihung des Bürgerrechts oder Freilassung. Zunächst waren nur die Bewohner Roms römische Bürger, später wurde das Bürgerrecht auch anderen Bewohnern des Reiches verliehen. Römische Bürger trugen die Toga, waren zu Wehrdienst und Steuern verpflichtet, hatten Stimmrecht in der Volksversammlung, konnten gewählt werden und gegen Strafen Berufung einlegen. Nur römische Bürger konnten nach römischem Recht anerkannte Geschäftsverträge und gültige Ehen schließen.

Bundesgenossen waren mit Rom durch einen Vertrag (Bündnis) verbunden. Darin versprachen sich die Bündnispartner gegenseitige Waffenhilfe bei Angriffen und Frieden für ewige Zeit. Die Bundesgenossen Roms gaben ihre militärische und außenpolitische Selbstständigkeit auf, waren in der inneren Verwaltung aber selbstständig. Viele Gemeinden schlossen gegen äußere Bedrohung freiwillig mit Rom Bündnisse und erkannten dessen Vormachtstellung an.

Christentum: siehe S. 166

Demagogen. Bezeichnung für die Redner in der Athener Volksversammlung. Bereits in der Antike wurde das Wort Demagoge in der Bedeutung „Volksverführer" benutzt.

Demokratie: siehe S. 98

Diktator. In der Römischen Republik konnte für besondere Krisensituationen auf Vorschlag des Senats einer der beiden Konsuln einen Diktator als außerordentlichen Beamten ernennen. Dieser bekam große Vollmachten. Seine Amtszeit (die Diktatur) war auf höchstens sechs Monate beschränkt. Die übrigen Magistrate (Beamten) blieben während dieser Zeit im Amt, waren jedoch dem Diktator untergeordnet. Die Diktatoren der späten Republik, z. B. Sulla und Caesar, haben nichts mehr mit dem ursprünglichen Amt zu tun; denn Amtsdauer und Machtfülle waren nicht mehr beschränkt, sie waren Alleinherrscher.

Enteignung. Entziehung oder Begrenzung von privatem Eigentum.

Epos. In einem Epos werden sagenhafte oder geschichtliche Ereignisse in dichterisch überhöhter Sprache, z. B. in Versen, dargestellt. Ältere Epen schildern häufig das Leben in adligen Gesellschaftsschichten, verbunden mit Götter- und Heldensagen. Die ältesten europäischen Epen sind die „Ilias" und die „Odyssee" (Ende des 8. Jh. v. Chr.), die dem griechischen Dichter Homer zugeschrieben werden.

Expansion. Der Begriff (von lat. expandere = ausdehnen) bezeichnet das Bestreben eines Staates, seine Macht auf andere Staaten auszudehnen. Dies kann mit militärischen Mitteln durch Eroberung erfolgen. Expansion kann aber auch die Vergrößerung des Einflussbereiches mit wirtschaftlichen oder politischen Mitteln bedeuten.

Export. Die Lieferung von im Inland hergestellten Waren in andere Länder.

Franken → Reichsbildung
Frühmensch: siehe S. 26

Germanen. Sammelname für viele einzelne Völker und Stämme in Nord- und Mitteleuropa, die der → indogermanischen Sprachfamilie angehören. Besonders in den letzten beiden Jahrhunderten v. Chr. versuchten germanische Stämme sich nach Westen und Süden auszubreiten. Sie wurden jedoch von den Römern an Rhein und Donau aufgehalten. Von den Römern wurden die Germanen wegen ihres Aussehens bewundert. Im Rom der Kaiserzeit war es sogar Mode, blonde Perücken aus Germanenhaar zu tragen.
Gründung Roms: siehe S. 121

Heeresfolge bedeutete für einen römischen Soldaten, dass er nach Aufforderung durch den Staat in den Krieg ziehen musste.
Hegemonie. Griechische Bezeichnung für die politische, wirtschaftliche oder militärische Vormachtstellung eines Staates innerhalb einer Gruppe von Staaten. In Griechenland baute Sparta seine Hegemonie im 7. Jahrhundert v. Chr. durch die Eroberung der Peloponnes auf. Athen erlangte die Hegemonie unter den Stadtstaaten des Delisch-Attischen Seebundes.
Hellenismus: siehe S. 115
Heloten. Während der Eroberung Lakoniens durch die Dorier wurde die dort lebende Bevölkerung unterworfen und versklavt. Diese Heloten unterschieden sich von Sklaven in anderen antiken Staaten dadurch, dass sie dem spartanischen Staat gehörten, in Familien weiterlebten und auch ihren alten Bräuchen und ihrer Religion nachgehen konnten. Sie bearbeiteten das Land für die spartanische Oberschicht, die → Spartiaten.
Herrschaft. Bezeichnung für die Ausübung von Macht über Untergebene und Abhängige. Im ägyptischen Staat bedeutete das zum Beispiel, dass der Pharao die Macht hatte, allen Menschen in seinem Reich Befehle zu erteilen. Die Menschen erkannten seine Herrschaft an, weil er eine gottähnliche Stellung hatte.
Hetäre (= griech. Gefährtin). In der Antike Frauen, die oft über eine musische Bildung verfügten, als Prostituierte arbeiteten und Geliebte angesehener griechischer Bürger waren.
Hierarchie (= griech. „heilige Herrschaft"). Eine Rangfolge oder stufenmäßig aufgebaute Ordnung, in der Befehle von oben nach unten gegeben und von der nächstniedrigen Stufe ausgeführt werden müssen.
Hieroglyphen: siehe S. 68
Hochkultur. Die ersten Hochkulturen entstanden ab etwa 3000 v. Chr. in Ägypten und den sumerischen Stadtstaaten in Mesopotamien. Merkmale einer Hochkultur sind: ein Staat mit zentraler Verwaltung und Regierung, Religion, Arbeitsteilung, Kenntnis einer Schrift, Zeitrechnung, Kunst, Architektur, Anfänge von Wissenschaft und Technik. Hochkulturen entwickelten sich häufig an großen Flüssen (Nil, Euphrat und Tigris, Indus, Hwangho).
Hopliten. Bezeichnung für schwer bewaffnete griechische Soldaten. Ihre Ausrüstung bestand aus einem Messinghelm, einem Panzer aus Leder mit Metallplatten, der bis zur Hüfte reichte, und Beinschienen. Zur Verteidigung trugen sie einen großen runden Schild und als Waffe einen übermannslangen Speer.

Ilias: siehe S. 81
Imperium (von lat. imperare = befehlen). In Rom verstand man darunter ursprünglich die militärische und zivile Befehlsgewalt der höchsten römischen Beamten (der Konsuln). Später war damit auch die Amtsgewalt eines Provinzstatthalters gemeint sowie allgemein das unter römischer Herrschaft stehende Gebiet (= Imperium Romanum). „Imperialismus" bezeichnet eine Politik, die zum Ziel hat, ein Weltreich aufzubauen und zu sichern.
Import. Einfuhr von im Ausland hergestellten Waren.
Indoeuropäer. Eine vorgeschichtliche Bevölkerungsgruppe, die in der Jungsteinzeit Ackerbau und Viehzucht betrieb. Sie lebten in Großfamilien, die zu kleinen Dorfgemeinschaften verbunden waren. Wahrscheinlich siedelten sie zuerst im osteuropäischen Raum, wanderten von hier aus mit größeren Teilen nach Westen und verteilten sich dann in verschiedene Richtungen.
Islam: siehe S. 175

Judentum: siehe S. 67
Jungsteinzeit: siehe S. 37

Kaiserzeit: siehe S. 154
Kaufkraft. Die Menge an Geld, die eine Person in einer bestimmten Zeit zum Ausgeben zur Verfügung hat. Die Menge an Gütern, die man für dieses Geld kaufen kann, wird als Kaufkraft bezeichnet. Die Kaufkraft ist abhängig von der Höhe der Güterpreise: Werden die Güter teurer, kann man sich für sein Geld weniger leisten, werden sie billiger, reicht das Geld für eine größere Gütermenge aus.
Kelten. In Europa lebende vorgeschichtliche Völkergruppe. Die Urheimat der Kelten lag im Gebiet des heutigen Bayern und Böhmen. Dort wurden die Kelten im 7. Jahrhundert v. Chr. zum ersten Mal geschichtlich fassbar. In den folgen-

den Jahrhunderten breiteten sie sich besonders nach Nordwesten und Südwesten aus. Bis zum 3. Jahrhundert v. Chr. hatten die Kelten in Mittel- und Westeuropa einen großen Kulturraum geschaffen. Die Kelten lebten in kleinen, befestigten Städten oder in burgähnlichen Siedlungen vorwiegend auf Hügeln. Ihre Kultur, insbesondere ihre künstlerischen Fertigkeiten, waren sehr stark entwickelt. Seit dem 2. Jahrhundert v. Chr. wurden die Kelten von den Germanen aus den Gebieten östlich des Rheins verdrängt. Im Zuge der Ausdehnung des Römischen Reiches in Westeuropa seit dem 1. Jahrhundert v. Chr. wurde die keltische Kultur von der römischen weit gehend überlagert.

Klientel. Nicht-adlige Römer und ihre Angehörigen waren häufig Abhängige (= Klienten) eines adligen Patrons. Der Patron half in Notlagen (Überfällen, Feuer). Solche Hilfsleistungen übernimmt bei uns heute der Staat. Die Klienten unterstützten den Patron bei Versammlungen und Wahlen. Sie gehörten zur „familia". Die Beziehungen zwischen Patron und Klient wurden vererbt. Ihre Ursprünge sind unklar: Vielleicht waren es landlose Siedler.

Kollegialität. Jedes Amt musste mit mindestens zwei Personen besetzt und Entscheidungen gemeinsam getroffen werden: Wenn zum Beispiel einer der beiden Zensoren einen neuen Senator bestellen wollte, konnte er das nicht ohne die Zustimmung des anderen tun.

Kolonie bezeichnet eine städtische Neugründung. Griechen und Römer haben Kolonien gegründet. Landmangel und Überbevölkerung führten zur Ausbreitung der Griechen an den Küsten des Mittel- und des Schwarzen Meeres (8.–6. Jahrhundert v. Chr.). Diese Kolonien, die ihrerseits auch wieder Koloniegründungen vornahmen, waren unabhängig von der Mutterstadt; sie blieben ihrer Heimat u. a. durch die Olympischen Spiele und die Götterwelt verbunden. Seit Alexander dem Großen wurden vor allem in den östlichen Teilen des Reiches neue Kolonien gegründet, die der militärischen Sicherung, aber auch der Versorgung der Soldaten dienten. Seit dem 4. Jahrhundert v. Chr. legten die Römer zur Sicherung ihrer Herrschaft in Italien Kolonien an, in denen entweder römische oder Bürger mit latinischem Recht angesiedelt wurden. Rom übte die Oberherrschaft aus.

Kolonisation: siehe S. 83

Komödie. Die Komödie ist ein Bühnenstück mit komischen Handlungselementen. Oft wird ein typisches Alltagsproblem aufgegriffen. Die Komödie stellt menschliche Fehler mit Witz bloß und hat einen heiteren Ausgang.

Konsul: siehe S. 128

Kooperation bezeichnet die planvolle Zusammenarbeit von Menschen, um ein bestimmtes Ziel, zum Beispiel die Versorgung der gesamten Gesellschaft mit Lebensmitteln, zu erreichen. Kooperation und Arbeitsteilung gehören eng zusammen.

Kult. Handlungen und Veranstaltungen zur Verehrung von Göttern wie Opfer, Prozessionen, Feste, Wettkämpfe oder Theateraufführungen.

Kulturen. Menschliche Gruppen (Völker) unterscheiden sich in ihren Lebensformen. Es gibt bei ihnen z. B. ganz unterschiedliche Geräte, Werkzeuge, Waffen, Häuser und Siedlungen, Kleidung, Schmuckstücke, Kunstwerke, Musik und Tänze, Ernährungsweisen, Religionen und Ordnungen des Zusammenlebens. Sie haben damit unterschiedliche Kulturen. Bei schriftlosen Kulturen erkennen wir nur die Eigenarten der Lebensbereiche, die Spuren im Boden hinterlassen konnten. Bei schriftlicher Überlieferung wissen wir auch etwas darüber, was die Menschen gedacht und geglaubt haben.

Latinerbund. Latiner waren die Bewohner Latiums, einer Landschaft im westlichen Mittelitalien. Der Städtebund der Latiner wurde 338 v. Chr. von Rom besiegt. Die Bürger dieser Städte hatten in Rom kein Wahlrecht, ansonsten waren sie den römischen Bürgern weit gehend gleichgestellt. Das latinische Bürgerrecht konnten auch andere Reichsbewohner oder ganze Gemeinden erhalten.

Limes: siehe S. 157

Metöken (= griech. „Mitbewohner"). Die Metöken lebten als Freie in Athen, ohne attische Bürger zu sein. Sie durften kein Land in Attika besitzen und waren vor allem in Handwerk und Handel tätig. Ähnliche Gruppen gab es in vielen antiken Städten.

Mittelalter: siehe S. 177

Monarch. Ein durch Vorrechte der Geburt, wie z. B. Abstammung aus dem Adel, ausgezeichnete Person, die an der Spitze eines Staates steht (König, Kaiser).

Monotheismus: siehe S. 67

Mythos. Meist mündlich überlieferte Erzählung, die die Entstehung der Welt und der Menschen mit göttlichem Handeln erklärt. Mythen gibt es in vielen Kulturen und Religionen.

Neolithische Revolution. Die Epoche der Jungsteinzeit (= Neolithikum) begann nach dem Ende der letzten Kaltzeit im Vorderen Orient um 9000 v. Chr., in Mitteleuropa um 5500 v. Chr. In der Jungsteinzeit änderte sich das Leben der Menschen grundsätzlich. Die Menschen lebten nicht mehr nur vom Sammeln und Jagen, sondern ernährten sich von Ackerbau und Viehzucht. Sie wurden zunehmend sesshaft und wohnten in festen Siedlungen. Diese radikale Änderung der Lebensweise wird Neolithische Revolution genannt.

Nobilität. Im Römischen Reich die herrschenden Familien. Nach den Ständekämpfen bildeten Patrizier und reiche Plebejer die Nobilität, aus der hohe Beamte und Senatoren kamen.

Nomadentum. Lebens- und Wirtschaftsweise von Jäger- und Hirtenvölkern. Sie wohnen an keinem festen Ort und leben von Wildtieren oder Zuchtviehherden. Das Nomadentum war die bestimmende Lebensweise der Menschen in der Altsteinzeit.

Odyssee: siehe S. 81

Oikos (= griech. Haus). Der Oikos umfasste in Griechenland nicht nur das Haus als Gebäude, sondern die ganze Hausgemeinschaft: die Familie, Gäste und Sklaven, das dazugehörige Land und das Vieh. Alles dies stand unter der Gewalt des Herrn des Oikos („Kyrios"). Von dem Wort Oikos ist auch der Begriff Ökonomie = Hauswirtschaft abgeleitet. In Rom entsprach dem Oikos die „familia", die ebenfalls alle Personen und Güter umfasste, die unter der Gewalt des pater familias standen.

Olympische Spiele: siehe S. 93

Opferherr. Der Opferherr wachte über die häuslichen Kulte innerhalb der römischen „familia".

Papyrus: siehe S. 68

Patrizier: siehe S. 127

Periöken (= griech. „Umwohnende"), d. h. die Bewohner der Städte, die auf spartanischem Staatsgebiet „um Sparta herum" lagen. Deren Einwohner waren nicht → Sklaven, aber auch nicht spartanische Bürger. Sie waren meist Handwerker und stellten die Dinge her, welche die Spartaner brauchten. Den spartanischen Bürgern war jegliche Arbeit verboten.

Phalanx (= griech. Walze). Seit dem 7. Jahrhundert v. Chr. kämpften die schwer bewaffneten griechischen Fußsoldaten → Hopliten in dieser geschlossenen, aus mehreren Gliedern bestehenden Schlachtordnung.

Pharao: siehe S. 55

Philosophie. Griechische Philosophen (= griech. Weisheitsliebende oder Weisheitssuchende) versuchten seit dem 6. Jahrhundert v. Chr. die Entstehung der Welt und die Ursachen der Naturerscheinungen mit der Vernunft und nicht länger mit dem Willen der Götter zu erklären. Seit dem 5. Jahrhundert v. Chr. rückte der Mensch zunehmend in den Mittelpunkt der Philosophie. Berühmte Philosophen wie Sokrates, Platon und Aristoteles stellten Fragen nach dem Sinn des Lebens, nach Gut und Böse und nach der Wahrheit. Sie stellten praktische Regeln auf, nach denen die Menschen am besten leben sollten.

Polytheismus: siehe S. 67

Plebiszit. Abstimmung, bei der alle Bürger direkt über politische Einzelfragen entscheiden dürfen.

Polis: siehe S. 77

Prinzipat: siehe S. 145

Provinz. Bezeichnung für römische Besitzungen, die außerhalb Italiens lagen. 227 v. Chr. wurde Sizilien als erste Provinz eingerichtet. Die Provinzen wurden von einem Statthalter verwaltet. Die Bewohner einer Provinz (= Provinzialen) waren römische Untertanen ohne Bürgerrecht. Sie leisteten Tribute (= Steuern), die entweder aus festen Abgaben oder aus einem Anteil des Ernteertrags bestanden (in Sizilien zum Beispiel ein Zehntel der Ernte).

Pyramide: siehe S. 62

Quelle: siehe S. 15

Rat der Fünfhundert. Bezeichnung für die zentrale politische Versammlung der attischen Demokratie, die von Kleisthenes geschaffen worden war. Der Rat der Fünfhundert bereitete die Volksversammlung vor und legte die Vorlagen fest, über die abgestimmt werden sollte. Er kontrollierte die Beamten. Außerdem bildete der Rat Ausschüsse (zu je 50 Mann), die nacheinander für jeweils ein Zehntel des Jahres die Geschäfte führten. Bürger aus ganz Attika konnten in diesen Rat gelost werden.

Republik: siehe S. 127

Reichsbildung der Franken: siehe S. 177

Romanisierung. „Romanisieren" heißt wörtlich „römisch machen". Allgemein ist damit die Übertragung römischer Lebensformen auf die besiegten Völker gemeint, z. B. Bauweise, Lebensgewohnheiten, Straßenbau, römisches Recht, lateinische Sprache, römische Götter.

Satiriker. Ein Schriftsteller, der durch Übertreibung und Spott Kritik an den Zuständen und Personen seiner Zeit übt.

Schöpfung. In vielen Religionen (Christentum, Judentum, Islam, Naturreligionen wie die von Indianervölkern) gibt es Schöpfungsgeschichten, die versuchen, die Entstehung der Erde und des Menschen zu erklären. Meistens ist die Schöpfung das Werk eines Gottes, der wie ein Handwerker (z. B. Töpfer oder Schmied) die Erde und die Lebewesen formt oder die Entstehung der Erde durch seine Worte bewirkt („Es werde Licht").

Schuldknechtschaft. Im frühen Griechenland (8. und 7. Jahrhundert v. Chr.) und im frühen Rom (bis 326 v. Chr.) konnte sich jemand, der von einem anderen etwas lieh, in die Schuldknechtschaft des Gläubigers begeben. Das heißt, dass der Gläubiger dann, wenn der Schuldner seine Schuld nicht zurückzahlen konnte, nicht nur Zugriff auf das Land und den Besitz, sondern auch auf die Person des Schuldners nehmen konnte. Der Schuldknecht verlor einen Teil seiner persönlichen Freiheit und musste seine Schulden abarbeiten, was praktisch nie gelang. Für den Gläubiger war die Schuldknechtschaft ein Mittel, Arbeitskräfte zu bekommen.

Senat. Der Begriff ist von lat. „senex" = Greis abgeleitet und bedeutet „Rat der Alten". In Rom gab es schon während der Königszeit einen Senat. Er hatte in der Republik praktisch die Leitung des Staates in der Hand, obwohl er rechtlich kaum Befugnisse hatte. Er verkörperte die gesammelte politische Erfahrung, da in ihm die ehemaligen Magistrate saßen. Der Begriff Senat lebt bis heute weiter.

Sklaven. Nach griechischem und römischem Recht waren Sklaven eine Sache, über die der Besitzer frei verfügen konnte. Sklaven wurden im Bergbau und in der Landwirtschaft eingesetzt, sie waren im Haushalt, im Handwerk und in der Verwaltung tätig. Ihre tatsächliche Lage hing sehr von den Tätigkeitsbereichen ab. Man konnte Sklaven durch Kauf erwerben (Sklavenhandel) oder dadurch, dass man Kriegsgefangene versklavte. Kinder von Sklaven blieben Sklaven. Das Sklavendasein war aber im Römischen Reich nicht unabänderlich: Viele Sklaven wurden von ihren Herren freigelassen. Im Römischen Reich erhielten die Kinder der Freigelassenen das römische Bürgerrecht.

Spartiaten. Bezeichnung für die wenigen tausend Bürger Spartas, deren Leben nur dem Krieg und dem Staat gewidmet war. Für den Unterhalt der Familien der Spartiaten mussten die → Heloten sorgen.

Staatsreligion: siehe S. 166

Staatsland war im Besitz des römischen Staates. Zur Zeit der Gracchen hatten sich viele Grundbesitzer Staatsland, das durch die Eroberungen in römischen Besitz gekommen war, privat angeeignet.

Stadtstaat → Polis: siehe S. 77

Stand/Stände. Gesellschaftliche Gruppen, die durch rechtliche Bestimmungen (Vorrechte oder Benachteiligungen) klar voneinander getrennt sind, heißen Stände. So auch die Patrizier und die Plebejer in Rom. Von ca. 490 bis 287 v. Chr. haben sich die Plebejer in den „Ständekämpfen" wichtige Rechte von den herrschenden Patriziern erstritten.

Statthalter: Vertreter eines politisch höher Gestellten, zum Beispiel Vorsteher einer römischen Provinz als Vertreter eines Konsuls, Prätors oder Kaisers.

Theten. Bei Homer sind Theten diejenigen, die keinen eigenen → Oikos haben und deshalb um Lohn für andere arbeiten müssen. Seit Solon bilden die Theten in Athen die unterste Vermögensklasse. Sie haben zwar Zugang zur → Volksversammlung und zum Volksgericht, dürfen aber nicht als → Hopliten dienen und können keine höheren Ämter bekleiden. Nach der Gründung des Delisch-Attischen Seebundes (478/77 v. Chr.) gewannen die Theten als Ruderer auf der Flotte politisches Gewicht und waren mitentscheidend für die Entstehung der attischen Demokratie.

Traditionen. Kenntnisse, Ansichten und Gewohnheiten, die mündlich oder schriftlich von Generation zu Generation überliefert werden.

Tragödie. Die antike Tragödie ist ein Bühnenstück, das einen unlösbaren Konflikt zwischen dem Helden und den göttlichen Gesetzen zum Thema hat. Die Zuschauer sollen während des Stückes schaudern und erschrecken, um danach ihr Handeln zu ändern und ein besseres Leben zu führen.

Tribute. Als „tributum" kann fast jede Abgabe bezeichnet werden, die an den römischen Staat geleistet werden musste. Bis 167 v. Chr. bezahlten römische Bürger Tribute (= Steuern), später nicht mehr. Dafür leisteten dann die Provinzen Tribute, die entweder aus festen Abgaben oder aus einem Anteil am Ernteertrag bestanden.

Tyrannis. Der Begriff bezeichnet ursprünglich eine Herrschaftsform der Griechen, die dadurch gekennzeichnet war, dass ein Adliger die alleinige Machtausübung in einer Polis erlangt hatte. Heute versteht man darunter eine uneingeschränkte Gewaltherrschaft von einzelnen Machthabern ohne eine gesetzliche Grundlage.

Verfassung. Jeder Staat hat eine Ordnung, in der die Machtverteilung geregelt ist. Alle Bürger haben bestimmte Rechte und Pflichten. Außerdem ist festgelegt, wer den Staat regiert. Diese Ordnung nennt man Staatsform oder Verfassung.

Verwaltung. In jedem Staat gibt es Menschen, die den Staat verwalten. Die Verwaltung des ägyptischen Staates übernahmen Beamte. Sie trieben zum Beispiel Steuern ein und überwachten den Bau der Tempel. Auch wir haben eine Verwaltung mit Dienststellen (Behörden) und Staatsbediensteten (Beamte, Angestellte).

Volksgericht. In Athen führte der Politiker Solon 594 v. Chr. das Volksgericht ein. Jeder attische Bürger über 30 Jahre konnte Richter werden. In der attischen → Demokratie wurden 6000 Richter ausgelost. Für ihre Tätigkeit bekamen sie Tagegelder („Diäten"). Vor ihrer Richtertätigkeit mussten sie einen Eid leisten, in dem sie sich zur Wahrung der Gesetze verpflichteten.

Volkstribun. Seit dem 5. Jahrhundert v. Chr. wählten in der Römischen Republik die Plebejer Volkstribunen. Diese Beamten schützten die plebejischen Bürger vor ungerechtfertigt erscheinenden Maßnahmen der Patrizier. Senatsbeschlüsse, die sie als schädlich ansahen, konnten sie durch ihr Veto aufheben.

Volksversammlung. Wenn alle stimmberechtigten → Bürger eines Staatswesens zusammentreten, um ihre politischen Rechte wahrzunehmen, spricht man von einer Volksversammlung. In Griechenland gab es eine solche schon in der archaischen Zeit; sie hatte aber noch keine Mitbestimmungsrechte. Im demokratischen Athen war die Volksversammlung das Zentrum des politischen Lebens: Sie allein entschied in allen wichtigen politischen Fragen. Durch das Scherbengericht konnte sie mit Mehrheitsbeschluss jeden Bürger, in dem sie eine Gefahr für die Demokratie sah, für eine bestimmte Zeit aus der Polis verbannen. Auch in Sparta hatte die Volksversammlung wichtige Rechte. In Rom unterschied man zur Zeit der Republik verschiedene Formen der Volksversammlung. In ihnen wurden die Beamten gewählt, Gesetze beschlossen und über Krieg und Frieden entschieden. In der Kaiserzeit verlor die Volksversammlung ihren politischen Einfluss.

Vollbürger → Bürger/Bürgerrecht

Weströmisches Reich: siehe S. 170

Zeitalter des Augustus: siehe S. 145

Zensor. In der römischen Republik wurden alle fünf Jahre zwei Zensoren mit eineinhalbjähriger Amtszeit gewählt. Sie hatten das Vermögen der Bürger zu schätzen und damit die Höhe ihrer Steuerschuld festzusetzen. Sie mussten auch überwachen, ob die Bürger die geltenden Sitten beachteten.

Zivilisation. Der Begriff Zivilisation ist eng mit der Entstehung und Entwicklung von Städten verbunden, denn er meinte ursprünglich die verfeinerte Lebensweise in den Städten gegenüber dem einfachen bäuerlichen Leben auf dem Lande. Man spricht von „zivilisierten" Verhältnissen, wenn sich eine Gesellschaft so organisiert, dass jeder ein freies, geschütztes und sicheres Leben führen kann. Im Einzelnen werden dazu gezählt: Schul- und Berufsausbildung, ärztliche Versorgung, Sicherheitseinrichtungen (Polizei, Feuerwehr), Kunst, Wissenschaft und Technik, wirtschaftliche Einrichtungen wie Handel, Handwerk und Industrie, eine öffentliche Verwaltung, aber auch bestimmte Umgangsformen.

Zoll. Der Zoll ist eine Steuer, die im Zusammenhang mit einer Ware steht. Sie muss entrichtet werden, wenn bestimmte Waren über eine Zollgrenze – meistens eine Landesgrenze – gebracht werden.

Die mit → Lex. versehenen Begriffe werden im Lexikon erklärt.

Anthony: S. 77; Archaeological Receipts Fund, Athen: S. 94/M1; Archäologische Staatssammlung München: S. 42/M1, 44/M7, M9, 161; © Archiv für Kunst und Geschichte: Titelbild, 8/9, 15, 23, 34, 65/M5, 67/M2, 75 u.r., 91/M1, 94/M2, 106, 112/M7, 116 l., 117 o., 118/119, 132, 147, 151/M7, 165 o., M., 166, 172/M1, 177, 180, 185/M2, 186/M1 mit Hintergrund; © Archivio Iconografico, S.A./CORBIS: S. 135; Artothek: S. 14/M1; Ashmolean Museum, Oxford: S. 104/M3; Bavaria, Gauting: S. 17/M10; Bayerisches Landesamt für Denkmalpflege, Bodendenkmalpflege Bayrisch-Schwaben: S. 159/M7; Bayerisches Landesamt für Denkmalpflege, München, Luftbildarchiv: S. 45/M1; Bergakademie Freiberg: S. 137; Besitzer: Berlin, Stadtmuseum Berlin, Fotografie: Stadtmuseum Berlin, Christel Lehmann: S. 184/M2; © Bildarchiv Preußischer Kulturbesitz: S. 16/M8, 22, 50/51, 53/M3, 54, 59/M4, 61, 71, 73 o. l., 75 u. l., 83, 90/M2, 95/M3, 98, 101/2A, 2B, 2C, 104/M2, M4, 105/M1, 110, 121, 136, 143, 148, S. 164/165, 168, 184/M1; Bilderberg, Thomas Ernsting: S. 26/M1 (1–4); Joachim Blauel, Gauting: S. 16/M6; Boston Museum of Fine Arts, Francis Barthelt Donation, Inv. Nr. 03.802: S. 107; Bridgeman Giraudon: S. 124/M2, 178; aus: Buchners, Das waren Zeiten 1: S. 139; Burda Verlag, Offenburg: S. 25; Christoph & Friends, Foto: M. Matzel: S. 24; Colors Magazine, Fotos Todd Eberle, 4/1993, United Colors of Benetton: S. 27; Corel-Library: S. 26 u.; Dagli Orti: S. 11/2; © Demart pro Arte B. V./VG Bild-Kunst, Bonn 2004: S. 11/M3; © Deutsches Archäologisches Institut Athen: S. 80; Deutsches Archäologisches Institut, Rom: S. 150, 154 (Foto: Faraglia, Negativ-Nr. 37.329); Donabauer, Möckenlohe: S. 29; Foto dpa: S. 74/75, 174; Fa. Dr. Busso Peus Nachf., Frankfurt a. M.: S. 127/M3; FOCUS/John Reader/ Science Photo Library: S. 20/21; Fototeca Unione, Rom: S. 128; Foto: H. R. Goette: S. 88 o. l.; Sonia Halliday, Photographs, Photo by Jane Taylor: S. 113; Hansmann Bildarchiv, München: S. 44/M6; Hirmer Verlag, München: S. 4, 81, 95/M4, 109, 117 r. u., 140; IFA-Bilderteam: S. 18; Institut für Ur- und Frühgeschichte: S. 28/M2; Christine Keitz, Berlin: S. 12/M7, 152/M11; Foto + © Urs F. Kluyve/Focus: S. 108; Kunsthistorisches Museum, Wien: S. 145; Kunstverlag Maximilian Liebl, Regensburg: S. 17/M11; Landesmuseum Mainz: S. 40; Landschaftsverband Rheinland/Rheinisches Landesmuseum, Bonn: S. 185/M1; Andrew Langley und Philipp de Souza, Die Römische Zeitung, Text © 1996 by A. Langley, © 1996 by Walker Books, London. © 1998 der deutschsprachigen Ausgabe by Kinderbuchverlag Luzern: S. 153/M1; Les Editions, Albert René, Paris: S. 152/M12, 163; Lotos-Film, Kaufbeuren: S. 167/M5; Louvre, © Photo RMN – Chuzeville: S. 125; Luftbildverlag Hans Bertram, Haar: S. 12/13; Kevin Maddison: S. 115/M5; Dietrich Mania: S. 35/M2; Mansell Collection, London: S. 93 o. r.; Mauritius: S.100; Metropolitan Museum of Art, N.Y.: S. 93/M6, 102/M2; Morrison/Coates, Die athenische Triere, Philipp von Zabern, Mainz 1990: S. 88 r. o., r. u.; Musei Capitolini, Rom: S. 146; Museo Nazionale di Villa Giulia: S. 122; Niedersächsisches Landesmuseum Hannover: S. 185/M3; Österreichische Nationalbibliothek, Wien: S. 13/M8; Pelizaeus-Museum, Hildesheim: S.56/M4; Photo Archive Jürgen Liepe: S. 56/M6, 58, 59/M2, 73 u. l.; © Photo RMN – Hervé Lewandowski: S. 69; picture-alliance/akg-images: S. 67/ M4, 165 u., 171; picture-alliance/ CMI/Picture 24/AQUILA: S. 9; picture-alliance/dpa, © dpa-Bildarchiv: S. 149/M2 l., 158/M6; picture-alliance/© ZB-Fotoreport: S. 11/M4; Picture Press: S. 62/M1; aus: Praxis Geschichte: S. 68 (4/1995), 149/M2 r.; Rheinisches Landesmuseum Trier: S. 151/M6 (Foto H. Thöring), 169; Römisch-Germanische Kommission, Außenstelle Ingolstadt, Manching Archiv: S. 43, 44/M8; Römisch-Germanisches Museum, Köln: S. 123; Römisch-Germanisches Zentralmuseum Mainz: S. 36/M5; Scala, Florenz: S. 101/M3, 133/M4, 151/M8, 189/M2; Thomas Schulz, Berlin: S. 99; Foto Sessner, Dachau: S. 142; Abdel Ghaffar Shedid, München: S. 56/M5, 60, 64/65, 73 M., u. r.; Sven Simon, Essen: S. 93/M7; Staatliche Antikensammlungen und Glyptothek München, Aufnahme Christa Koppermann: S. 90/M1; Staatliche Münzsammlung, München: S. 5, 141, 167/M3; Stadt Weißenburg: S. 160/M1, M2; Stadtarchiv Penzberg: S. 17/M9; Städtische Kunstsammlungen, Römisches Museum Augsburg: S. 157; Foto Thomas Stephan: S. 35/M4; © Stern, Zeichnung Smetek: S. 41/M3; Alle Rechte bei Severin Stille, Frankfurt a.M.: S. 14/M2; M. Stock, Stuttgart: S. 53/M4, 63 r.; Striepecke/CCC,www.c5.net: S. 173; Friederike Terpitz, Berlin: S. 176; Tessloff Verlag, Nürnberg: S. 16/M7; The British Museum, London: S. 3, 28/M1, 93 o. l., 105/M1, 116 r., 131; Thüringer Landesamt für Archäologische Denkmalpflege, Weimar: S. 12/M6; Topkapi Palace Museum, Istanbul: S. 189/M3; TPC-Biotech, Martinsried: S. 13/M11; Ullstein Bild: S. 172/M2; Ulmer Museum, Foto Thomas Stephan: S. 35/M3; Vatikanisches Museum, Rom: S. 144; Verlag Larousse-Bordas, Paris: S. 36/M7; Verlagsarchiv: S. 46/M1; Württembergisches Landesmuseum Stuttgart: S. 21, 73 o. r.; Norbert Zwölfer, Freiburg-Munzingen: S. 153/M2

Nicht in allen Fällen war es uns möglich, den Rechteinhaber der Abbildungen ausfindig zu machen. Berechtigte Ansprüche werden selbstverständlich im Rahmen der üblichen Vereinbarungen abgegolten.

Der Mittelmeerraum und Vorderasien von den frühen Hochkulturen bis zum Römischen Reich

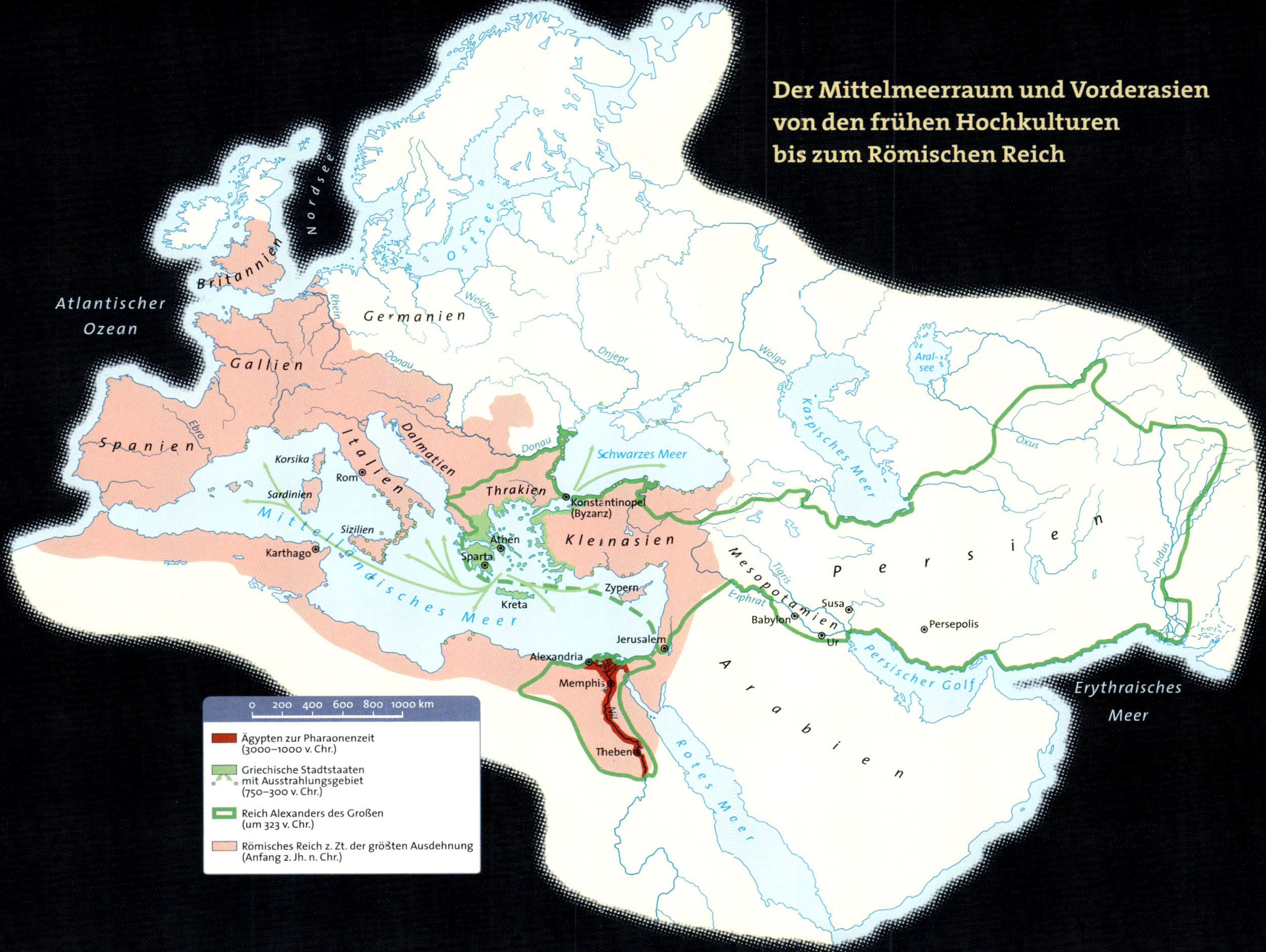

Gladiatoren im Kampf, Detail eines Bodenmosaiks einer Villa bei Tusculum/Italien, 3. Jh. n. Chr.
Der Gladiator ist bewaffnet. Bei 26 reinen Tierkämpfen unter Augustus wurden etwa 3500 Tiere afrikanischer Herkunft getötet.

Was sagen Kunstwerke aus?

Arbeitsschritte Entschlüsselung eines Kunstwerkes

1. Schritt: Künstlerische Auswertung

a) Was ist dargestellt? Aus welchem Material wurde das Kunstwerk geschaffen?

b) Wie wirkt das Dargestellte auf mich? Warum gefällt es mir (nicht)? Was wirkt fremd, was kommt mir bekannt vor?

c) Wie bildet der Künstler die Personen ab? Achte auf Einzelheiten des menschlichen Körpers und der abgebildeten Gegenstände.

2. Schritt: Historische Auswertung

d) Wann, wo und für welchen Zweck ist das Kunstwerk entstanden? Beachte die Bildlegende.

e) Welche Informationen vermittelt das Dargestellte über den Alltag der damaligen Zeit? Beachte z. B. die Kleidung, Frisur und Einrichtungsgegenstände.

f) In welcher Beziehung stehen die dargestellten Personen zueinander?

Pharao Tutanchamun. Ausschnitt aus seinem goldenen Sarkophag, um 1330 v. Chr. Als Herrschaftszeichen trägt er den Krummstab und die Geißel wie der Gott Osiris.